世界公益慈善论坛：

社会工作参与反贫困的中国案例与智慧丛书

发挥社会工作专业优势助力脱贫攻坚

——中国社会工作教育三年对口扶贫实践

马凤芝　主　编

向德平　副主编

中国社会出版社

国家一级出版社 · 全国百佳图书出版单位

图书在版编目（CIP）数据

发挥社会工作专业优势　助力脱贫攻坚：中国社会工作教育三年对口扶贫实践／马凤芝主编．—北京：中国社会出版社，2022.1

（世界公益慈善论坛：社会工作参与反贫困的中国案例与智慧）

ISBN 978-7-5087-6679-9

Ⅰ．①发…　Ⅱ．①马…　Ⅲ．①扶贫－工作概况－中国　Ⅳ．①F126

中国版本图书馆 CIP 数据核字（2021）第 279782 号

出 版 人：浦善新　　终 审 人：李　浩

责任编辑：朱永玲　　责任校对：杨春岩

封面设计：时　捷

出版发行：中国社会出版社　　地　　址：北京市西城区二龙路甲 33 号

邮政编码：100032　　编 辑 部：(010)58124829

网　　址：shcbs.mca.gov.cn　　发 行 部：(010)58124864；58124848

经　　销：新华书店

印刷装订：河北鑫兆源印刷有限公司　　开　　本：170 mm×240 mm　1/16

印　　张：15　　字　　数：220 千字

版　　次：2022 年 1 月第 1 版　　印　　次：2022 年 1 月第 1 次印刷

定　　价：68.00 元

中国社会出版社微信公众号　　中国社会出版社天猫旗舰店

世界公益慈善论坛和施永青基金联合资助出版

编 委 会

主　编：马凤芝

副主编：向德平

编　委：田北海　杨发祥　林移刚

肖富群　苏　光

发挥社会工作专业优势，助力脱贫攻坚战全面胜利

马凤芝

中国社会工作教育协会副会长兼秘书长

党的十九大作出了让贫困人口和贫困地区同全国一道进入全面小康社会的庄严承诺，对在全面建成小康社会决胜阶段打赢脱贫攻坚战作了战略部署。自2017年底到2020年底，中国社会工作教育协会联合全国社会工作专业学位研究生教育指导委员会（简称MSW教指委），组织社会工作院校积极响应党中央、国务院的号召，实施社会工作教育对口扶贫计划。3年中，全国社会工作院校师生积极行动，贡献力量，社会工作在助力脱贫攻坚中发挥了独特功能和作用。

一、社会工作教育界参与脱贫攻坚任务的背景

（一）背景

党中央、国务院十分重视社会工作专业人才服务贫困地区工作，《中共中央国务院关于打赢脱贫攻坚战的决定》《中华人民共和国国民经济和社会发展第十三个五年规划纲要》和《国务院关于印发“十三五”脱贫攻坚规划的通知》先后提出了“实施社会工作专业人才服务贫困地区计划”“制定出台支持专业社会工作和志愿服务力量参与脱贫攻坚专项政策”的要求。2016年12月7日，中共中央办公厅、国务院办公厅印发《关于进一步加强东西部扶贫协作工作的指导意见》，提出要支持东部地区社会工作机构、志愿服务组织、社会工作者和志愿者结对帮扶西部贫困地区，为

西部地区提供专业人才和服务保障。

为贯彻习近平总书记关于打赢脱贫攻坚战、做好新形势下东西部扶贫协作和深度贫困地区脱贫攻坚工作等重要指示的精神，民政部、财政部、国务院扶贫办于2017年6月27日出台《民政部 财政部 国务院扶贫办关于支持社会工作专业力量参与脱贫攻坚的指导意见》，提出动员和凝聚社会力量参与支持帮助贫困地区培养社会工作专业人才、发挥社会工作在助力脱贫攻坚中的重要作用、实施“社会工作教育对口扶贫计划”的要求。

（二）社会工作教育参与脱贫攻坚的目标与任务

1. 社会工作教育参与脱贫攻坚的核心任务与总体目标

第一，社会工作专业院校作为社会力量参与、支持、帮助贫困地区培养社会工作专业人才，突出社会工作“教育”在培养、培训社会工作人才上的优势，促进和更好发挥社会工作在助力脱贫攻坚中的重要作用。第二，开展东西部扶贫协作和对口支援。充分发挥社会工作相关院校等社会力量作用，加大对贫困地区特别是深度贫困地区社会工作教育的对口扶持力度。

2. 社会工作教育参与脱贫攻坚的五项主要任务

第一，帮助提升贫困地区社会工作教育水平。首先，加强贫困地区社会工作专业师资队伍建设。以“培训培训者”的形式提升贫困地区社会工作教育水平。优先安排贫困地区教师参加社会工作示范性培训、积极接纳贫困地区新建社会工作院校教师进修访学，为他们提供课程体系建设、教学经验的学习，提供与反贫困社会工作相关的学术和科研活动机会；力争到2019年底，为贫困地区培养一批政治过硬、专业扎实、经验丰富的社会工作骨干教师。第二，以支持或与贫困地区学校合作在贫困地区建立社会工作实践、实习、实训基地等方式，吸纳专业教师、学生和实务工作者参与与扶贫有关的社会实践、专业实习和服务项目，为西部地区提供专业服务和督导支持，提升西部院校教师的实务教学能力，逐步缓解贫困地区社会工作专业力量不足、实务督导跟不上等问题。第三，帮助贫困地区培养社会工作专业人才。加大贫困地区社会工作专业人才培养力度，为贫困地区民政、扶贫、教育、工青妇等部门开办社会工作讲座培训，对当地中小学负责人、相关教师进行留守儿童保护和服务培训。第四，指导基层社会工作服务站点建设，以专业教育促进贫困地区专业服务发展。将社会工作服务站点建设同实习实训基地建设统筹考虑，在建好社会工作实习实训基地基础上，将社会工作服务向基层延伸，开展社会工作专业服务。第五，实施社会工作知识普及工程。做好对西部贫困地区党政领导干部、参与扶贫人员、直接从事服务与管理一线人员等的社会工作知识普及和大众宣传，让贫困地区干部群众了解和认识社会工作。为西部贫困地区全国社会工作者职业水平考试和社会工作学历学位教育提供支持，推动对口帮扶点干部群众应用社会工作专业理念、知识和方法开展扶贫工作，使贫困地区社会工作持证人员数量保持逐年增长态势。

二、迅速行动，制订方案，精准施策

（一）制订方案，成立计划实施办公室，组织实施计划

2017 年 10 月 30 日，全国社会工作专业学位研究生教育指导委员会、中国社会工作教育协会联合启动“中国社会工作教育百校对口扶贫计划”，提出要充分发挥高校在脱贫攻坚中的重要作用。为发挥社会工作教育在社会工作扶贫中的基础功能和“扶智”作用，民政部联合国务院扶贫办印发了《社会工作教育对口扶贫计划实施方案》。为贯彻上述文件精神，为社会工作教育对口扶贫工作提供工作组织保障，2017 年中国社会工作教育协会成立反贫困社会工作专业委员会，设立计划实施办公室；为了保证稳步推进计划，2017 年 11 月 8 日，中国社会工作教育协会与全国社会工作硕士研究生教育指导委员会联合发布了《关于社会工作教育参与脱贫攻坚项目内容和做法的说明》，对社会工作参与脱贫攻坚的项目内容、活动方式、经费来源等作了说明，部署了具体工作任务。

（二）学习研讨，凝心聚力参与脱贫攻坚

1. 深入学习领会党的脱贫攻坚战略部署，研究发挥社会工作专业优势助力脱贫攻坚

2017 年 12 月 1—2 日，中国社会工作教育扶贫动员大会暨教育扶贫研讨会在四川西华大学召开，正式拉开了启动实施“百校对口扶贫计划”的序幕。

在这次会议上，正式启动实施了“社会工作教育对口扶贫计划”。会上有 113 所高校积极响应党中央号召，对口援助 77 个国家级贫困县。会议向第一批参加计划的院校颁发了对口扶贫工作任务书。

2. 加快落实社会工作教育对口扶贫任务，以学科建设促进计划实施

为了加快推进社会工作教育对口扶贫计划的实施，确保三部委下达的工作任务的完成，同时也为参加计划的院校提供可资借鉴的扶贫工作理论和方法，通过交流已有经验，来推动计划实施尽早完成。2018 年 4 月 14—15 日，召开了社会工作教育对口扶贫计划第二次动员大会暨社会工作助力脱贫攻坚研讨会。经过广西桂林和四川成都两次动员大会，共有 202 所高校参与“社会工作教育对口扶贫计划”，对口扶贫国家级贫困县 120 个，在不到一年内基本完成百校社会工作教育参与扶贫的工作部署。

3. 多种举措持续不断总结经验推进计划实施

为深化和总结扶贫工作经验，找出差距，部署深化推进下一步工作，中国社会工作教育协会采取了一系列举措。第一，协会与 MSW 教指委于 2018 年 12 月 9 日在河南新乡召开社会工作教育扶贫一周年经验交流会，第一批和第二批参与计划的院校就已有工作经验展开交流，相互促进，对提升对口扶贫工作水平起到了促进作用。第二，2019 年 6 月 15 日，MSW 教指委和中国社会工作教育协会共同发出《关于进一步落实民政部等三部委文件精神 加快推进社会工作教育扶贫若干工作的通知》，对进一步落实脱贫攻坚任务，推进社会工作教育参与脱贫攻坚作了部署。上述举措为计划的实施提供了指导思想和行动原则，指出了行动方向，也保证了计划的顺利有序推进。第三，为深入开展社会工作参与脱贫攻坚工作，中国社会工作教育协会以反贫困社会工作专业委员会为工作抓手，组织开展理论研

究，总结中国反贫困经验，深化社会工作的实践和计划推进，组织编写了社会工作参与脱贫攻坚丛书；为增强社会工作师生的理论研究能力，在中山大学举办了社会工作参与脱贫攻坚实践案例研究写作工作坊。第四，2019 年 9 月 21 日，在内蒙古工业大学召开中国社会工作教育协会专题年会暨反贫困社会工作专业委员会年会，组织参与计划的院校进一步交流经验，促进计划实施，提升工作质量。

三、社会工作教育参与脱贫攻坚实施对口扶贫计划的实践成果

从 2017 年底到 2020 年底，中国社会工作教育界发挥专业优势，以实习实训基地为抓手，与对口县扶贫、民政和工青妇社会团体密切合作，从社会工作人才队伍建设、社会工作机构培育、专业服务示范和资源链接等方面，践行社会工作专业教育扶贫理念，取得了一批丰硕成果。参加社会工作教育对口扶贫工作的高校社会工作院系对口国家级贫困县，建立了实习实训基地；以社会工作扶贫实习实训基地为平台，开展当地社会工作人才培训，以专业实习服务当地社区和贫困人群。在国家各部门政策指导下，社会工作教育协会及会员单位，和参加对口扶贫计划的院校在脱贫攻坚过程中投入了大量资源，开展了多样化的服务项目，发挥了社会工作助力脱贫攻坚的专业功能，为脱贫攻坚贡献了专业智慧。

（一）任务完成总体情况与工作成效

1. 超额完成社会工作实习实训基地建设

超额完成对口扶贫和社会工作实习实训基地建设。从 2017 年 12 月启动计划，到 2019 年有 200 所学校与 173 个贫困地区社会工作院校或机构建立了对口支援合作关系，在贫困地区建立了实习实训基地 168 个，包括社会工作教育对口扶贫基地、精准扶贫校地合作实践站点等。高校依托实习实训基地，在专业人才培养、社会组织培育与发展、后脱贫时代社区治理、社区建设与发展方面开展实务与研究。2020 年底已扩展到 210 所院校

参与计划，建立了实习实训基地近210个，超额完成了三部委下达的任务。

2. 培育当地社会工作教育和服务力量

培育当地社会工作教育和服务力量是社会工作教育对口扶贫，参与脱贫攻坚的重要任务，体现和发挥了社会工作教育的优势。参加对口支援计划的各院校将帮助当地培育社会组织作为重要工作，为当地社会组织进行能力建设，直接和协助培育当地的社会工作专业力量；协助建立社会工作协会，培育社会工作人才队伍；吸引本地社会工作专业学生回流，解决当地师资匮乏问题；协同当地干部与社会工作进行联结，相互交流和分享经验。

（二）主动作为，积极行动，项目投入和资源链接富有成效

中国社会工作教育协会不断推动社会工作教育对口扶贫人员、资源以及资金的链接。自三部委文件实施以来，中国社会工作教育协会联合高校累计投入人员142699人次（其中，2018年4978人次，2019年63502人次，2020年达74219人次），累计投入资金达2.1亿元（其中，2018年8470.83万元，2019年8951万元，2020年4199万元），参与度不断提高。截至2020年底，有73.9%的高校进行了资源链接，资源主要来源于所属高校、政府、企业和社会力量，其中有31.4%参加对口扶贫计划的社会工作专业院校获得了所属高校资源的支持，有44.8%的高校获得了政府资源的支持，有16.7%的高校获得了企业资源的支持，有40.2%的高校获得了社会资源的支持。中国社会工作教育协会积极链接社会公益组织的支持资源，通过“益宝计划”为200所参与扶贫的高校师生免费提供了6000人次的一年期意外保险；2019年中国社会工作教育协会组织开展了“99公益日”募捐，开展了“善社筑梦困境儿童”项目，成功募得善款8747.48元，腾讯配捐1412.43元，宁波市善园基金会配捐10万元，美亚联创科技股份有限公司配捐1万元。项目由长春理工大学卜长莉老师团队实施，在延边朝鲜族自治州帮扶困境儿童。

（三）社会工作教育扶贫队伍规模壮大

在三年对口扶贫计划实施中，高校社会工作师生积极投身到脱贫攻坚工作中，队伍规模不断壮大。2018 年全国高校共有 3041 名老师及学生联合了 237 名社会工作者、1611 名志愿者参与社会工作对口扶贫工作。2019 年 9 月，这一数据上升到 3212 名教师和学生（较 2018 年增加 171 人）、888 名社会工作者（较 2018 年增加 651 人）、4050 名志愿者参与了各实习实训基地的社会工作对口扶贫工作，到 2020 年上述数字都大幅提高，高校社会工作专业师生共计 3900 人，联合了 1055 名社会工作者、2837 名志愿者参与对口扶贫工作。在社会工作教育对口扶贫计划中，社会工作高校的老师是助力脱贫攻坚的主要参与者，97.4%的高校实习实训基地有教师参与对口扶贫社会工作，2019 年较 2018 年（91.7%）增加 5.7 个百分点；94.7%的高校实习实训基地有学生参与了对口扶贫工作，2019 年较 2018 年（78.2%）增加 16.5 个百分点；86.8%的高校实习实训基地吸纳了社会工作者参与计划，2019 年较 2018 年（31.6%）增加 55.2 个百分点；88.8%的高校实习实训基地吸纳了志愿者参与，2019 年较 2018 年（37%）增加了 51.8 个百分点。三年中，全国社会工作教育院校共有万余人参与了社会工作教育对口扶贫计划的实施。

四、社会工作教育参与脱贫攻坚对口扶贫的主要经验

（一）坚持党的领导，发挥社会工作的专业优势助力脱贫攻坚

1. 紧紧依靠当地党委和政府，听取他们对社会工作教育扶贫工作的意见，在他们指导下开展工作；与当地民政、扶贫工作部门的工作密切配合；发挥教育扶贫的优势，在做好专业服务示范的基础上为当地相关部门做培训；重视培育当地社会工作机构和在地社会工作服务人才；从当地实际需要出发，回应脱贫攻坚战对社会工作专业人才的需要，为当地培训扎根本土的社会工作机构和人才。

2. 将党的群众工作的优良传统与社会工作的理论和方法结合起来。了解当地贫困问题产生的特殊原因和解决问题的可能路径，总结探索具有中国品格的扶贫社会工作本土经验。

（二）要发挥社会工作教育参与脱贫攻坚的专业优势

1. 专业服务以人为本，激发贫困人口内生动力，拓展了扶贫工作深度。坚持以人为本的社会主义核心价值观，围绕赋能增能，提高贫困人口的自我发展能力。开展专业示范服务，围绕贫困人口的内生动力做工作，包括增强技能培养与就业创业指导，链接各方资源，重建社会支持网络，帮助贫困群众增强脱贫能力和可持续发展能力；运用个案、小组工作方法，开展成长辅导、情绪疏导以及控辍保学等服务，关注留守儿童的身心健康；开展养老服务人才队伍培训，发挥社会工作资源整合优势，为老年人提供精神慰藉、生活照顾、权益保障和临终关怀等服务；从社会性别视角、优势视角出发，增强女性性别意识，提升妇女自立自强能力；开展社会工作知识普及及宣传工作，增强地方党政领导干部、扶贫工作人员、社会服务及管理人员的专业技能；发挥部分高校专业先发优势和人才优势，培育在地社会工作行业组织和实务机构，同时，建立督导联系制度、机构对接制度和人才双向交流制度，促进对口扶贫地点社会组织机构的可持续发展。

2. 运用专业方法，提高扶贫工作的精准性。坚持三个聚焦——“聚焦脱贫攻坚，聚焦特殊群体，聚焦群众关切”，以社会工作方法为农村社区贫困人口、残疾人群、老年人群体和青少年服务。注重扶贫扶志扶智，激发贫困人群的内生动力，坚持以人为本，做深入细致的工作，通过能力提升创造可持续发展的条件。在服务方式上，综合运用个案工作、小组工作和社区工作等多种方式开展教育扶贫工作，到2019年9月合计开展各项社会工作4527次，包括2609次个案工作、1188次小组工作和730次社区工作。多样性的方法提高了脱贫攻坚服务的精准性，保障了对贫困人口服务目标实现的可靠性和科学性。

3. 注重研究，总结实践经验。服务结束，产出研究成果。以调研为前提、以需求为导向，以驻村/扎根服务为主要形式，运用个案、小组、社区及社工行政等专业方法推动城乡社区发展。以社会工作方法激发社区内在动力和资源，调动民众积极性参与社区治理，将培育农村发展所需要的、通晓经济和社会基本知识和会运作的在地人才与新农村建设结合起来；开展社区服务，推动城乡社区和谐发展。

结　语

2020 年 12 月 7 日，MSW 教指委和中国社会工作教育协会在重庆四川外国语大学联合召开对口扶贫计划实施总结大会，隆重表彰了参加社会工作教育对口扶贫计划的院校。

中国社会工作教育界参与对口扶贫计划的实践说明，中国社会工作教育自觉践行专业责任，是社会建设与治理的重要“社会力量”。大家“不讲价钱”，多方整合资源顾大局做大事，以实践获得专业的社会合法性。社会工作教育参与脱贫攻坚，参与贫困治理，形成中国理论和方法，回应了党中央完善社会治理体系、提供精细化治理水平、实现治理能力现代化的战略部署，是一支能战斗的队伍。

在参与对口扶贫工作中，广大社会工作院校师生，努力探索，为当代民政工作专业化、为社会工作参与社会建设和贫困治理提供了大量案例，积累了社会工作教育服务参与国家发展战略的经验。

在实践中，我们探索了专业领导力的发力点。协会和各院校在计划实施中，坚持探索贫困治理社会工作的中国风格和气派，以社区建设为导向，将相关人群服务与农村振兴目标结合，重视村落共同体生活的重建，努力走出一条中国本土专业服务之路。这两部案例集就是对中国社会工作教育界在中国共产党领导下，对中国的反贫困实践理论和经验的总结，也是中国社会工作教育界广大师生参与脱贫攻坚工作和努力奋斗足迹的记录。

目录

社会工作理念如何促进内源性脱贫：C村“十户一体”组织化脱贫案例研究

郭儒鹏　毛安然

（郭儒鹏　山西财经大学公共管理学院；毛安然　华东理工大学）

随着2020年全面建成小康社会的日益临近，精准扶贫工作进入最后的攻坚冲刺阶段。截至2018年底，中国尚有1660万农村人口处于绝对贫困线以下[①]，要在2020年实现全面脱贫任务依然十分艰巨。2018年8月，中共中央、国务院发布的《中共中央 国务院关于打赢脱贫攻坚战三年行动的指导意见》指出，要更加注重培养贫困群众依靠自力更生实现脱贫致富的意识，更加注重提高贫困地区和贫困人口自我发展能力，并强调通过提升组织化程度来提高就业质量。社会工作以助人自助的核心价值理念出发，通过激发受助主体的内源动力[②]，促使其自我能力提升，从而摆脱所处的困境，与贫困治理的内涵具有相当的一致性。贫困治理又具有一定的特殊性，因其在国家主导下展开，使得工作内容更为广泛且更为宏观，社会工作则能够以专业知识聚焦于微观层面的能力建设，对贫困治理形成了重要的补充。然而，对于社会工作而言，如何有效地参与贫困治理，仍然是一个需要持续探索的内容，但长期以来的贫困治理已经形成丰富的地方经验，对社会工作的有效开展具有相当程度借鉴作用。

---

① 国家统计局：《2018年国民经济和社会发展统计公报》，2019年2月28日。见国家统计局网站：http：//www. stats. gov. cn/tjsj/zxfb/201902/t20190228_1651265. html.

② 王思斌：《民族地区的社会治理与社会工作参与研究》，载《广西民族大学学报（哲学社会科学版）》，2017年第5期，第92~98页。

作为全国精准扶贫和精准脱贫攻坚战的前沿重镇和开放式脱贫试验区，贵州省在精准扶贫上取得的进展和经验，同样具有全国性意义。贵州面临的基本困难和问题，也是全国性特点的表征[①]。肇始于环境治理的“十户一体”实践模式，是贵州省T县C村激发村庄共同体的内源性发展动力，将分散的贫困户有效组织起来并形成脱贫合力的重要载体，这种抱团脱贫模式逐步成为一种可复制、可推广的组织化扶贫模式，对于社会工作有效介入贫困治理，破解当前贫困治理难题[②]，跳出贫困治理陷阱，进一步提升贫困治理成效，提供了可资借鉴的参照样本。

一、理论视角

1. 可行能力与赋权理论

阿马蒂亚·森（Amartya Sen）将贫困与人的可行能力联系起来，认为贫困的形成，不仅仅是收入低下，更重要的是基本可行能力被剥夺[③]。可行能力理论通常将贫困治理聚焦于贫困主体的能力发展层面。研究发现，民族地区的大量前期资金投入并没有解决贫困问题，源于在贫困治理过程中经常忽视贫困的主体性[④]。与物质扶贫相比，民族地区贫困主体的能力建设是摆脱贫困的重点与核心。尽管能力是一个抽象概念，其内化于人、难以客观量化，表现在个体处理问题的技能和技巧上，但是却可以通过长期、可持续的教育培训得以提升[⑤]。因此，多数学者提出从人的现代化角度出发，对贫困主体开展相应的人力资本投资、提供标准化公共服务、培

① 王春光：《贵州省脱贫攻坚及可持续发展研究》，载《贵州民族大学学报（哲学社会科学版）》，2018年第3期，第39~56页。

② 刘小珉：《贫困的复杂图景与反贫困的多元路径》，北京·社会科学文献出版社，2017年版，第3~7页。

③ 阿马蒂亚·森：《以自由看待发展》（任赜，于真译），北京·中国人民大学出版社，2012年版，第294~296页。

④ 鲁建彪：《关于民族贫困地区扶贫路径选择的理性思考》，载《经济问题探索》，2011年第5期，第150~154页。

⑤ 梅英：《论民族地区经济发展与文化保护的两难问题》，载《楚雄师范学院学报》，2013年第5期，第51~56页。

育管理相关技术人才、进行扶贫立法保障等，逐步激活民族贫困地区的内生动力，以期增强贫困群体在脱贫过程中的主体性，这正是英格尔斯（Alex Inkeles）人的现代化理论和舒尔茨（Thodore W. Schults）人力资本理论的要义所在。从这一视角出发，贵州省T县C村将激活贫困人口的可行能力作为内源性脱贫的关键所在，这直接将脱贫工作和社会工作的赋权视角结合起来。

赋权概念产生于20世纪六七十年代的民权运动，经过发展与实践，内容愈来愈丰富。一些人认为赋权是一个帮助人们获得他们自己生活控制权的过程。这个视角将焦点放在提升服务使用者个人的力量和自尊、增加参与社会的能力上，因此寻求个人的改变而不是社会结构的改变。从结构的视角去理解赋权，就是人们如何获得对自己生活的控制权，理解赋权就要理解权力存在于社会关系中，是一种权力的宰制使得个人失去改变生活的自主性或者能动性。也因为这样，赋权就是要改变社会结构赋予某些阶级、性别、年龄及其他族群在权力上的宰制，鼓励受压迫的人们去理解结构的压迫，从而让个体拿回对生活的控制权力。只有这样，个人在社会中的无力感才会削弱。

2. 系统理论

1971年贝塔朗菲（VonBertalanfy）提出一般系统理论，认为生命有机体都是一个完整的系统，各个系统都是一个更大的系统的子系统。这个源自生物学的理论被用来分析社会生活，把社会生活也看作是一个系统。系统理论的核心观点在于它以整体的视角来看待人和社会。社会工作的系统理论是一般系统理论在社会工作领域的应用。赫恩（Hearn）早期提出的全人或全貌的概念成为社会工作系统理论的起源。后来平克斯（Pincus）和米纳罕（Minahan）以系统的观点介绍整合的社会工作实务模式和方法，被看作是系统理论在社会工作领域被证实而广泛的应用。在社会工作实务中，系统理论强调要理解个人在家庭、团体、组织及社区中的社会生活功能，社会工作者应该从生活环境的不同层次系统之间的关联之处入手。不论服务对象的需要表现在哪个层面上，其背后都与各个系统之间有着不可分割的联系。因此，要求社会工作者必须对所有有关的系统予以关注。

伴随系统理论在社会工作领域的应用范围扩展，系统的界定也相应扩展。系统可以指在界限内，彼此互动的部分组成的集合体，因此任何实体存在（如人、家庭、社会组织等）都是系统。系统可以分为开放系统和封闭系统。开放系统是指具有开放性的系统，即界限具有渗透性，内部的能力、资料和资源与外部环境相互交流和交换的系统。封闭系统指具有封闭性的系统，即那些界限十分僵硬、固定，不允许跨越，与外界环境完全独立的系统。系统的开放性和封闭性不是绝对的，在一定的条件和情况下可以相互转化。同时，系统具有不断循环的特征，系统会从环境中得到输入，并将所有的各种物质与资源经内部运送并加以生产和制造，其中除了部分留给自己系统内使用外，它也会输出给环境或其他系统使用。在系统循环的过程中，输入是指能量透过界限送入系统。

肇始于环境治理的“十户一体”精准扶贫模式在两个层面上体现了社会工作的系统理论：对生态环境系统与贫困关系的改造；对贫困个体和周边群体的系统性联系建构。C 村的贫困治理过程中，乡镇规划工作小组发现 C 村地理位置和自然环境具有一定区位优势，可将 C 村打造成旅游村庄，因此对村庄内的环境卫生工作提出了更高的要求。驻村工作队、C 村村委及村民小组看到了环境-贫困之间的生态系统关联，因此将改善村庄环境—改变贫困户思想—旅游产业脱贫三者结合成一个紧密的系统。采用 10 个农户作为一个责任主体单元，将农户与周边农户结合成一个紧密系统，使自然的邻里、血缘关系上叠加“脱贫共同体”关系，成为 1+1>2 的系统。

二、村庄环境治理：“十户一体”模式何以介入

“十户一体”发展模式，源起于村庄环境治理的内生需求，是由贵州省 T 县 C 村首创的一种村庄管理模式。从总体上看，“十户一体”模式的组织架构、核心人物、奖惩措施、制度保障等是这一模式有效运作的内在机理与实践逻辑。

1. 组织架构：模块化责任共同体

C村是一个自然村庄，位于T县城北25千米的一个半山坡上，属苗族人口聚集地，村内共有220多户1060人左右。长期以来，村庄内部管理松散，社会治安较差。由于村庄地理环境比较封闭，且位于半山坡上，村寨内的生活和生产垃圾不易收集和排放。村庄内多数农户都有散养家禽的习惯，家禽排泄物常常散落在村庄的道路上，不仅影响村容村貌，也影响村民的生活质量。每逢重大节日，村委会都组织党员及群众进行突击打扫，但是用不多久就又恢复了原样。因而，村庄环境卫生脏、乱、差状态成为长期困扰村庄发展的突出问题。乡镇规划工作小组在对C村进行考察后，决定利用其整体地理位置和自然环境，将C村打造成旅游村庄，对村庄内的环境卫生工作提出了更高的要求。为了解决村庄环境卫生问题的顽疾，驻村工作队、C村村委会及村民小组反复商议，制定了"十户一体"解决方案。具体方案是，根据居住相邻的原则，将村庄内的农户以每10户左右划分为一个主体单元，从而将整个村庄划分为19个主体单元。每个主体单元相当于一个小的组织模块，这样，全村形成了19个既相对独立又彼此紧密关联的模块。每个模块化组织从村庄认领一定的环境卫生清理责任片区，在模块内部再以户为单位进一步细分。分散的时候，这些模块是19个自我管理的模块化责任共同体，组合起来则是整个村集体，其优势在于将村庄内分散的农户通过一个个模块单位整合起来，形成了一种具有利益相关性的微观组织。

从形式上看，将10个农户作为一个责任主体单元，是"十户一体"模式的基本特征。从实质上看，则是将村庄内部的农户进行了组织化的安排。该模式最基本的激励和约束机制，在于在共同体内部形成一种"有福同享，有难同当"的社会氛围。"福"是责任主体在任务检验合格后，主体单元的全体成员均会得到的一些物质和精神奖励，这需要大家共同合作才能完成，这种获得感和成就感会进一步使组织单元更加紧密团结；"难"则是指没有达到任务标准的要求时，整个责任主体成员都要受到村级通报批评。而"一户没达标，整个责任主体均受牵连"的制度安排，在熟人社会的共同体内部，每户都碍于"面子"，不希望自身"拖累"整体利益，往往会选择积极主动完成分内的任务，从而激发了人们的主动性和能动性，进而在责任共同体内部逐渐形成一种自我认同感，主动维护本共同体的利益①。通过这种模块化的责任共同体，深化了村庄内环境卫生工作的分工，提升了组织间的协同效应②。经过短短3个多月的施行，长期困扰村庄的环境卫生问题得到了明显的改善，该模式不仅得到了村民的普遍认同，而且得到了社会的广泛关注。

2. 核心人物：选取内部意见领袖

在“十户一体”模式中，“户长”起到至关重要的作用。户长通常从本责任主体内部推举产生，由大家公认的具有一定公信力的人来担当。一般来说，户长需要有较好的人际交往能力和带头作用，对村民的认知和行为具有一定的影响，他们往往是致富能手，其独特的资源禀赋和社会声誉可以获得村民的认可。同时，户长是长期扎根在乡村社会内的一员，对村庄内部的乡土逻辑和责任主体内部各个农户家庭的基本情况比较了解，能够收集和提供较为真实的基层信息。基于这种天然的优势，这类人往往容易被推选为责任主体的户长。C村共分成19个责任主体，自然就要推选出19个户长。从某种意义上来说，这19个户长具备类似的特质，能够将村庄整合到一个统一的治理体系中，是新兴的乡村精英阶层，他们向上为本责任主体发声，辅助村干部向下传达国家的相关政策和信息，配合村级层面开展相关工作，如环境卫生治理过程中的监督作用，是信息上传下达的“中间桥梁”。

值得注意的是，尽管户长是类似“意见领袖”的带头人，但他们并没有被区别对待。户长自己同属于责任共同体的一部分，他们不仅要遵守相关规定，还要带头将工作做得更好，没有徇私的空间。从这个意义上来说，担任“户长”需要有一定的责任心和奉献精神。当然，由于户长是责任主体内部民主选举产生的，在熟人社会里，户长作为“意见领袖”而存在，户长以其非正式权威发挥着作用，建构和维持乡村社会秩序，可以为

① 翟学伟：《人情、面子与权力的再生产》，北京大学出版社，2005年版，第154~156页。

② 曹虹剑、张建英、刘丹：《模块化分工、协同与技术创新——基于战略性新兴产业的研究》，载《中国软科学》，2015年第7期，第100~110页。

自己积累一定的道德和社会资本，从而获得共同体成员的普遍尊重，在一定程度上能够满足他们的内心需求。户长一旦被选举产生，将受到村委会相应的授权，以保障户长具备一定的权威性，这种权威更多地来源于行政层面对地方制度的维护①。正式制度与非正式制度的合力，使户长在“十户一体”具体运作过程中起着举足轻重的作用。

3. 动力机制：监督与奖惩措施

在“十户一体”的运行过程中，监督和奖惩机制是组织行之有效的动力来源。就监督层面而言，以村委监督为主，以村民相互监督为辅。为保证环境卫生治理成效，村委组织专门人员，每周对19个“十户一体”责任单元的环境卫生整治情况进行督查，每个季度开展评比打分并公示。对于环境治理效果好的责任主体，村委会颁授流动红旗。能够坚持半年或者一年卫生达标的责任主体，该责任主体的每个家庭均会获得一定形式的奖励。对于不达标的，则是在村委会公示栏里通报批评。如果责任主体内部的10户家庭中有1户的卫生清洁任务不达标，将直接影响整个责任主体的考评成绩。由于每个主体单元是按照“居住相邻”的原则划分的，主体单元内的村民可以相互监督，营造了一种“有福同享，有难同当”的氛围，村民往往会为了保住“面子”而积极避免这种情况发生。当然，由于村庄整体贫困程度较深，很少采用罚款的形式，而是采用一种权利限制的方式。在熟人社会中，无论是精神上或者物质上的奖励，都会被在一定程度上放大②。村民会认为，获得奖励是很有“面子”的事情。“整改户考察”就是将摊派任务与村民切身利益进行挂钩，通常是在村民环境治理任务长期不达标时采取的一种惩罚方式。这一措施使被惩罚户暂时性失去自身相关权利，又在村庄中丢了“面子”，因而是一种较为严厉的惩罚措施，一般在户长的权威受到挑战后才考虑施行。

为引导和鼓励村民自觉参与改善村庄环境卫生行动中来，村委会建立了面向本村居民的垃圾“聚宝盆”兑换平台，旨在通过积分制度，鼓励村

① 费孝通：《乡土中国》，北京大学出版社，2012年版，第100~102页。

② 杜赞奇：《文化、权力与国家：1900—1942年的华北农村》（王福明译），南京·江苏人民出版社，2003年版，第147~150页。

民积极拾取村内垃圾。农户需要将捡到的垃圾集中到指定地点，由管理人员清点后方可登记积分，所有的积分累积到平台的个人账户，不允许转让。村委会根据垃圾分类情况、垃圾拾取的数量，兑换相应的积分，积分累积到相应的数量后，则可以兑换一定的物品。积分兑换标准，涵盖了废铁、废电池、果皮、水沟淤泥等绝大部分生产和生活垃圾，所兑换的物品以鸡精、牙膏、洗衣粉、纸巾等生活用品为主。例如，拾取20个烟盒可以记1分，累积到3分就可以换一包食用盐；拾取2斤废旧塑料可以记1分，累计12分就可以换1瓶洗洁精。作为一个深度贫困的村庄，C村的整体物质水平还处于较低阶段，即便是简单的物质奖励，如肥皂、食用盐、食用油等生活用品，对当地的村民尤其是贫困户来说，仍然具有较强的激励作用。“聚宝盆”兑换平台，实际上是一种具有导向性的激励措施，有效地将村内的一部分闲人和小孩子都调动起来，营造了一种“男女老少”全员参与环境治理的氛围，其效果远超当初的预想。

4. 制度保障：重构村规民约

模块化责任共同体的形成，意味着以“十户一体”为运行载体的组织架构的初步确立，而以村落传统为基础的村规民约的约束，则是这一载体持续运行的非正式制度保障。长期以来，C村内部社会的有效运行都依赖于一些本土化的约定，包括人际交往、伦理、孝道等，内容广泛，村民依据这些约定进行自我管理、自我服务、自我约束①，展现了乡村社会的独特的风俗习惯、思维方式与价值皈依②。这些约定多数是以非制度性的形式，通过代际传递的方式被村民所熟知，但长期维持了村庄内部良好的社会秩序。“十户一体”模式的探索与实施，完全是在村庄内部自发展开的，是村庄自我解决公共事务的典型案例。

为了能够保障“十户一体”各项措施顺利施行，村委会经商议将村庄内的传统礼俗和约定以文字的形式确定下来，并在此基础上根据村庄的发

① 张广修：《村规民约的历史演变》，载《洛阳工学院学报（社会科学版）》，2000年第2期，第25~29页。

② 周家明、刘祖云：《村规民约的内在作用机制研究——基于要素—作用机制的分析框架》，载《农业经济问题》，2014年第4期，第21~27+110页。

展需求，仍然以“村规民约”为名进行了一定的建构，形成一个更为全面系统的制度性安排。例如，规定不履行卫生保洁的责任者、不按照规定滥办酒席的铺张浪费者、不孝顺父母者、偷盗者、不服从户长管理者等，均要被列为“整改户”进行考察，考察期为一个月，考察期间不给整改户办理任何相关手续，不落实国家任何优惠政策，并由村委会最后评定是否取消考察。这些村规民约以文字的形式确立下来，便于从制度层面为村庄管理提供一种合法性依据。这些依据并非凭空捏造悬浮于上层，而是依据村庄内部的文化基础建构和发展起来的，契合了村庄整体的道义逻辑和价值取向，被村民们普遍认同和接受，因而具有相应的约束力，这在相当程度上为“十户一体”的有效开展提供了制度保障。

三、组织化扶贫：“十户一体”模式如何拓展

为了能够确保2020年全面脱贫，T县从上到下都在积极探索地方脱贫之路，“十户一体”组织化模式正是这个过程中的产物①。随着精准脱贫工作的持续开展，C村进一步将该模式应用到抱团脱贫工作中来，在“产业发展脱贫”和“基层党建脱贫”两个关键领域发挥了重要作用，极大地推动了精准脱贫工作的开展，成为组织化扶贫的重要载体。

1. 产业发展脱贫：培育地方扶贫产业

为了推进产业发展脱贫，村“两委”通过引导和鼓励将农户按照技能相似、发展意愿相同的原则，将全村农户以一定数量划分为一个单元的责任主体，同时注重资源互补、优化配置，均衡地将富户、一般户、贫困户和党员、非党员等几类农户安排到一个发展主体。农户则可通过土地、资金、人力、技术等方式入股参与产业的经营管理。例如，在扶贫资金的帮助下，C村发展食用菌产业，用扶贫资金投资建设大棚、购买菌棒以及提供培训服务，每个责任主体以土地入股，管理一个食用菌大棚，期间可以得到相应的报酬，年底还可以根据实际效益和评比拿到一定奖金和分红。

① T县2017年扶贫工作报告。

在产业发展过程中，“十户一体”还应用于手工刺绣、农家乐、种养殖等产业。截至2016年底，全县63个中心村组建“十户一体”责任主体2664个，实现农户全覆盖。依托“十户一体”新建立农民专业合作社460多个，覆盖农户5800多户，其中贫困户2600多户，产业涉及银饰、刺绣、种养殖业、农家乐等。

值得注意的是，在产业发展脱贫过程中，“十户一体”更加趋向于概念化，是“十户一体”理念应用到产业发展脱贫的生动实践。“十户一体”原本是为了便于环境卫生整治，将居住位置相邻的十户家庭划分为一个单元的责任主体，但在产业发展的过程中，因各农户自身的优势和发展意愿不同，责任主体的划分突破了居住地理位置的限制。如在食用菌的产业项目里，依据耕地位置相邻的原则进行划分，以便于形成规模化优势。实践表明，基于耕地地理位置的划分，将十户左右的家庭作为责任主体单元，形成一个较为有效的规模，更易于把握和管理。当然，在产业发展过程中，有时也突破了“十户”这一数量规模的限制，出现了一个主体单元低于或者高于“十户”的情况。但总体而言，由于产业发展脱贫主要在村庄内部展开，各个责任主体的规模都不会太大，往往处于一个可控的规模范围内。随着“十户一体”模式内涵的不断拓展与衍生，它的影响力逐步渗透到当地村民生产和生活的方方面面。

2. 基层党建脱贫：“十户一体+党支部”

从本质而言，“十户一体”是一种组织化模式，其核心就在于将人组织起来，为推动村庄发展提供了可能。基于“十户一体”模式的治理成效，C村逐步将该模式拓展到村庄内其他公共事务中，例如防火防盗、民事调解以及邻里互助等社会生活层面，形成了良好的事件处理联动机制。基层党组织建设是精准脱贫工作实施过程中执行力的保证，既强调通过中国共产党的领导对纵向的扶贫体系形成强大的约束力，又强调了基层党组织与群众紧密联系，是扶贫工作的重要内容。随着城乡人口流动加速，农村发展活力释放，村级组织与村民利益关联纽带日益松散，基层党组织难以将村民有效地组织起来，T县通过“十户一体+党支部”的模式，将基层党建与扶贫工作结合起来，运用到扶贫及相关的村庄治理工作中，在依靠党员先锋模范作用的同时，通过党员进一步组织广大群众，开辟了基层党建脱贫的新路。具体来说，就是通过将农户以10户左右为单位捆绑在一起，入股参与合作社的经营，形成“党支部+合作社+‘十户一体’”的党建嵌入模式，即党建引领、抱团脱贫、合约管理的脱贫发展良性发展模式[①]，形成了新型的基层党组织形式，成为新时代基层党组织有效组织群众的一个实践创新，大大丰富了基层党组织建设的地方经验。

为了推动“十户一体+党支部”工作模式的落地，T县以党建扶贫作为总抓手，制定并细化了《“十户一体”工作推进方案》，将“十户一体”推进工作列入党建目标年度考核内容。在“十户一体+党支部”的制度安排中，优先将有能力的党员推选为户长，尽量将党员均匀分散在每个责任主体中，这样，可以依托党员组织群众，将党员的力量显性化，将党支部的作用扩大化[②]。党员的带头示范作用，激发了各责任主体内部的原生动力，组织化效果更加明显。利用党员户长的纽带作用，将村级层面的任务更清晰有效地传达到本责任主体内的村民，提高了任务执行效率，村民能够更及时准确地了解和把握相关的政策内容，促进村民对村庄公共事务的参与积极性，极大地提升了村庄的动员能力。同时，将最真实的村民情况、意愿和诉求向村级层面传达，在相当程度上缓解了党支部与村民之间信息传递不对称的现象，形成了一种良性的传递和反馈机制，促进了基层党组织与群众的紧密联系。“十户一体+党支部”工作模式，既缓解了当前普遍存在的村庄“精英流失”现象，改变了农村基层组织涣散的局面，形成了“支部统领、主体落实、党员带头、群众参与”的良性发展的组织模式，也极大地提高了精准脱贫相关工作的开展效率。

3. 脱贫成效：普惠式发展与整体性提升

自精准脱贫工作开展以来，T县通过对4.95万贫困户进行精准识别和精准扶贫，全县贫困发生率显著下降。2017年，全年贫困户累计减少2679

① 杨发祥、郭儒鹏：《嵌入、建构与增能：民族地区精准脱贫的实践探索——以贵州省T县为个案》，载《江苏行政学院学报》，2019年第2期，第71~78页。

② 赵凯明：《关于T县“十户一体”村庄治理模式的思考》，贵州省委组织部座谈汇报发言，2016年3月11日。

户，计11438人，农村居民贫困发生率下降至16.45%，减贫效果显著，但与全国农村平均贫困发生率仍相差13.45%。经过贫困户漏评、错评动态调整后，截至2018年底，T县尚未脱贫的还有6296户，计25063人，贫困发生率回升到17.5%，贫困治理任务仍然十分艰巨。2016年全县农民人均可支配收入达到6819元，2018年全县农民人均可支配收入达到8402元。“十户一体”是将村庄整体作为组织化的对象，在这个过程中，受益对象不仅仅是贫困户，也包括被整合在其中的所有村民。相比于一些只针对贫困户定制的特惠式扶贫政策，“十户一体”模式体现了熟人社会里协作发展的朴素价值观，提升了全体村民的获得感，有助于村庄内部形成共识，从而促进村庄内部的社会团结，最终从整体上提升村庄的经济社会发展，它所带来的利益是普惠性和持续性的，是一种益贫性的社会政策。“十户一体”发展模式的有效性，受到了中央和省市领导的高度重视，引来周边县市纷纷前来“取经”。T县党委政府将“十户一体”模式列为县域发展的一项战略性方针，在全县范围内的乡镇、村庄推广运用，并鼓励各基层单位以“十户一体”为基础，探索和拓展适合本地发展的新路径。

在“十户一体”抱团脱贫模式的推动下，C村充分利用外部的项目、资金等帮扶资源和内部强户带弱户、富户帮穷户等帮带方式，实现农户取长补短、互促共进，将村庄打造成T县休闲观光农业示范园区核心区之一。2018年上半年，C村集体经济收益达23万元，主要来自农文旅产业发展有限公司的乡村旅游收入。根据利益共同体和公司考核办法规定，C村“两委”将其中的2.23万元用于基础分红，实现全村全覆盖，户均收益100元。同时，将20.864万元用于绩效分红，其中苗乡大舞台表演主体获得12.08万元、农家乐经营主体获得7.1万元、独木龙舟表演主体获得1.684万元。从各户绩效分红来看，分到红利最多的贫困户为3600元，最少的也有465元[①]。“十户一体”抱团脱贫模式，拓宽了群众的增收渠道，提升了当地精准脱贫的成效。截至2018年底，全村可支配收入达到10000

① 龙承元：《T县长滩：23万村集体经济分红迎州庆》，2018年7月20日《黔东南益农信息》。

元，贫困户从2014年的67户284人减少到7户18人，贫困发生率从28%降到了1.76%，脱贫成效十分显著。

四、内源性发展："十户一体"模式何以可能

作为一种地方性的探索经验，"十户一体"形成了具有较强整合能力的组织架构，并有一套内部约束的文化机制，在推动当地农民组织化、提高扶贫效率和效益方面发挥了重要作用，从而有别于传统的组织化形式。从社会工作的角度看，这其实是利用地方既有资源重新建构了一个基层组织有效运行的环境，充分挖掘了地方资源内在的优势，是一种内源性的治理方式。进一步从内源性发展的视角来看，随着以行政干预和政策供给为基础的外源驱动的有限性日益凸显，"十户一体"与内源驱动具有较强的耦合性，使以共同体集体行动为基础的内源性发展成为一种可能。

1. 行政干预与政策供给：外源驱动的有限性

长期以来，在农村组织化实践过程中，往往通过政策导向和地方政府的行政干预以及一些企业的盈利行为等外源因素为驱动力。在外源驱动占据组织化主导权的情况下，村庄内部往往处于一种被动配合的局面，组织化的探索常常流于形式，不会从根本上起到应有的作用。外源驱动是一把双刃剑。外源因素的强势介入，确实会导致村庄发展的主体性丧失。然而，外源因素可以有效地打破村庄内长期形成的经济社会发展壁垒，从而推动村庄发展从"慢车道"向"快车道"转轨。当前的精准扶贫工作，正是依靠外部资源的强力嵌入才得以有效开展。要跳出"低水平均衡陷阱"就必须通过强有力的外力嵌入，建构与其相匹配的体制机制、发展环境，释放社会活力。作为民族地区贫困治理的先行环节，外力"嵌入"是一个常用的方法。面对民族地区薄弱的发展基础和现实的脱贫需求，需要对嵌入的内容和形式提出更高的要求。即要从一个较为宏观的视角开展统筹规划，对相关资源进行协调、分类、组合，通过理念更新与政策嵌入、行政帮扶与主体嵌入、党建引领与组织嵌入，形成一个具有结构性意义的多维嵌入体系，以期保证嵌入的针对性和有效性，保证多方资源的有效下沉，

为后续工作的开展打下基础①。当然，内源驱动是根本性的，外源驱动有效应是有限的。

作为一个深度贫困的村落，C 村的客观地理位置相对封闭。环境卫生是一个长期累积的历史性问题，与当地村民的生活习惯互为因果，多数村民甚至认为那是农村生活的常态，一直未形成从根本上解决这一问题的强烈动力。环境治理需要一定的成本，这显然还不能成为 C 村的工作重心。作为一种运动式的治理工作②，精准扶贫体现的是国家对底层贫困群众生活的政治关怀，需要通过自上而下的压力型体制来强制推动。发展旅游观光产业，是乡镇层面根据 C 村的自然资源与区位优势，量身定做的脱贫之路。发展旅游产业，对 C 村的环境卫生提出了更高的要求。同时，扶贫资源的嵌入，又为村庄环境治理提供了便利条件。可见，C 村环境治理工作是借助国家精准扶贫工作所形成的外力推动的，这种基于冲击-反应的内部探索一开始还是比较被动的。国家贫困治理的决心与 C 村积极的自我探索，共同催生了“十户一体”的生动实践。从这个意义上说，需要正确地认识外源因素的两面性，积极引导和发挥其有益的功能，同时处理好外源驱动与内源驱动的关系，防止从一个极端走向另一个极端。

2. “十户一体”与内源驱动的耦合性

“内源”一词，本意是指生物有机体发育的内部自组织过程，外部的因素可以起推动作用，但不能决定生命有机体自身的发展③。20 世纪 70 年代，为反思政府主导的技术-现代化发展模式而出现“现代化断层”和“有增长无发展”，“内源性发展”理念被提出来，主要包括“发展的内生性”、“以人为本”和“本地居民的参与”三个方面④。目前，我国大多数贫困村落，因地理位置的隔断和传统的小农习性等缘故，社会结构呈现同

① 杨发祥、郭儒鹏：《嵌入、建构与增能：民族地区精准脱贫的实践探索——以贵州省 T 县为个案》，载《江苏行政学院学报》，2019 年第 2 期，第 71~78 页。

② 周雪光：《中国国家治理的制度逻辑：一个组织学的研究》，北京·生活·读书·新知三联书店，2017 年版，第 125 页。

③ 阿卜杜勒-马利克：《发展的新战略》（黄高智等译），北京·中国对外翻译出版公司，1990 年版，第 185~187 页。

④ 钱宁、卜文虎：《以内源发展的社会政策思维助力“精准扶贫”——兼论农村社会工作的策略与方法》，载《湖南师范大学社会科学学报》，2017 年第 3 期，第 123~129 页。

构、封闭、松散、稳定等特点，自我组织能力很低，难以形成目标一致、利益统一的有机体。组织化程度低，既是这些地区农户发生贫困的原因，也是他们摆脱贫困的主要障碍。能否跳出扶贫的制度性陷阱，取决于农民组织的数量、规模、形式和效率[①]。农村的组织化探索大多是“他组织”力量被行政“嵌入”到农村社区中，脱离了农村社会生活的实际，弱化了村落作为生活共同体的功能，使农村社区内自助与互助合作的集体精神丧失[②]。这种传统的组织化形式，往往是以外源力量主导而形成的，在组织运行过程中常常因缺乏生命力而不能持续有效地发挥作用，最后往往沦为一种有名无实的组织形式。无论是组织化探索的既有经验，还是贫困村落发展的现实困境，都说明村落内部的驱动力是至关重要的。当然，内源驱动并不排斥外部力量，内源性发展并不排斥外部干预，但强调在发展过程中自身的话语权和主导权[③]。

作为一种内源驱动的探索，“十户一体”产生的背景具有一定的特殊性，但是作为一种有效的发展模式，它不仅回应了当前农村组织化的困境，更与内源驱动具有高度的耦合性。首先，“十户一体”将10个左右农户作为一个责任主体单元捆绑发展，以“户长”为连接纽带，形成了村委、户长、责任主体三方构成的“金字塔”组织形态，将村庄的全体村民整合到同一个体系框架中，改善了村庄内原有“各自为战”的分散状态，形成了组织化得以实现的基本架构。其次，与传统的组织形式相比，“十户一体”规模小、容易控制，行政意味更淡，具有更高的自我管理效率；责任主体内部推选的权威人物，既是本乡本土的“熟人”，又是具有示范作用的“能人”，是有力的内部驱动因子。最后，“十户一体”的奖惩机制、村规民约等制度性保障，也是村庄内源驱动力的表现形式。“十户一体”的内涵与形式不断拓展，渗透到村庄公共事务的各个方面，推动了村

---

① 胡敏华：《我国农村扶贫的制度性陷阱：一个基于组织的分析框架》，载《财贸研究》，2005年6期，第21~27页。

② 钱宁：《农村发展中的新贫困与社区能力建设：社会工作的视角》，载《思想战线》，2007年第1期，第20~26页。

③ 黄高智等：《内源发展：质量和战略因素》，北京·中国对外翻译出版公司，1991年版，第173~175页。

庄整体发展。同时迅速向全县及周边县市推广，与不同村庄的文化形态相结合，成为具有本地发展特色的重要载体。可见，“十户一体”具有可复制和可持续的双重特征，是一种具有强大生命力的组织形式，获得了村庄内外的共同认可，为深化农民组织化研究提供了一次理论和实践上的尝试。

3. 共同体集体行动：内源性发展的可能性

在“十户一体”模式探索过程中，个体利益与集体利益的高度关联，使共同体集体行动成为可能。正如曼瑟尔·奥尔森（Mancur L. Olson）所强调，实现集体行动的核心，在于克服“搭便车”困境。只有通过新的制度安排将外部性内部化，即将集体收益转化为个人收益，才能充分激励个人参与集体行动。集体行动要达到集体利益的帕累托利益最优化，关键在于实施选择性激励①，区别对待集体行动中的积极行动者和消极行动者。C村原本处于分散无序的状态，很容易产生“搭便车”行为。在“十户一体”的制度安排中，强调责任主体内“有福同享，有难同当”，即个人利益与集体利益密切相关。当责任主体满足考核要求时，集体利益就会转化成个人利益，实现外部利益的内部化；当责任主体内部有一户考核不达标，则会影响集体利益，责任主体可能面临惩罚，个人责任外部化。通过这种利益相关的约束机制，有效避免了“搭便车”现象，使村庄治理从无序走向有序。从宏观角度看，作为一个利益相关的共同体，C村在“十户一体”推动下，壮大了集体经济，并通过整体分红的方式，再次实现了外部利益的内部化，形成了有效的激励效果，进一步推动了村庄共同体集体行动的实现。

一个成功模式的形成，往往是一项系统工程，大致可以从组织化的环境、形式架构、运作、制度四个维度展开②。首先，C村保留了较为明显的以地方文化为基础的熟人社会特征，是“十户一体”最重要的背景环

① 曼瑟尔·奥尔森：《集体行动的逻辑》（陈郁、郭宇峰等译），上海三联书店，1995年版，第41~42页。

② 李长健、伍文辉等：《和谐与发展：新农村文化动力机制建构研究》，载《长白学刊》，2007年第1期，第123~127页。

境。C 村地处贵州大山深处，苗族人口高度聚集，地理环境和语言的双重约束，在相当程度上限制了其与外界主流社会的信息交流，逐渐与外部社会发展节奏脱节，形成了封闭的社会发展样态，贫困问题也长期持续。也正是因为这种封闭性，更好地保留了熟人社会的特征，包括地方生活群体长期以来形成的生活习惯、价值观念及社会约束机制等，成为地方文化的重要组成部分。在熟人社会中，村民对“面子”的珍视，潜移默化地影响了村民的行为，这正是“十户一体”得以成功的内在因素。其次，从形式架构而言，村庄原有的组织架构与其他村庄没有什么区别，包括村委会和村民小组等组织形式。“十户一体”将整个村庄的村民整合到同一个框架体系中，具有更高的联防和机动性，成为村庄内部原有组织形式与功能的重要补充。再次，在运作层面，主要是通过“户长”这一中间角色，将村委会和村民联系起来，形成了高效的执行和反馈机制。最后，在制度层面，主要依靠有形和无形两类制度，确保“十户一体”的持续推进。有形制度主要包括村规民约、奖惩制度、引导机制等，无形制度则更多通过长期内化于村民意识中的价值观念发挥作用，正如费孝通在《乡土中国》中所提到的只能“意会”的一些东西起到约束作用①。

五、结语

组织化问题始终是“三农”研究的重要内容。分散的小农经济如何适应社会化发展的要求，形成组织来维护和发展自身的权益，是农民组织化研究的理论起点②。近年来，农民组织化从“外源性”到“内源性”的研究转向，是对农民组织化发展困境的一种回应。作为一种地方内部实践探索的结果，“十户一体”源起于村庄环境治理的现实需求，后被应用到抱团脱贫等村庄公共事务的各个方面，在实践层面超越了制度设计的初衷，形成了一种村庄内源性发展模式。这种内源性的挖掘与社会工作开展的理

① 费孝通：《乡土中国》，北京大学出版社，2012 年版，第 27 页。

② 马克思、恩格斯：《马克思恩格斯全集第 39 卷（上）》，北京 · 人民出版社，1975 年版，第 133 页。

念形成了呼应，“十户一体”对社会工作参与贫困治理形成的启发是如何通过内源性的发掘，将分散的村民组织起来并整合在统一的框架体系中，进而提高地方扶贫工作的效率。当然，本文研究对象具有一定特殊性，C村是一个长期处于封闭发展环境的少数民族村落，内部保留了较为完整的熟人社会特征。作为一个典型的深度贫困村落，C村在精准扶贫的背景下获得了来自各方面的资源扶持。这些因素在“十户一体”探索过程中起到了重要的推动作用。因而，社会工作参与贫困治理，需要考虑的是如何将自身作为外部力量的优势更好地凸显出来，推动内源性的组织发展，既对自身角色准确定位，又能保证外生性因素与内生性因素间的平衡，确保内源性因素在过程中的主导和权力，确保基层群众能够广泛参与，确保与地方文化和价值体系相结合，以达到组织化扶贫的目的。

地区发展模式介入易地扶贫搬迁人口社区适应的社会工作实践

田北海　周胤皓

（华中农业大学文法学院）

一、问题的提出

在中国新型城镇化背景下，为了进一步推进精准扶贫战略，打赢脱贫攻坚战，易地扶贫搬迁成为解决集中连片贫困地区的重要扶贫手段。《全国“十三五”易地扶贫搬迁规划》中指出，面对“一方水土养不活一方人”的自然困境，计划在五年内逐步实现一千万建档立卡贫困人口易地搬迁的扶贫工程。约有占比七成以上的搬迁人口，以集中安置的方式落户原住地中心村、县城、小城镇等区域。

随着易地扶贫搬迁工程的陆续展开，大量贫困户搬迁至集中安置地使得原本分散式的居住模式、小农经济的生产模式、熟人圈的社会交往模式、传统村落宗族的文化传承方式不再适应迁入地社区，出现诸多适应问题。易地扶贫搬迁贫困人口所接受的不仅是地域之间空间的转移，更是将以传统农耕生产为根本的生活逻辑转变为现代市镇的生活逻辑；不仅是居住空间由散居向聚居的迁移过程，更是生产生活方式、文化心理模式、社会网络、基层治理的消解与重塑过程（郑娜娜、许佳君，2019）。

学术界围绕易地扶贫搬迁过程中出现的民众动员、心理疏导、政策落实以及相应配套设施建设等问题进行了多学科、多角度的研究，但对贫困户落户新社区之后能否“稳得住”即适应问题的关注不够。此外，以往学者多从经济角度、心理适应角度、文化适应角度进行贫困户社会适应能力的研究，但以集中安置社区为研究对象的相关研究较少。为此，运用社区工作方法介入并改善易地扶贫搬迁贫困人口社区适应状况，不仅有利于易地扶贫搬迁贫困人口在城镇新社区“稳下来”，更有利于为他们增权赋能，巩固扶贫攻坚成效，同时有助于促进社区工作方法在反贫困社会工作领域的应用，丰富反贫困社会工作的跨学科研究。

二、研究综述

（一）国外移民社区适应的相关研究

跨国移民社会适应问题是移民研究的重点领域，涉及经济适应、文化适应、社会适应与政治适应等方面（Heisler，1992）。美国芝加哥派学者Robert Park（1928）最早对移民的社会适应问题进行了研究，并提出了移民适应同化理论（Assimilation Theory）。在Park的基础上，Gordon（1964）提出了更加细致的“七维度模型”。为更好地解释欧美国家亚非拉移民群体的社会适应过程，Richard Alba与Victor Nee（2004）等提出了新同化论（Neo-Classical Assimilation Theory）。新旧同化论都强调移民群体在新社会环境中的强适应性与文化趋同性，但忽视了移民社会适应的主体性和多元性。为此，学者Kallen（1956）指出，移民并非一定能够顺利融入新社会环境中，移民群体有能力在迁入地重新建立与自身传统文化、旧社会关系相适应的新社群关系网络，帮助他们更好地适应环境。与Kallen强调社群关系不同，Amit（2010）关注语言差异性对移民群体的社会适应影响程度。无论是新旧同化论，还是基于此衍生出的相关理论分支，都对移民文化层面的适应有较多关注，而较少涉及经济、社会与政治层面的内容。

除了文化层面因素外，移民的社会关系网络也影响着其社会适应水平。Portes（1998）在移民适应问题的研究中，首次提出了“社会资本”的运作逻辑与重要意义，他认为社会资本嵌入在社会网络中，并且对移民的迁入过程起到关键性作用，从而帮助移民更好地适应新迁入地生活，提高了他们的适应水平。

在心理因素层面，Hunter（2011）指出，受迁入地社会认同、身份认同等因素影响，许多移民老人并不愿意长时间在新居地居住，而选择在新旧居住地之间周期性往返迁徙。彼特·布劳（1988）认为移民在进入新的社区之后，需要将新旧文化、身份与角色等进行关联与融合，才能达成对新社区的顺利融入与角色的转型，因此强调了移民心理适应对其社会融入水平的重要影响。Scott（1995）将移民的社会适应看作移民与社会相互作用的积极过程。他用主观与社会两个层面来划分这种交互过程的结果，主观层面是指移民对迁入地社会的认同，而社会层面是指移民与迁入地社会的交互行为，通常指获取资源、地位等。Mol（1976）则进一步用个体与社会两种层面的划分来解释移民的“社会认同”。他认为认同不仅是移民“认知意识”的体现，更表现出一种“认知范围”。个体层面的认同体现为移民在迁入地环境中拥有的资本与资源，以及个体在遇到困难时能够采取有效回应的手段；社会层面的认同则是群体共享的宗教与社会文化、价值与思想理念等意识体的综合表现。Ward 与 Kennedy（1994）提出了心理与文化调整的双适应模式，其将社会适应视为文化融合的结果，强调个体对所处环境的内在心理感受，以及外部环境对个体的反馈方式。由于内外部时常存在矛盾与冲突，因此需要对个体心理适应作出适当调整。在社会心理研究中，西方学者通过关注个体与社会层面的心理适应方式，区分了不同层次下的心理适应基本模式和运行逻辑，从而突出了心理适应对移民社会适应的影响。

作为移民适应问题的一个分支，从 20 世纪 90 年代开始，逐渐有学者开始关注生态、环境移民问题对社会结构层面的影响。如，西方著名移民问题专家 Michael Cernea（1999）指出，移民搬迁实际上是对原有社会秩序的解构与重建，造成生产模式、社会关系网络、社会组织的彻底改变，因此不能把移民外迁视作一种简单的迁徙现象，而应该关注迁徙带来的结构性影响。

综上所述，国外学者对移民的社会适应研究从新旧环境、生计资源问题逐步扩展到关注其群体文化、角色转型、社会关系网络与社会秩序的重构等层面上。

（二）国内移民社区适应的相关研究

1. 国内移民社区适应的现状与问题

郑瑞强（2015）认为扶贫迁徙是一种以扶贫、减贫为目标，将大量贫困人口从生态环境较恶劣的地区向生态环境相对较好地区转移的扶贫工程。除了对扶贫人口的迁徙之外，还包括对迁入地的经济与社会条件、基础设施等进行全方位建设。而根据 Michael Cernea（2000）的 IRR 模型（贫困风险理论），易地扶贫搬迁贫困人口在搬迁后的适应阶段可能会面临生产生活资源流失、关系网络重建、健康水平受损等困境进而产生返贫的风险。

不同类别移民在具体的适应维度上存在共性与差异。陈森蔚、张春兰（2014）认为迁村并居移民群体的社区适应性水平不高，其中主要受经济适应与生活适应两个方面影响，而社会交往与心理适应水平则相对较好。黄帝荣（2012）将拆迁群体的社区适应分为四个层面：规范性适应、社会关系适应、文化适应和心理适应。他认为拆迁群体产生的适应性问题主要为：居住不适应、日常生活不适应、经济活动成本大大提高、心理不适应与社会关系不适应。叶继红（2007）分析了从农民到市民身份转换的困境，表现为失地农民与市民存在隔阂、被边缘化、对城市生活信心不足和对自我认识存在偏差等问题。她认为，除了经济因素之外，心理因素对移民的适应障碍发挥了重要的中介性作用。

2. 国内移民社区适应的影响因素

（1）生计层面的影响因素

从生计层面上看，易地扶贫搬迁人口的家庭生计特征、生计资源、就业能力与素质、受教育程度、消费与支出水平都对其社区适应产生不同影响。易地扶贫搬迁人口在搬迁后虽然改善了空间地理条件，但并未彻底改变其所处的经济空间与社会空间状况（邢成举，2016），只有增强生计适应能力才能真正实现对移民的安置目标（罗凌云，风笑天，2001）。受教育水平不高、自身素质较低、缺乏相应职业技能，在发展方向、发展目标上犹豫不决等因素的影响，易地扶贫搬迁人口较难获得稳定生计来源，进而产生生计问题（郑瑞强，2015）。尽管地方政府与社区提供了职业技术培训，但相关培训存在培训时间较短、培训费用负担重、提升能力效果差等问题，并未能从实际上解决易地扶贫搬迁贫困人口的再就业问题（黄小强，2017）。

易地扶贫搬迁人口不仅缺乏迁入后生计模式再塑造能力，同时面临因易地扶贫搬迁而丧失原有生产生活资源的风险（Michael Cernea，2000），如赖以生存的土地、林地等。虽然易地扶贫搬迁多采取有土安置模式，但易地扶贫搬迁人口多面临原有土地距离远、新分土地少质量差等问题，导致依赖农业耕种的易地扶贫搬迁人口生计保障缺失，进而出现返回原居住地生活甚至是返贫现象（杨宝国，2018）。

此外，易地扶贫搬迁人口的再就业能力也受到一定程度限制。以往依赖农业耕种的移民群体在土地空间无法满足生计需求时，需要逐步转向其他方式的生计路径，例如外出务工、承包养殖，甚至是政府公益救济，但这些路径都对移民自身能力有较高的要求（邢成举，2016）。即使解决了再就业的问题，多数易地搬迁移民的生计工种也往往存在劳动强度大、风险高且薪酬待遇较低等问题（董苾茜，2018）。已有研究显示，与易地扶贫搬迁人口有相似境遇的失地农民群体中，那些教育水平不高、非农就业面窄、抗风险能力差的移民群体，其搬迁后的适应水平显著低于其他群体（叶继红，2007）。除了有劳动能力的移民，那些劳动就业能力较弱的老人与妇女，因为缺乏生计转型途径，大部分安置后只能赋闲在家，仅有少部分人就近从事服务业、餐饮业和手工业工作，但同样存在岗位需求少、劳动待遇差、权益模糊等问题（黄小强，2017）。此外，移民在迁入地的水电煤气费用、教育支出等消费负担大幅增加，也会影响其社区适应（朱晓静，2012）。

（2）社会关系层面的影响因素

社会关系或社会支持网络指移民群体如何从家庭、社区、同辈群体等其他网络成员中获取资源与支持，如经济支持、情感支持、社会支持等（黄小强，2017），这对于易地扶贫搬迁人口的社区适应也有着极为重要的影响。

尽管许多移民群体进入迁入地之后，逐渐改变了原有的生活方式与价值观念，开始向迁入地新文明体系靠拢（郑瑞强，2015）。但从总体上来看，血缘、地缘关系在移民的社会关系网络中仍占据主导地位（田奇恒，2005），社会关系网络成员间的同质性较强，这又直接妨碍了他们在社会层面与其他城市群体的交往与接触，形成一种相互影响、依次递进的过程（徐志旻，2004）。李晋芳（2015）在对晋陕六县的实证调查过程中发现，较多易地扶贫搬迁人口对搬迁前后周围亲戚朋友数量明显减少，说明扶贫搬迁对移民的社会网络有很大影响。此外，有研究表明，在因灾迁移移民群体中，经济收入较低的移民在灾后恢复过程中更加依赖自己的强关系网络，但恰恰是强关系网络在迁移后的缺失，让那些处于生存困境的移民无法获得依赖与所需资源（付少平，2015）。还有研究发现，务工移民虽然在新迁入地结交了较多的“城里人朋友”，但他们与城市市民间的交往只停留在浅层的联系上，极少通过他们来获得新的工作机会（徐志旻，2004）。

从社会交往空间角度来看，由于移民的生活空间从传统的村落转移到了现代的城镇社区，这使得易地扶贫搬迁人口对熟人社会的记忆发生解构，强情感纽带与联系状态转变成陌生人社会的弱情感联系方式，也在一定程度上影响了移民的社会交往状况（董苾茜，2018）。

（3）心理层面的影响因素

心理适应指的是易地扶贫搬迁人口对搬迁后生活的满意程度，是否认可新迁入地，具有归属感与融入感。心理适应能力越强，整体适应性水平就越高（史雅洁，张仲伍，2017），积极的心理适应状况能够促进生计与社会交往的有序发展，消极的心理适应则在一定程度上会阻碍社区适应（李晋芳，2015）。

如何看待自身以及迁入地环境是易地扶贫搬迁人口心理适应的重要指标，而主观能动性的发挥则在移民心理适应性中起着重要作用，其中政府扮演的角色对于移民心态及社会适应性也有重要影响（刘震，1999）。移民搬迁之后对于新迁入地缺乏主动性与积极性，没有做好角色与身份转变的思想准备，因而缺乏对迁入社区以及城镇的认同与归属感（叶继红，

2007）。在原居住地，由于地域的稳定，移民身份是稳定不变的。搬迁至新社区之后，易地扶贫搬迁贫困人口带着“扶贫搬迁户”的身份标签进入社区，与“当地人”的身份形成对比，由此产生心理隔阂与社会交往的障碍（陈云，2017）。而安置区集中居住模式又使得扶贫搬迁群体中产生“边缘群体认同”效应，对其融入新社区与城市社会产生了负面影响（李晓斌，2009）。尽管通过扶贫搬迁转变了地理空间位置，但对于许多移民群体而言，职业、经济地位的差异感使得许多移民不认可自身身份的转变，仍认为自己是“乡下人”而非“城里人”（徐志旻，2004）。

移民在新迁入社区中，由传统集私密与公开一体的村落住宅转变为强调隐私与封闭的社区居所，增加了移民个体心理层面的隐私意识，公共空间和居住空间隔离伴随着的是私人事务与公共事务的界限分明（董苾茜，2018），这使得移民群体参与社区公共事务的动力不足，而参与不足又不利于其形成社区归属感与身份认同。此外，移民在村落共同体中曾经拥有的公共生活话语权与参与感随着搬迁而消失，部分移民感觉日益被新社区边缘化，由此产生了强烈的抵触情绪（付少平，2015）。

3. 社会工作介入易地扶贫搬迁人口社区适应相关研究

从社会工作发展初期为贫困户提供慈善性质的社会服务到如今的专业社会工作，贫困群体一直是备受关注的主要对象。社会工作者基于专业价值观，充分运用社会工作理论与技巧帮助易地扶贫搬迁贫困人口解决问题、链接新资源以及合理调控现有资源，并通过社区营造与建设、举办各类社区活动、引导社区骨干、培育社区组织等途径能够使移民更好地融入社区。例如，赵兰（2017）运用互助式小组工作方法帮助搬迁老年人群体建立与当地社区间的良性互动，逐步提高了群体的社区适应水平。但总体而言，学界关于社会工作介入易地扶贫搬迁人口社区适应方面的研究较少。

（三）对已有研究的评价

通过文献梳理发现，国内外学者们对易地扶贫搬迁人口的社区适应问题、成因以及社会工作干预进行了广泛探讨，但在以下方面有待进一步拓展：

在研究内容方面，现有研究主要从社区适应的某一个或几个维度展开相关研究，对移民社区适应的不同方面开展系统研究的成果并不多见，更鲜见将移民社区适应与社区营造关联起来开展研究的成果。

在研究视角与研究方法方面，现有研究多关注易地扶贫搬迁人口个体与社会关系特征对移民适应的影响，较少关注社区因素自身对易地扶贫搬迁人口社区适应的影响，与易地扶贫搬迁人口相关的社会工作多以个案工作或小组工作方式进行，较少开展社区层面的社会工作。

三、案例背景

（一）C 村概况及易地扶贫搬迁人口基本情况

1. C 村概况

蕲春县 C 村位于湖北省东南部，地形以丘陵、山地为主，现有贫困户 110 户、373 名贫困群众，贫困发生率接近 40%，是 2019 年全县 55 个脱贫攻坚重点村之一。近年来 C 村在县运管局等驻点单位的扶持下，集中发展当地特色的蕲艾产业，成立蕲春种植专业合作社，先后建立起蕲艾、油茶、雪桃等种植基地，其中发展集体种植蕲艾 700 亩、群众自发种植 400 余亩。

C 村设立有村社区党组织、社区综治与人民调解委员会、社区残疾人服务办事机构等基层组织，并于 2018 年成立了武汉市阳光社会工作服务中心驻村社工站点。目前，C 村有社区工作人员 8 名，社工站点常驻社工 3 人。村社区配有党员群众服务大厅、党员活动室、儿童之家，并于 2019 年底开始修建文化广场和村小学等公共设施。

2. C 村易地扶贫搬迁贫困人口基本情况

C 村易地扶贫搬迁集中安置点（以下简称易迁点）于 2017 年初动工兴建，2017 年底建成入住，总投入金额 195 万元，全村易地搬迁户 19 户共 57 人于 2017 年底至 2018 年底陆续搬迁完毕。C 村易迁点位于村口交通干道附近，地理位置优越，户户配有菜地、5～10平方米的储藏间、晾衣平台、公共垃圾分类处理站。易迁点整体设施齐全，环境美化程度较好，在物质配备方面达到了理想水平。

C村易地扶贫搬迁贫困人口的基本情况如下。

（1）三留守群体多，高龄化严重。C村易迁点共有19户57人，15岁以下儿童9名、成年女性27名（其中60岁以上老年妇女20名，60岁以下中青年妇女7名）、成年男性21名（其中60岁以上老年男性16名，60岁以下中青年男性5名）。60岁以上老年人口高达36名，占比达到63%。

（2）扶贫难度大，贫困程度较深。C村易迁点贫困户达到19户，占比100%；低保户达8户，占比42%；五保户4户，占比21%。大部分贫困户在搬迁之后经济来源单一，贫困问题较为突出。

（3）老人行动不便，身体素质较差。老年人口占比较高，其中多数患有高血压、糖尿病、冠心病等慢性疾病，身体素质较差。虽然每户均有城乡居民基本医疗保险兜底，但报销比例与支持药物的范围存在较大差异。大多数老年人仍依赖传统偏方与宗教信仰，对现代健康养生知识涉猎不多。

（4）儿童教育松散，学习与社会教育缺失。易地扶贫搬迁人口中共有9名儿童，最大的孩子在上初中，最小的才上一年级，儿童群体的年龄跨度较大。由于易地扶贫搬迁人口主要以老年人群体为主，青壮年较少且大多外出务工，不在家中，爷爷奶奶辈对儿童的监管较弱，不仅体现在学习教育方面，还存在于儿童社会规范、社会交往、生活安全等方面。

（二）C村易地扶贫搬迁贫困人口社区适应的主要问题

1. 生计适应问题

（1）家庭经济脆弱，经济来源单一。易地扶贫搬迁贫困人口原本散居于C村内或附近的山区中。许多移民还在原住地搭建有牛棚、鸡舍等养殖场地，酿酒、茶叶等粗加工家庭作坊设施。易地扶贫搬迁后，其地理交通条件和居住环境虽然得到改善，但生活设施和生产资料的使用仍然面临诸多不便。

C1 先生（66 岁）：“以前我们老家那块还有几亩地能种，虽然收入不多，但是至少还能挣个口粮。那时候山上还放养着好多鸡，也还整过几头猪。现在环境是好了，房子强了很多，国家政策好啊。但是没地方种东西了，老家离这里十几里地，来回得个把小时，头几个月还回去整整地，现在都不去了，太不方便。村里给我们门口划了菜地，现在就能种种菜，其他的都得去买。”

像 C1 这样的案例在整个集中安置区里并不鲜见，尤其是 60 岁以上的老年人，基本都面临着缺土地、缺生产资源的情况，这严重影响易地扶贫搬迁人口搬迁后的生计适应。

（2）产业扶贫效果有限，就业适应困难。在易地扶贫搬迁项目建设过程中，C 村开展了扶贫产业配套建设，为易地扶贫搬迁人口提供了诸如蕲艾产业合作社、光伏发电项目、金融扶贫项目等产业支持项目。然而，笔者实地调查发现，相关项目的效果并不理想。

L1 先生（45 岁）：“产业扶贫政策是蛮好的，之前开会让我们可以去银行小额贷款，但是我们没有这方面的经验，让我们开店、搞养殖我们都不太懂，也不太敢尝试。那个蕲艾合作社，好像就是每年发点分红，前几年有，这两年我就不太清楚了。

“我也想找长期的工作，但是村里头那些合作社都是包给老板了，雇人用人村里说不算，我们也没办法。隔壁有几户老头去做过一阵子，也没几天，后来就没再去了。”

C 村虽然通过蕲艾生产合作社，帮扶了 11 户易地扶贫搬迁户。然而，囿于帮扶力度以及管理绩效等方面的问题，上述举措并未从根本上改善易地扶贫搬迁人口的生计适应问题，相当一部分易迁户仍处于打零工的非稳定就业状态。

2. 社会交往适应问题

易地扶贫搬迁人口大多常年居住在山区、深林，在封闭的地理环境中形成了稳定的社会支持网络。搬入集中安置区之后，原本稳定的社会支持网络不复存在，取而代之的是从各地区搬迁而来所形成的“陌生人网络”。

虽然还是生活在农村，但陌生的社区环境与邻里关系，让易地扶贫搬迁人口如同农民初次进城一样，感到局促和不安。在这种窘境下，集中安置区变成了“村中村”。

C2女士（59岁）：“周围住的认识是肯定认识，都是一个村的，但是以前从来没讲过话，也不太熟。搬过来之后，偶尔见到了打个招呼，也不太串门，现在都各过各的多，没有以前邻居关系好了。我们老家那边以前住的不是亲戚就是好朋友，各个熟得很，天天来往。刚搬来的时候，他们都会来的，来看看房子怎么样，住得怎么样。现在很少来了，老家在山腰上，来回很远的，人家来回也不方便。现在没有以前关系那么好了，可能过年还会回去一下，平时不太来往。”

3. 人格适应问题

（1）身份认同模糊。地域位置的改变，不仅仅影响到移民群体的生活环境，也冲击着移民群体的自我身份认同。在易地扶贫搬迁前，他们以村落为聚居单位，以村组和村集体为管理服务组织，与土地紧密联系在一起，有着强烈的乡土地域认同。易地扶贫安置后，易地扶贫搬迁贫困人口的村组归属发生了改变，少数从邻村搬迁来的易地扶贫搬迁贫困户，其所属和所在的村集体也发生了改变。

L2先生（73岁）：“我不是这个村的人，我是Y村的。我们那边搬迁人太少了，就并到这边来一起安置。但是我亲戚朋友还在老家那边，这边人我都不认识，上回村里开会大家都去了，就没叫我，说我户口还在Y村。我要办那个产业分红的事情，村里头说不归他们管，让我还得回去办，但老家那边说我搬走了就归C村管，来回跑麻烦得很。”

由于Y村符合条件的易地扶贫搬迁贫困户较少，L2先生被整合纳入邻村易地扶贫安置范围。从行政调配过程来看，这种整合型搬迁有助于提升易地扶贫搬迁效率，降低易地扶贫搬迁行政成本。然而，对于L2先生等易地扶贫搬迁户而言，他们尽管生活地域发生了变化，但户口并未迁移，这不可避免地带来社区身份认同模糊的问题。从地域归属上来看，L2等人已经离开旧村；从户口归属来看，L2等人并不属于新村；从心理归属来看，L2等人亦难以融入Y村。可见，L2等人普遍面临居住社区、所属社区和参照社区三类社区归属的冲突。

（2）心理适应水平低。笔者通过问卷调查，运用心理适应状况量表对12名易地扶贫搬迁贫困人口进行了心理适应程度测量。调查结果显示，许多易地扶贫搬迁贫困人口面临信心不足、寂寞空虚、缺乏兴趣爱好、社区参与度低等问题。其中，25%的研究对象甚至有“生活没有盼头”“自己不属于这里”等较为负面的想法。上述结果表明，部分易地扶贫搬迁贫困人口面临较严重的心理适应问题，需要接受社会工作的介入与帮助。

4. 文化适应问题

（1）文化娱乐活动匮乏。实地观察发现，虽然安置社区配备有健身器材和文化娱乐广场，但村民实际所能参与的文娱活动十分有限。社区组织的活动多以“政治学习”“精准扶贫”为主题，涉及大众参与的文化娱乐内容较少。

C3女士（53岁）：“村里没什么其他活动，小卖部那里有个棋牌室，平时有空的时候老头老太都往那里钻。我不爱打牌打麻将，就在家里看看电视，偶尔串个门唠嗑。隔壁L村有搭戏台子，我有时候会陪我妈去看看，但就是太远了，来去很不方便……其实我挺想去跳舞的，别的村里有组织广场舞的，我们这边好多人也想学，但是没那个条件，什么喇叭啊音响啊，我们都没有，也没人弄。”

（2）儿童缺乏监管，教育资源匮乏。由于没有自己的村小学，C村常年依赖邻村的教育设施和资源，村中所有儿童都在邻村镇上或县城上学。与此同时，C村的公共教育资源也较为匮乏，图书室馆藏量少，没有专门的儿童文化娱乐活动场所。此外，面对新的生活环境，许多易地扶贫搬迁儿童产生陌生感，很难融入当地的“小伙伴圈”，甚至产生社会交往障碍。

小丽（9岁）：“这边就认识几个，基本都不太认识，他们都是玩他们的，也不带我玩。我的朋友们都在老家那边，太远了，只有周末我会回去找他们玩。”

像小丽这样的儿童在安置区里还有8名，普遍存在社交与教育适应困难的问题。此外，与村中儿童一样，易地扶贫搬迁贫困户中的儿童既缺乏家长监管，也没有足够的教育资源可供学习娱乐。教育和监管的缺失，导致许多儿童安全意识、防范意识薄弱，容易造成危险和意外的发生。如，在刚进入C村调查时，该村就发生了一起儿童落水溺亡的事故。

（三）易地扶贫搬迁贫困人口社区适应问题的影响因素

1. 个体与家庭因素

（1）家庭结构失衡。C村的易地扶贫搬迁群体中有大量独居老人户和隔代留守家庭户。家中青壮年劳动力缺乏是造成家庭经济脆弱、老年人养老服务支持不足的主要原因，也是儿童教育与监管缺失的重要原因。

C4女士（65岁）："我有三个小孩，两个儿子都去世了，女儿出嫁了。儿媳在大儿子去世之后跑了，留下两个孙女。现在家里就我和两孙娃子过生活，全靠我的一点低保、养老金，还有一些田地，勉强生活……"

（2）社会支持网络脆弱。易地扶贫搬迁人口迁入新社区后，其原有邻里以及原社区的社会支持网络被弱化，社会支持的获取途径不可避免地受到冲击，进而影响其在新居地的社区适应能力。

低保户C5先生（67岁）表示："我没结过婚，一直一个人住。还在山上头的时候，我弟弟一家住在隔壁，常常过来看看我，平常帮我做做饭洗个衣服，我有困难也找他们帮忙。但是现在搬下来了，条件虽然比以前好多了，但是没人照顾，现在都靠自己干，偶尔让邻居帮帮忙。"

2. 群体因素

C村易地扶贫搬迁贫困人口主要由老年人、妇女与儿童三类群体组成，而此三类群体之间又具有鲜明的差异性，因此需要针对不同群体进行影响因素分析，突出不同群体所面临的问题，作为社会工作介入方案设计的依据。

（1）老年人群体特殊性。如前所述，C村易地扶贫搬迁人口中，老年人群体占大多数，且高龄化比较严重。调查发现：老年人群体社区适应面临的主要问题是，基础体质、身体机理及文化程度制约其社会交往、社区参与和社会支持获得。其具体表现为：一是老年人基础体质差、身体机能差，制约其社区参与。C 村易地扶贫搬迁老年人普遍存在腿脚不灵活问题，并患有高血压、糖尿病、冠心病等长期慢性疾病。受身体机能障碍影响，老年人普遍面临出行不便问题，降低了社区参与能力。二是高龄贫困人口面临语言能力退化和交流能力下降等问题，从而影响其与家人、邻里及社区工作人员的有效沟通，求助能力受到一定限制。三是老龄贫困人口受教育程度普遍较低，影响其政策认知及新社区生活适应。在 C 村，大多数易地扶贫搬迁老龄人口只有小学及以下文化水平，一方面，他们对易地扶贫搬迁政策一知半解，无法有效利用扶贫资源改善困难处境；另一方面，他们在搬迁前接触智能电器较少，智能电器的使用知识与经验匮乏。在搬入新社区后，面对政府统一安装的热水器、电视机、空调等智能电器，一些老龄人口甚至不知道如何操作使用。在 C 村易地扶贫搬迁人口中，60 岁以上老人无人使用智能机，并且老人机的普及率也不高。可见，易地扶贫搬迁老年人口普遍存在信息获取能力不足的问题。因此，社会工作者需要重点从身体健康、社会参与和社会支持网络构建等方面着手，介入易地扶贫搬迁老年人口的社区适应。

（2）妇女群体特殊性。C 村易地扶贫搬迁人口中，妇女占比仅次于老年人。由于大部分青壮年外出务工，妇女成为易地扶贫搬迁户家中的主要劳动力。她们既要照料老年父母、抚育年幼子女，还要承担家务劳动。为了增加收入，只要有机会，她们还会在周边打零工。因此在繁重的家务与生产负担下，易地扶贫搬迁妇女的闲暇时间变得极其有限，这在一定程度上限制了她们在新社区的社会交往与社区参与。同时，易地扶贫搬迁妇女在搬迁前长期生活在偏远山区或村落，受传统性别文化观念熏陶，“男主外、女主内”“女子无才就是德”等观念根深蒂固。她们习惯了深居简出、不抛头露面、不招惹是非的训诫，在迁入新社区后，尚未做好积极参与社区公共事务的心理准备。因此，除了在熟人圈里打打麻将，她们几乎没有其他社会交往与社区参与。

F1 女士（42 岁）：“我也没有每天都来打（麻将）的，但是家里也没什么事情做啊。该忙的忙完了，一下午时间不打（麻将）我也没什么意思……有活动的话那肯定来参加的啊。不过我们村里哪有什么活动？以前就是开开会投投票，组长不打电话来（我是）不会去的。”

可见，C 村易地扶贫搬迁妇女社区适应面临的主要问题是：家庭负担和性别刻板印象制约其社区交往与社区参与。对于易地扶贫搬迁妇女群体，社会工作者应从社区活动组织和社区组织培育入手，促进其社区参与，提升其社区价值，培养其社区归属感。

（3）儿童群体特殊性。在 C 村易地扶贫搬迁群体中，多数儿童的父母常年外出务工，其日常生活和学业主要由爷爷奶奶辈照顾、辅导。如前所述，易地扶贫搬迁老龄人口自身文化程度普遍较低，知识基础差，信息获取能力低。在隔代抚养模式下，一方面，祖辈仅能照料孙辈的日常生活，在学业辅导方面往往力有不逮，对于孙辈可能出现的偏差行为也缺乏科学的管教方法或手段；另一方面，隔代抚养家庭难免出现祖父母溺爱孙子女的情况，可能存在对孙子女偏差行为矫治不到位的情况。调查发现，C 村易地扶贫搬迁儿童的偏差行为主要表现为：待人粗鲁、说脏话、结对打闹、小偷小摸，甚至虐待小动物。笔者在 C 村开展社会工作调查与实务期间，暂住于易地扶贫搬迁户空置的房屋，距离其他易地扶贫搬迁户较近，与易地扶贫搬迁贫困儿童接触机会较多。其间，C 村多次发生笔者与同伴私人物品失窃情况，失窃物品主要为零食、化妆品等。经走访调查，确认均为易地扶贫搬迁儿童所为。此外，在 C 村及周边地区流浪猫狗较多。笔者多次目睹易地扶贫搬迁贫困儿童追打流浪猫狗，在猫狗脖颈、腿部捆绑长线进行倒挂或牵拽拖行等。笔者曾多次制止并批评相关儿童，但效果并不理想。综上，C 村易地扶贫搬迁儿童在社区适应方面面临的主要问题是：监管教育缺位导致行为偏差矫治不到位。针对易地扶贫搬迁儿童的特殊问题，社会工作者应以行为矫治为核心，开展一系列旨在矫正儿童认知与行为、促进儿童健康社交的社区活动。

3. 社区因素

在社区层面，“重视产业扶贫，轻文化建设”是易地扶贫搬迁人口社区适应的主要影响因素。近年来，C村依托本地蕲艾特色产业，组织贫困户以及生产大户联合开办蕲艾生产合作社，打通了从生产、加工到销售的上下游产销链，并根据区位特点，开发了油茶、雪桃等特色种植业，带动20户贫困户脱贫。然而，相对产业扶贫而言，C村文化建设严重滞后。调查发现，C村多数居民对近几年本村产业发展感到满意，但均表示村里节日活动缺乏、居民互动活动少，活动内容单一。此外，C村没有居民自发成立的社会组织或自组织，社区公共活动主要由村“两委”发起和组织，以村民选举活动为主，活动类型单一。

需要指出的是，C村并不缺乏文化建设的群众基础。无论是在C村原住居民中，还是在易地扶贫搬迁户中，都不乏爱好戏曲和说书的老年人，也不乏能歌善舞且蕲艾手工技艺精湛的妇女。但问题在于，在重产业扶贫、轻文化建设的背景下，C村老年人与妇女群体的文化创作潜能没有被充分发掘出来，其文化生活需要也未能得到充分响应。因此，在社区层面，培养社区文化建设骨干，引导易地扶贫搬迁人口成立互惠文化组织，鼓励易地扶贫搬迁人口与当地居民共同开展社区文化活动，是促进易地扶贫搬迁人口社区适应的重点目标。

四、地区发展视角下的社区工作介入实践

（一）地区发展模式介入易地扶贫搬迁人口社区适应的依据

地区发展模式又称社区发展模式，最早由美国社会工作学者杰克·罗斯曼（Jack Rothman）于1979年提出。他根据其在社会工作领域多年积累的理论和实践经验，总结出三套泛用的社区工作模式并形成理论，即地区发展模式、社区行动模式和社区计划模式（徐永祥，2004）。其中，地区发展模式作为一种社区发展理念，是指以经济、政治、文化、社会等领域为中心，全方面、多层次地提升与发展社区。在本文中，地区发展模式主要表现为一种社会工作实务指导模式，其主要内容包括：强调社区居民的社会参与、合作；引导居民成立社区自组织并进行社区

实务管理；利用社区资源解决社区存在的主要矛盾和问题；满足社区福利需要，增进社区居民发展；培养社区文化，增强社区整体凝聚力等。在此模式的指导下，社区社会工作不能局限于关注某一个领域或某一个问题，而应将社区当前遇到的问题放入更大的框架下思考，从经济、政治、文化、社会等多角度全方位地设计社会工作介入方案，提升社区整体发展水平。

地区发展模式最显著的特点在于不仅关注服务对象本身，还关注服务对象所处的地区环境，以社区而非服务对象作为介入主体。地区发展模式从经济、政治、文化、社会交往等多方面考量社区发展情况，将相关问题放在更宏观的社区框架下去分析与解决。因此，在提升易地扶贫搬迁人口社区适应方面，相对于个体化的个案工作和针对某一类群体的小组工作，地区发展模式有更大的介入空间和影响力。

（二）介入目标与实施方案

基于前期需求分析，依据地区发展模式理论，社会工作者将易地扶贫搬迁安置点与C村视作一个整体社区，从教育提升、文化营造、健康营造、社会参与及社区组织培养五个方面开展社区营造，进而促进易地扶贫搬迁贫困人口的社区适应。

教育提升方面，社会工作者设计了暑期夏令营系列活动，旨在通过书法兴趣小组、诗词兴趣小组、手工兴趣小组和舞蹈兴趣小组，拓展儿童知识、培养和发展儿童兴趣；拓展社区教育资源，强化儿童学业支持与特殊儿童帮扶；矫正儿童偏差行为；拓展儿童同辈群体社交圈，帮助其形成健康的社会交往模式，顺利适应新社区；提升儿童社区活动参与积极性，为后续的社区项目奠定基础。

文化营造方面，社会工作者设计了康明斯图书馆项目，旨在增加C村贫瘠的文化资源、建设C村新型文化公共空间，并以此为基础开展系列阅读活动，培养儿童阅读兴趣、增强儿童阅读动力；开展亲子活动，增强儿童与成年父母之间的互动和社区活动参与积极性；依托康明斯图书馆成立社区教育组织，弥补C村社区社会组织缺乏的不足。

健康营造方面，社会工作者设计了老年人健康生活小组，旨在从科学饮食、疾病认知与防治、心理健康、医疗信息与急救知识技能几个模块入手，开展健康老年生活小组，从而提高老年人群体健康观念和防病意识，增强自我保健意识，倡导科学健康生活。

社会参与方面，社会工作者设计了“元旦节庆”小组，通过邀请易地扶贫搬迁贫困人口共同参与制作饺子馅、包饺子、举办茶话会等活动，旨在增强老年人的幸福感，提升社区归属感，帮助老年人构建新型社会交往网络；树立“敬老”“爱老”的社区风气，搭建邻里社区互助模式，最终促进其在新社区的适应状况，提升易地扶贫搬迁贫困人口的社区适应。

社会组织培育方面，社会工作者引导易地扶贫搬迁妇女成立以“舞蹈”为主题的社区文化组织。以社会工作驻村站点为基础，通过资源链接、搭建平台，引导易地扶贫搬迁妇女和其他村组妇女共同组建村妇女舞蹈队，帮助其在娱乐中放松身心、减轻生活压力，促进社区交往，建立积极健康的关系网络，提升社区文化参与。

不同于个案工作和小组工作，社区工作是一个系统工程，需要从个体、家庭、群体和社区层面共同发力。因此，本研究将社会工作介入周期设置为半年。从 2019 年 7 月开始至 2020 年 1 月结束。其中，2019 年 8 月至 12 月为社会工作实务实施期，2019 年 12 月至 2020 年 1 月为项目总结和评估期。

本项目主要通过两种方式宣传项目和招募对象。一是通过村民小组组长向各家村民宣传；二是社会工作者通过上门走访方式，邀请易地扶贫搬迁贫困人口以及其他组村民群体参与。

表 1　C 村社区工作实务项目实施表

实施时间	项目名称	活动方向	主要目标人群	主要活动内容与周期	实际参加对象
2019 年 7—8 月	儿童暑期夏令营	行为认知教育	儿童群体	书法兴趣小组，为期 2 周，每周 2 次 诗词兴趣小组，为期 2 周，每周 2 次 手工兴趣小组，为期 2 周，每周 2 次 舞蹈兴趣小组，为期 2 周，每周 2 次	23 人（易地扶贫搬迁贫困儿童 3 人） 35 人（易地扶贫搬迁贫困儿童 6 人） 22 人（易地扶贫搬迁贫困儿童 4 人） 15 人（易地扶贫搬迁贫困儿童 3 人）
2019 年 8 月	康明斯图书馆	公共空间建设	儿童群体	物资接收、清点 图书馆清扫、整理 图书分类设计与摆放 图书室环境设计 图书室制度规则设计	社工、儿童、家长 10 人 社工、家长 5 人 社工、儿童 10 人 社工、儿童、家长 6 人 社工、儿童、家长 15 人
2019 年 9 月	健康讲座	健康养生知识宣传	老年人群体	健康问题交流 热身小游戏 基础健康知识宣讲 常见疾病防治知识宣讲 生活卫生及用药知识宣讲 养生训练：健康操、手指操 心理健康知识分享	C 村医疗与保健卫生室医师 2 人 C 村社工服务站社工和实习社工共 6 人 易地扶贫搬迁老年人 14 人，其他老年人组 23 人
2019 年 7—10 月	C 村舞蹈队	社区组织建设	妇女群体		易地扶贫搬迁贫困人口 8 人 其他村组成员 15 人 C 村社工服务站社工和实习社工 5~8 人
2019 年 12 月	庆元旦敬老活动	文娱与老年人社交	老年人群体		易地扶贫搬迁老年人 18 人，妇女 8 人，儿童 4 人 村干部 3 人 C 村社工服务站社工和实习社工 8 人

（三）介入过程

1. 实务案例一：儿童暑期夏令营项目

（1）项目背景

根据前期调查结果，易地扶贫搬迁贫困儿童的社区适应问题主要体现在认知与行为偏差、教育与监管缺乏、健康的同辈群体交往缺失等方面。针对这些问题，社会工作者依托C村社会工作站于2019年7月至8月开展了儿童暑期夏令营的社区活动。

（2）项目服务内容

一是课业辅导。社会工作者依托C村社会工作服务站，为易地扶贫搬迁儿童以及全村参与项目儿童提供暑期作业辅导和基础通识教学。在学业辅导和课程讲授过程中，密切关注在学业上有特殊困难的儿童，持续跟进并给予帮扶措施。

二是兴趣拓展。社会工作者通过开设书法、诗词、舞蹈、手工等兴趣班，发掘易地扶贫搬迁儿童潜能，培养儿童学习兴趣，促进儿童全面发展。

三是素质拓展。社会工作者通过开展游戏，运用小组工作方法引导易地扶贫搬迁儿童开拓思维，激发参与热情，积极主动参与活动，帮助其在活动中提升团队沟通、协作、组织等方面的能力。

四是生命安全主题教育。社会工作者以讲座、观影的形式给儿童开展居家生活、食品安全、防拐骗、防性侵等安全知识教育，多方面树立易地扶贫搬迁儿童对于安全的自我防护意识，增加儿童安全防护手段。

五是国学主题教育。社会工作者根据参与儿童年龄层次与兴趣，划分为不同的小组进行国学文化培养。包括：组织诗词兴趣小组，引导易地扶贫搬迁儿童学习背诵唐宋经典诗词；组织观看视频短片，引导易地扶贫搬迁儿童了解中国传统节日由来；组织小故事阅读小组，引导易地扶贫搬迁儿童了解中国传统美德，纠正不良行为习惯。

（3）项目服务过程

①项目初期：建立信任。社会工作者通过“你画我猜”“大风小风吹”

等趣味活动进行破冰，让儿童认识到暑期夏令营活动并不是死板的“上课”与“做作业”，而是寓教于乐，在游戏和学习过程中促进其自身成长。“我之前都没有玩过这些游戏，很有意思”，“我每天都想跟哥哥姐姐们一起玩游戏”……总体而言，儿童们的反馈比较积极。最初几天，为了打消家长们的顾虑情绪，社会工作者邀请他们来到活动现场，一起加入儿童游戏环节。随着对夏令营项目认识的深入，家长们认可了项目。通过家长口口相传，越来越多的家长要求自家孩子参加夏令营。于是，夏令营参与儿童人数从不到 30 人扩展到了近 50 人。营员人数大大超出了社会工作者的预期，也对项目组提出了更高的管理要求。为此，社会工作团队与 C 村村委会讨论决定，将夏令营从活动室搬迁至党群服务中心三楼活动室，从而解决了营员人数过多、活动空间不足的问题。此外，团队还以村委会的名义从各个村民小组借来 10 套桌椅，用以满足营员扩张后的教学设施需求。

②项目中期：拓展教育方式。从第二周开始，社会工作者开始有针对性地开展兴趣班和主题活动，旨在培养儿童兴趣、矫治不良行为习惯、树立健康意识、促进儿童参与，从而帮助易地扶贫搬迁儿童顺利融入 C 村儿童群体。活动的实施始终遵循寓教于乐的原则。如，在生命安全教育主题活动中，社会工作者引导儿童模拟了不同类型的灾害情景，引导儿童探索如何开展前期防护，如何及时求救以及如何适当自救。许多儿童第一次接触火灾、地震、溺水、交通意外等模拟情景，因而在角色模拟过程中非常兴奋。他们不仅体验了灾害情景、增强了对安全风险的认知，而且掌握了相应的安全防控知识、树立了安全防范意识。“煤气灶漏气了会有臭鸡蛋味道，然后不能开开关或者点火，会爆炸。”“以前大人从来没讲过这些。”“我回去了要告诉爷爷奶奶安全知识。”……在小组活动中，小组气氛活跃，组员参与积极。易地扶贫搬迁儿童不仅学习到了安全知识，还在小组活动中结识了新朋友，建立起新的朋辈关系网络。“小 L（L4，9 岁）是我的新朋友，我跟他搭档每次都能赢。”“他们说下回带我一起玩，还要去我家里做客。”除兴趣班和主题教育活动外，社会工作者还针对小组活动中的意外事件开展应急教育。如，在手工活动过程中，成员 W 与 Y 发生了肢体冲突。针对该起意外事件，社会工作者适时开展了以情绪管理为主题的

小组活动。通过讲述寓言小故事和组织互动游戏，让组员了解到什么是情绪管理，如何才能更好地解决冲突，以及如何才能与小伙伴和谐相处。经过此次小组活动，两位小朋友很快握手言和，组员间互动氛围有了明显改善。

③项目后期：提升儿童自我展示能力。经过为期3周的小组活动，小组成员自主学习能力有所增强，偏差行为明显改善，安全意识明显提高，朋辈交往能力得到提升，朋辈关系得到拓展，易地扶贫搬迁儿童开始融入C村原居儿童群体中，开始结伴同行，甚至在周末相互串门游玩，夏令营达到预期效果。为进一步巩固项目成果，社会工作者组织了暑期夏令营结营仪式。社会工作者发动小组成员设计了诗词朗诵、儿童歌舞、儿童大合唱、儿童手工展示等节目。经过为期两周的节目制作与彩排，夏令营结营仪式于8月18日成功举行。在结营仪式上，社会工作者邀请全村儿童和家长参加观礼，小组成员们在舞台上的精彩演出得到家长们的一致认可。如，易地扶贫搬迁贫困人口L5女士（38岁）表示："这次活动办得真是很好，我女儿第一次参加这样的社区活动还表演了节目。她在家里准备了好久，还拉着我一起练习。我觉得这次暑假班给她带去变化挺大的，性格变开朗了很多，爱说话了，还认识了好几个小朋友。"

2. 实务案例二：C村康明斯图书馆项目

（1）项目背景

社会工作者依托武汉市阳光社会工作服务中心进行资源链接，以C村驻村社工站的名义获得了康明斯燃油动力（武汉）公司（以下简称康明斯公司）对贫困地区进行教育资源援助的康明斯图书馆项目支持。2019年8月20日，C村康明斯图书馆项目启动，并举行了揭牌仪式。根据项目计划，康明斯公司对C村进行定向援助。援助内容包括：捐赠儿童图书1000册、桌椅20套、文具50套、儿童手工玩具等50余套，将C村20多平方米的活动室改造成康明斯图书馆。

（2）项目服务内容与过程

一是图书馆资源链接与筹建。社会工作者在暑期夏令营项目基础上，招募了4名易地扶贫搬迁儿童及其家长，以及其他村组的儿童和家长共计

15人，与社会工作团队一起成立了图书馆筹建小组。筹建小组经过头脑风暴法，对所有参与者进行了分工。旨在为易地扶贫搬迁贫困人口与原住居民提供相互了解与合作的机会，改善小组成员之间的关系。

二是图书馆揭牌仪式。社会工作者招募易地扶贫搬迁儿童和其他村组儿童共30名，组成仪式节目小组，设计并排练揭牌仪式上的儿童节目。揭牌仪式以儿童朗诵开场，设置了儿童表演环节和赠书仪式，表演者均为暑期夏令营营员。共有5名易地扶贫搬迁儿童参与本次的揭牌仪式演出活动，这也是他们首次参加有外来嘉宾、村委和县委领导、全村居民参与的大型社区活动。多社会与社区角色的共同参与，拓展了易地扶贫搬迁儿童的社会交往渠道，增强了其社区参与积极性和社区主人翁意识；登台演出经历也锻炼了易地扶贫搬迁儿童自我展示的勇气，增强了易地扶贫搬迁儿童的自信心。以小丽为例，她于2018年11月搬入易地扶贫搬迁社区，平时爱好音乐和舞蹈，但由于家里经济条件限制没有参加任何儿童音乐舞蹈培训班。社会工作者成立了儿童舞蹈表演队，并邀请小丽参加，指导其学习基础舞蹈知识，并进行系列训练。小丽初次得知舞蹈表演队要在20日登台表演时，有一定的畏难情绪。“我不想去参加，那么多人看着，我不敢”。经过深入沟通，社会工作者运用优势视角理论，帮助小丽分析了自身的优势——包括舞蹈天赋、对舞蹈的热情和周边已有的优质资源；引导小丽认识到，上台表演不仅能挑战自己的勇气与胆魄，更能展示自己的舞蹈才华，还能获得家里支持，为今后继续学习舞蹈奠定坚实基础。通过个案辅导，小丽鼓起勇气参加了彩排小组，每天同其他组员一起刻苦训练，最终顺利登台表演，并以出色的舞蹈演出赢得了观众的掌声。此后，小丽开始变得活跃起来，与参加夏令营的其他儿童成为好朋友。

3. 实务案例三：健康老年生活小组

（1）项目背景

前期调查显示，C村易地扶贫搬迁老年群体普遍存在体弱多病、健康意识薄弱、生活方式不健康等问题，这对其适应新社区生活、开展新社区社会交往和获取新社区资源造成了负面影响。因此，增强易地扶贫搬迁老年人体质，提升其健康意识，是促进该群体社区适应的重要途径。

（2）项目服务内容

拟从科学饮食、疾病认知与防治、心理健康、医疗信息与急救知识技能几个模块入手，开展健康老年生活小组活动，旨在提高老年人群体健康观念和防病意识，增强自我保健意识，倡导科学合理健康生活。

（3）项目服务过程

①项目初期：破冰。活动开始前，老人们按照到场顺序依次入座。为了照顾部分身体情况特殊的老人，社会工作者将听力状况较差、视力较差且没有佩戴眼镜的老人调到前排；将腿脚不方便的老人安排在靠近走廊和门口的区域就座。活动开始后，C村卫生室的两名医师开始介绍活动背景、主题与活动内容。社会工作者注意到许多老人只跟自己较熟悉的老人交流，易地扶贫搬迁老人则只跟自己的邻居交流。于是，社会工作者临时决定将全场37名老人按照座位排布分为5组，并把14名易地扶贫搬迁老人分别混编入5个小组，让每位易地扶贫搬迁老人都能与其他村组老人交流。分组完成之后，社会工作者提议先进行击鼓传花和猜歌名两个热身小游戏，以加强小组之间老年人互动。随着热身活动进行，会场气氛逐渐热闹起来，许多不太愿意交流和表达的易地扶贫搬迁老人也投入游戏中来。

②项目中期：开展健康老年生活知识宣讲。小组以健康为主题，开展了一系列知识普及，帮助易地扶贫搬迁老人重新学习健康知识、澄清健康认识误区，用科学的态度审视自身的健康状态，鼓励其定期参与健康义诊。除了生理健康知识之外，医师和社工还介绍了心理健康知识，对小组成员进行专题指导。包括：如何调整心态，树立健康生活态度；如何缓解失眠，提高睡眠质量；如何克服孤独感、寂寞感等。此外，社会工作者收集了几种关于老年人感兴趣的活动主题，例如说书、唱戏听戏、传统蕲艾手工、茶话会等，并以此为依据设计了后期的小组活动，借此逐步引导老年人参与社区活动，提高社区交往频率，结交更多的老年朋友。几位获得交流机会的老人分享了自己的生活经验和健康知识后，部分“假”健康知识被医师指出来并得到纠正。整场活动顺利进行，卫生室的两名医师不仅介绍了基础健康常识和常用的保健知识，分享了村卫生室、乡镇卫生院的联系方式，还介绍了新农合医疗保险政策，包括报销比例、范围和报销方

式，等等。在场老人们都表示有很大收获。如，易地扶贫搬迁老人 L7 先生（82 岁，五保户）表示："我以前对那个新农合保险不太知道，都是国家在帮我们交，怎么报销、怎么看病都不太知道的……今天医生讲过之后，心里有点数了。"

③项目后期：健康老年生活心得分享。在随后的活动中，会场内老年人的积极性比活动开始前活跃了许多。从健康到子女教育，再到平常兴趣爱好，老人们的组内交流话题越来越丰富。几位易地扶贫搬迁老人表示，这是他们自搬迁以来第一次与这么多人交谈聊天。76 岁的易地扶贫搬迁老人 F2 女士表示："感觉很热闹，像过年一样。平常顶多和一两个邻居聊聊天，还没有和这么多人一起参加过活动，我觉得很有意思。"活动结束后，社会工作者对参与小组活动的老人进行了访谈。老人们普遍反馈良好，且易地扶贫搬迁老人较其他老人的积极变化更为显著。许多易地扶贫搬迁老人是搬迁以来第一次参与社区活动，因而对活动印象非常深刻，表示今后会积极参加社工站举办的各项活动。

4. 实务案例四：C 村妇女舞蹈队培育

（1）项目背景

根据前期调查结果，易地扶贫搬迁妇女群体的需求主要集中在"减轻生活压力"与"丰富休闲娱乐活动"两个方面。因此，引导妇女成立以"舞蹈"为主题的社区文化组织，能够有效凝聚妇女群体，促进易地扶贫搬迁妇女社区文化适应。

（2）项目服务内容

以社会工作驻村站点为基础，通过资源链接、搭建平台，引导易地扶贫搬迁妇女和其他村组妇女共同组建村妇女舞蹈队，帮助其在娱乐中放松身心、减轻生活压力，促进社区交往，建立积极健康的关系网络，提升社区文化参与。

（3）项目服务过程

①项目初期：组织动员。2019 年 7 月 2 日，社会工作者与 C 村妇联负责人 L 主任及其他村委会班子一起召开了讨论会。根据走访调查情况，社工站向村妇联、村委会班子说明了妇女社区组织的重要性，建议以妇女舞

蹈队为切入点，培育社区妇女组织。经过讨论，大家一致认为，以社会工作者为主体，村社联动，用专业社会工作培育妇女社区组织，对于改进社区服务、解决村民实际需求，能发挥积极作用。会议决定，通过海报宣传、村组长联系和入户走访邀请三个方式招募舞蹈队成员。舞蹈队以村妇联组织为依托，日常管理与组织前期培育工作主要由社工站主导。考虑到音响分贝容易扰民的问题，选择在党群服务中心旁小卖部前的广场上举办活动。组织培育的物资和经费，主要将由村集体负责。

7月6日至7月10日，社会工作者设计了妇女舞蹈队宣传海报，张贴在村口告示板、小卖部以及党群服务中心，并在入户走访过程中邀请有意向参与活动的妇女。在招募过程初期，社工团队遇到意想不到的困难。易地扶贫搬迁妇女响应并不积极，她们多持观望态度，以家务繁忙和照看小孩老人负担重等理由推托。进一步沟通发现，易地扶贫搬迁妇女不愿意报名的主要原因在于：她们对社区仍然存在陌生感，没有勇气在公众面前表现自己，“羞于”参与公共娱乐活动。为此，社会工作者与村妇联主任一起上门宣传动员。宣传过程中，社会工作者强调“同是易地扶贫搬迁人”，帮助易地扶贫搬迁妇女打消顾虑，并动员邻里间互相邀请、结对参与。该方法取得了较好效果，最终招募到23名成员，其中易地扶贫搬迁妇女8名。

②项目中期：组织启动运转。7月14日，社会工作者邀请第一批舞蹈队成员和妇联主任等干部，召开了C村舞蹈队成立大会。在会上，主持人介绍了该舞蹈队成立的目的、意义、挂靠单位和组织基本架构，并投票选出一组的H女士和六组的F女士共同担任舞蹈队负责人，负责舞蹈队日常活动安排、物资对接和发放、成员管理以及其他相关事务。广场舞培训方面，社会工作者设计了两条路线并行的方案。首先联系了邻村L村的舞蹈队负责人，请她们安排了1~2位有经验的成员轮流担任C村舞蹈队的领队，帮助她们学习舞蹈基础知识、选择合适的伴奏歌曲等。同时，社会工作者组织C村舞蹈队自行学习和排练舞蹈，帮助其培养舞蹈骨干，在学习过程中逐渐形成组织文化，学会组织管理，并吸引更多妇女加入。

③项目后期：组织运转常态化。在7—10月的3个月中，舞蹈队逐渐

形成稳定的活动模式，不仅摸索出了最适合的活动时间、活动时长，还培养出了几位舞蹈能力较强的骨干成员，甚至吸引许多男性村民参与其中。

5. 实务案例五：C 村元旦节庆饺子宴

（1）项目背景

易地扶贫搬迁贫困人口在搬迁之前，多居住在山区、林区等交通不便的地区，通常该地区具有静态的社会结构、较低的社会活跃度、匮乏的文化娱乐设施与活动。在搬迁之后，许多易地扶贫搬迁人口处于半封闭式的生活状态，不愿与外界有过多接触和交流，社区活动参与有限。其中，易地扶贫搬迁老年人群体尤甚。在前期介入实务中，社会工作者开展了旨在提升老年人健康知识水平和强化健康生活习惯的健康老年生活小组。在本次活动中，社会工作者以社区参与、社区互助为核心，聚焦老年人社会交往开展社会工作介入实务。

（2）项目服务内容

本次活动以“元旦节庆”为主题，邀请易地扶贫搬迁人口共同参与制作饺子馅、包饺子、举办茶话会等活动，增强老年人的幸福感，提升社区归属感，帮助老年人构建新型社会交往网络。树立敬老、爱老的社区风气，搭建邻里社区互助模式，最终促进其在新社区的适应状况，提升易地扶贫搬迁人口的社区适应。

（3）项目服务过程

①项目前期：热身阶段。第一阶段的活动以老年人为主要参与主体，社工、妇女、儿童等群体为辅助参与主体。通过包饺子庆元旦，提供易地扶贫搬迁人口文化节庆平台，营造社区文化，增进社区认同。在本次小组活动中，社会工作者扮演了协调者与促进者的角色。在活动开展前，社会工作者帮助村民租借场地，购买材料，搭建平台，邀请易地扶贫搬迁贫困人口参与。考虑到易地扶贫搬迁老人的身体与精神状况，社会工作者设计了简单易行的小游戏——“挑战数数字”进行热身，帮助老人们适应陌生的活动场所，活跃整体气氛。经过前几次的主题社区活动，以及社工们长期入户走访，老人对社会工作者已经较为熟悉。尽管由于年事已高，许多老人记不住社工的名字，但是也常会用“那个戴眼镜的小伙子”“那位长

头发的丫头”等代称来指代笔者与其他社工同事。因为经常参与社区活动，老人彼此之间也非常熟悉，许多老人在活动开始后迅速交谈起来。这说明，以社区活动为途径，以社区营造为核心，经常开展符合服务对象需求的活动，对社区建设能起到较好的作用。

②项目中期：饺子制作小组。在饺子制作环节，社会工作者发现，来自不同地区的易地扶贫搬迁老人的包饺子方式有着明显差异。这些差异不仅体现在饺子的造型上，还有制作过程中的手法和速度等。现场有几位不常动手做饭的老人，操作不太熟练，饺子制作进展明显落后于其他老人。于是，笔者安排有经验的妇女，为其提供示范，并鼓励他们继续尝试。在大家的带动下，儿童也参与进来，站在老人边上帮他们制作饺子、添补茶水和点心。整场活动气氛活跃，秩序良好。老人们全身心投入活动中，展示了各类手法的饺子作品，充分展现了不同地区的饺子文化。

③项目后期：小组总结。本次小组总结也是对整个社区发展模式介入易地扶贫搬迁人口社区适应的项目总结，目的在于总结半年以来社工站的工作，邀请易地扶贫搬迁人口分享自己参加活动的感受，收集他们对社工服务的反馈与建议。表现较为活跃的几位老人和妇女都发表了自己的意见，对社工团队在半年中做出的努力表达感谢。C1 先生（66 岁）：“你们能抽时间出来帮我们开展活动，我们都很高兴，也很感激……搬过来之后，虽然亲戚朋友少了，但是也认识了不少新朋友，邻居待我都挺好的，我现在很满足。”活动还邀请了 3 位村干部参与，村主任 C7 先生（34 岁）以社工反馈活动为契机，从产业、保险、扶贫补贴等几个方面为易地扶贫搬迁人口宣讲了精准扶贫政策，并介绍了 C 村在 2020 年全面脱贫之后将继续实行的扶贫政策。3 位村干部耐心回答了老人们提出的问题，解释并纠正了许多政策上的认识误区。从地区发展模式的角度，通过社区活动将政策资源与易地扶贫搬迁人口相链接，能够在已有的帮扶基础上，加强信息流通、澄清政策认知误区，不仅提升了易地扶贫搬迁人口对政策的理解，同时拓展了资源获取渠道。

(四) 介入效果

1. 评估方法

社会工作者主要采用的评估方法为三个方面：社区干部评估、服务对象评估和问卷调查前后测评估。

(1) 社区干部评估。笔者通过对主要负责的村干部进行访谈，了解其对社会工作站在 7 至 12 月对社区适应介入活动开展情况、服务效果、服务内容等方面的评价。

(2) 服务对象评估。笔者通过对几名易地扶贫搬迁人口进行访谈，了解其对社会工作者在社区工作实务期间服务效果、服务内容以及自身改善情况等方面的评价。

(3) 问卷调查前后测评估。笔者采集了同一批服务对象在实务介入前后的问卷数据，通过前后测数据对比分析对实施的社区工作介入效果进行评估。前后测问卷调查主要分三个模块：社会关系情况评估、社会参与情况评估、心理适应量表评估。

2. 评估结果

(1) 社区干部评估结果

社会工作者在社区介入结束后，对 C 村村主任 C7 先生（34 岁）进行了访谈。C7 主任表示："首先我认为是搬迁组的村民以及其他组村民精神面貌变好了，大家更加愿意参加活动了，就是积极性上去了。……其次，对'三留守'群体的关注跟我们村内的实施方向是一致的，比如儿童夏令营、图书馆项目、老年人讲座、中秋茶话会等这些活动，对服务'三留守'群体，丰富他们的生活，以及发展我们村的文化有很大的帮助。"

C7 主任还肯定了社会工作者在提升社区教育水平方面的工作成效。"夏令营和图书馆项目对我们村教育水平提高是显而易见的，非常多的家长都在参与后跟我交流说这样的项目以后应该多引进，尤其是夏令营项目，希望今后能够将其固定化，每年都举办。"

可以预期的是，村小学、"暑期夏令营项目"和"康明斯图书馆"项目将成为C村教育平台的三大支柱，共同促进社区教育的整体发展，使更多易地扶贫搬迁人口能够从中受益，解决其儿童教育方面的问题，提高其对社区的归属感。

（2）服务对象评估结果

在介入结束后，社会工作者对几位参与次数较多的易地扶贫搬迁贫困人口进行了访谈。C4女士（65岁）：“……变化肯定大啊，我和孙女们都参与了许多活动。孙女们夏天参加了（暑假班）培训，还排练了节目表演。小丽的变化最明显，你们来之前她都不太爱讲话，在这边朋友也比较少。后来暑假班认识了很多村里的娃儿。现在变活（泼）很多，经常跟那些娃儿去看书，成绩也上去了一点。”C4女士还表示邻居之间的关系也比以往更加亲近，经常结伴去参加“妇女舞蹈队”的广场舞活动。对C4女士来说，舞蹈队不仅是一种娱乐活动，也是构建社会交往网络的重要途径，还是易地扶贫搬迁人口融入社区的有效方式。

T1先生（52岁）也是易地扶贫搬迁人口的一员，年轻时曾经在上海、浙江等地打工，能够说一口标准的普通话，但是因为种种原因始终没能成家。在搬迁过来之后，他从一开始拒绝参与社工站举办的活动，到逐渐尝试参与，最后乐于参加社区活动，其社区适应水平显著提升。他还发挥了自己汽修的技术，经常帮其他邻居修理摩托车、三轮车，从而建立起了自己的一个小圈子。

像T1先生这样的独居户在C村的易地搬迁点还有很多，许多还是高龄住户。社会工作者在进行介入的过程中，不仅仅关注其自身发展，更关注构建住户之间彼此的联系以及他们与社区之间的联系，从更广泛的角度提高其对自身群体的认可，建立起身份认同，逐渐融入社区。

（3）问卷调查前后测评估结果

笔者于2019年7月与2020年1月分别对易地扶贫搬迁集中安置点中12名服务对象进行了入户调查与问卷资料收集，所得数据形成前测与后测数据，用于对本次研究效果进行对比分析。笔者采用的问卷为中国工程院咨询项目《城乡融合发展战略研究》调查问卷中的易地扶贫搬迁板块，问卷内容涉及易地扶贫搬迁贫困人口家庭与个人基础信息、贫困原因及扶贫情况、搬迁后的社会关系情况、社会交往情况、社会参与情况以及搬迁后的心理状态与适应情况。

①社会关系评估。在社会关系方面，将问卷中6道题进行得分比较，每道题1~5选项代表“非常差”至“非常好”5种程度区分，并分别赋值1~5分。易地扶贫搬迁人口得分越高表示关系水平稳定越好。如表2所示，接受调查的同一批易地扶贫搬迁人口在参与社区相关介入活动之后，与周边社会关系中各群体的关系变化明显。在社会关系层面，调查对象与邻居、朋友、整体社区居民的关系均得到了提升，在开展社会工作前，与三者的关系均值分别为3.33、3.83和3.67，进行社会工作干预后，关系均值分别为3.83、4.42和4.17，统计结果显示三者的差异具有显著性。

表2　服务对象社会关系前后测比较

	前测数据		后测数据		显著性水平
	均值	标准差	均值	标准差	
与邻居的关系	3.33	1.231	3.83	1.193	0.026
与亲戚之间的关系	3.58	0.674	3.75	0.793	0.166
与政府/领导干部之间的关系	3.00	0.603	3.17	0.389	0.166
与朋友之间的关系	3.83	0.937	4.42	0.793	0.002
对整体社区居民的熟悉程度	3.67	1.303	4.17	0.835	0.026
搬迁后的社会交往关系变化情况	1.42	0.669	2.33	0.651	0.005

②社会互动与参与评估。在社会互动与参与方面，将问卷中5道题目进行得分比较，每道题1~5选项代表“完全不来往”至“经常来往”5种程度区分，并分别赋值1~5分，其中对“社区活动的参与情况”以“完全不参加”至“经常参加”5种程度进行区分。易地扶贫搬迁人口得分越高表示互动频率越高，社会参与水平良好。如表3所示，易地扶贫搬迁人口整体社会互动参与水平有显著提升，尤其表现在易地扶贫搬迁人口与其街坊邻居互动水平和社区活动参与程度上。此外，在易地扶贫搬迁人口周边社会关系中，互动最多的对象是周边邻居，说明易地扶

贫搬迁人口日常交往较多与邻居接触。建立与培育邻里之间的互助关系，对易地扶贫搬迁人口社区适应有较好的促进作用。

表3　服务对象社会互动与参与前后测比较

	前测得分水平		后测得分水平		显著性水平
	均值	标准差	均值	标准差	
与街坊邻居的来往	3.42	0.996	3.92	0.900	0.007
与亲戚之间的来往	3.08	1.16	3.25	1.138	0.166
与政府/领导干部之间的来往	2.83	0.937	2.92	0.793	0.339
与朋友之间的来往	3.00	1.206	3.42	1.165	0.017
对社区活动的参加情况	2.17	0.835	2.83	1.115	0.054

③心理适应量表评估。在心理适应的评估层面，笔者采用8道层级递进的测量题构成量表，围绕心理状态、社区参与和社区适应认知来评估调查对象在实务介入前后的心理适应变化情况。每道题1~5选项代表“非常不符合”至“非常符合”5种程度区分，并分别赋值1~5分。易地扶贫搬迁贫困人口得分越高表示心理适应程度越好，心理状态越健康。如表4所示，服务对象心理适应水平有显著提升。说明经过社会工作介入后，服务对象对自身有了更加积极的认识，培养了一定的兴趣爱好，社区参与的积极性也得到了提高。部分调查对象的“空虚”“寂寞”“缺乏生活信心”等负面心理状态得到有效缓解。此外，服务对象对社区归属感显著提升，说明其社区适应水平得到整体提升。

表4　服务对象心理适应程度前后测比较

	前测得分水平		后测得分水平		显著性水平
	均值	标准差	均值	标准差	
我觉得自己心平气和	3.00	1.206	3.17	1.030	0.166
我能接受自己的不足	3.25	1.485	3.67	1.371	0.017
我不常感到寂寞	2.67	1.371	3.08	1.240	0.017

续表

	前测得分水平		后测得分水平		显著性水平
	均值	标准差	均值	标准差	
我不常感觉空虚	3.00	1.348	3.83	0.835	0.017
我有许多兴趣与爱好	2.92	1.443	3.17	1.403	0.082
我愿意参加社区事务与活动	3.83	1.030	3.17	1.528	0.039
我认为自己属于这里	2.67	1.497	3.67	0.888	0.002
我觉得自己生活有盼头	2.83	1.030	3.25	1.055	0.017

五、结论与讨论

（一）研究结论

地区发展模式作为一种社会工作的介入理论与方法，要求社会工作者以社区为介入对象，围绕当地社区的实际发展情况，从经济、政治、文化、社会等多领域、多层次地进行介入实践。主要目的在于提升社区居民的社区参与、合作；引导居民开展社区事务的管理；充分利用和链接当地资源解决社区中主要存在的矛盾与问题；提升社区福利，关注社区困难群体等。

针对易地扶贫搬迁人口社区适应问题，本研究着力于文化与社会两个领域，从教育、社会交往、文化娱乐、社会组织4个方面对C村进行社区工作介入实践。从社区基础入手，以社区各领域发展为根本，既补平短板，又发挥本地区优势，促进社区未来的良性发展，最终实现易地扶贫搬迁贫困人口顺利适应社区的整体目标。

1. 地区发展模式社会工作有助于链接教育资源

针对C村普遍存在的教育资源短缺、教育水平低下以及主要目标群体——易地扶贫搬迁贫困儿童缺乏监管、学习水平较差的情况，笔者实行了两个社区项目："C村儿童暑期夏令营"和"康明斯图书馆"项目。两个项目分别从教育平台和教育资源两方面入手，用短期项目和长期模式共同作用以提升C村的整体教育水平，提升可用教育资源。“C村儿童暑期夏令营”项目搭建起短期社区教育平台，围绕课业辅导、兴趣拓展、主题教育三方面介入，拓展了儿童的知识面、激发了儿童的各类兴趣、矫正了儿童偏差行为、拓展了儿童同辈群体社交圈，帮助其建立健康的社会交往方式。“C村康明斯图书馆”项目以C村社会工作站为依托，链接企业与当地政府教育资源。在此过程中，社会工作者发挥了链接资源功能，争取到“康明斯儿童教育慈善项目”在C村落地的机会，并在8月顺利建立起“康明斯图书馆”。这其中既包含图书馆本身，也包括图书馆附带的各项管理制度的制订、运行模式的培养以及社区资源的利用。该项目对于易地扶贫搬迁儿童来说，提高了其在新迁入地社区的教育资源获取途径，增强了易地扶贫搬迁儿童的规则意识和主人翁精神。

2. 地区发展模式社会工作有助于拓展社交网络、促进社区参与

易地扶贫搬迁人口普遍面临社会关系网络、社会交往模式重塑的问题。但相对陌生的地理、生活环境以及邻里关系使得其群体在构建积极有活力的社会交往网络方面产生一定困难。因此，社会工作者在进行介入过程中不能只运用小组活动或者个案辅导来缓解目标群体的社会交往困境，而应当从社区角度出发，以构建更广泛的社会交往途径，搭建社会参与的平台，让易地扶贫搬迁贫困人口和全村村民最大限度地相互接触，鼓励其积极参与社区事务和活动。

在项目服务过程中，社会工作者在每一个子项目中都设计了旨在促进易地扶贫搬迁人口社会交往的活动内容。如，在“C村儿童暑期夏令营”和“康明斯图书馆”项目中，针对的是儿童为主体的社会交往关系，让儿童在暑期班的课堂上、图书馆的学习中以及两次村级晚会的训练和演出中，通过相互协作、参与加深相互认识和理解，帮助其建立更加积极健康的同辈群体网络。在“C村健康讲座”和“庆元旦包饺子”活动中，以老年人群体为主，通过知识宣讲、手工互动、茶话会等活动帮助目标群体接触到各村组，扩大了同辈群体规模，让老年人能拥有更多“老伴”。同时也通过聊天、谈心、游戏互动的方式，吸引他们参与社区活动，缓解焦虑、孤独、抑郁等不良情绪和心理问题。实践证明，在地区发展模式下，社会工作在拓展社交网络、促进社区参与方面发挥了重要作用。

3. 地区发展模式社会工作有助于提升文化认同与社区活力

在C村，由于缺乏相应的文化娱乐活动组织，易地扶贫搬迁人口缺乏社会参与和文化交往的机会，难以产生对当地社区的文化认同和新的身份认同。针对这一问题，社会工作者以“演出活动”和“节庆活动”为切入点设计了相关活动，包括：“C村儿童暑期结营仪式”“康明斯图书馆开幕仪式”和“庆元旦包饺子”活动。前两场仪式为全村参与，参与人数均超过百人，其中易地扶贫搬迁人口不仅观看活动，还参与活动的排练、表演环节。作为参与者的易地扶贫搬迁人口和作为观看者的易地扶贫搬迁人口都能感受到自身群体在C村社区事务中的参与感、融入感，逐渐获得对新迁入地的文化认同，构建起自身的角色与身份认知。这一点在儿童群体上表现得最为突出。此外，频繁的社区活动也能够提高社区整体活力，进一步提高全村村民对社区活动的参与热情，提升全村凝聚力。

4. 地区发展模式社会工作有助于挖掘社区潜力

在地区发展模式中，社区组织发挥着至关重要的作用。社区组织作为社区成员广泛参与社区事务管理的重要平台，在整合社区资源解决社区矛盾方面发挥着重要功能。社会工作者以文化娱乐组织为切入点，建立面向妇女的C村妇女舞蹈队。尽管该组织面向对象较窄且主题单一，但是对于C村来说却是第一个以社区成员为主体成立的社区组织，对于挖掘C村社区资源与潜力、培养社区骨干、促进社区参与有着重要的启蒙作用。

（二）讨论与反思

1. 地区发展模式的适用性

项目评估结果表明，地区发展模式介入易地扶贫搬迁人口社区适应具有较强的适用性。在本研究中，笔者依据实务周期和可用资源，从可行性、有效性、群体差异性等角度出发，围绕服务对象面临的心理、行为、社交关系等问题，制订了一系列社区活动项目和社区组织培育项目，从教育、文化、娱乐、社会组织与参与角度进行了实务实践。整个介入过程中，每项活动之间相互关联，群体间相互融入，既帮助了易地扶贫搬迁人口，也进行了社区营造。经过村干部评估、服务对象自评估和问卷调查前后测对比，结果表明易地扶贫搬迁人口的社区适应问题得到了一定程度改善，地区发展模式在介入易地扶贫搬迁人口的社区适应方面具有适用性。

2. 项目的不足与展望

本研究主要运用地区发展模式指导下的社区工作对C村易地扶贫搬迁人口社区适应问题进行干预，虽然取得一定的预期成果，但也同时存在不足。

一是社区工作介入范围有限。C村及其易地扶贫搬迁人口所面临的问题不仅局限于心理、文化、社交等方面，还有生计发展与政治参与的需求。囿于资源和时间等因素，社会工作者未能全面系统地制订社区介入方案，忽略了易地扶贫搬迁人口的生计适应与政治适应问题。

二是对社会工作相关理论与实务方法的综合应用不够。社会工作者运用地区发展模式，从整体上进行了社会工作干预。但从严格意义上讲，地区发展模式社会工作需要综合运用社区、小组和个案等多种实务方法。唯其如此，才能在整体性与个性、广度和深度方面达到平衡。在本项目中，社会工作重点关注了老年人、妇女和儿童三类对象，可能存在着关注个性而忽视系统性、关注介入广度而忽视介入深度的问题。

基于上述反思，地区发展模式下的易地扶贫搬迁社会工作有待改进的方向是：

一是社区工作和个案工作、小组工作相结合，用个案工作的针对性和小组工作的系统性弥补社区工作“大而粗”的问题。

二是更加积极关注地方性发展模式中社区组织的建立，让更多当地社区居民能够通过社区组织调动社区资源，解决社区问题，真正参与社区事务。

三是社会工作者应当更多关注易地扶贫搬迁人口群体在生计层面的困难与问题，尝试链接资源，帮助地方政府和社区巩固和拓展脱贫攻坚成果，实现精准脱贫、长效脱贫。

参考文献

[1] [美] 彼特·布劳. 社会生活中的交换与权力 [M]. 李国武译, 北京: 华夏出版社, 1988.

[2] 陈森蔚, 张春兰. 从村落到社区: 迁村并居居民的文化重建研究 [J]. 南方论刊, 2014, 7: 28-30.

[3] 陈云. 城市化进程中的生态空间共享正义——基于开放住宅小区的思考 [J]. 生态经济, 2017, 1: 175-179.

[4] 董苾茜. 扶贫移民的社会适应困境及其化解——基于社会记忆理论视角 [J]. 湖南农业大学学报 (社会科学版), 2018, 2: 49-54.

[5] 付少平, 赵晓峰. 精准扶贫视角下的移民生计空间再塑造研究 [J]. 南京农业大学学报 (社会科学版), 2015, 6: 8-16.

[6] 黄帝荣. 城市化过程中被拆迁群体的社区适应与融入研究 [J]. 成都理工大学学报 (社会科学版), 2012, 5: 18-22.

[7] 黄小强. 城郊失地农民社会适应的社会工作介入研究 [D]. 新疆大学, 2017.

[8] 李晓斌, 王燕, 周世新. 易地扶贫搬迁与文化调适——以德昂族三台山乡初冬瓜和邦外为例 [J]. 西南民族大学学报 (人文社科版), 2009, 1: 28-34.

[9] 李晋芳. 扶贫移民城镇化的问题研究 [D]. 山西师范大学, 2015.

[10] 刘震, 雷洪. 三峡移民在社会适应性中的社会心态 [J]. 人口研究, 1999, 2: 18-23.

[11] 罗凌云, 风笑天. 三峡农村移民经济生产的适应性 [J]. 调研世界, 2001, 4: 21-23.

[12] 孟传慧, 田奇恒, 王绪朗. 进城农民个体劳动者去与留的实证研究——对武汉市进城农民留城态度的调查 [J]. 中国地质大学学报 (社会科学版), 2005, 4: 45-49.

[13] 史雅洁, 张仲伍, 高涛涛, 任秀芳, 王东华. 扶贫移民市民化适应性研究——以山西平陆县傅圣社区为例 [J]. 忻州师范学院学报,

2017，2：88-93.

［14］邢成举．搬迁扶贫与移民生计重塑：陕省证据［J］．改革，2016，11：65-73.

［15］徐永祥．社区工作［M］．北京：高等教育出版社，2004.

［16］徐志旻．进城农民工家庭的城市适应性——对福州市五区132户进城农民工家庭的调查分析与思考［J］．福州大学学报（哲学社会科学版），2004，1：106-111.

［17］杨宝国．精准扶贫视域下陕南避灾扶贫移民的困境与路径［J］．安康学院学报，2018，2：86-90.

［18］叶继红．试论影响失地农民城市适应能力的因素［J］．农村经济，2007，3：114-116.

［19］赵兰．扶贫搬迁老人社区生活适应的社会工作介入研究［D］．长春工业大学，2017.

［20］郑娜娜，许佳君．易地搬迁移民社区的空间再造与社会融入［J］．南京农业大学学报（社会科学版），2019，1：58-68.

［21］郑瑞强，王英，张春美．扶贫移民适应期生计风险、扶持资源承接与政策优化［J］．华中农业大学学报（社会科学版），2015，4：101-106.

［22］朱晓静．甘肃扶贫移民生活方式适应性研究——以H村为例［J］．南华大学学报（社会科学版），2012，2：32-36.

［22］Karin A，Litwin，Howard. The Subjective Well-Being of Immigrants Aged 50 and Older in Israel［J］. Social Indicators Research. 2018（98）：89-104.

［23］Heisler B S. The future of immigrant incorporation：which models? which concepts?［J］. International Migration Review，1992，26（2）：623-645.

［24］Gordon M. Assimilation in American Life：The Role of Race，Religion，and National Origins［M］. New York：Oxford University Press，1964.

［25］Alistair H. Theory and Practice of Return Migration at Retirement：the Case of Migrant Worker Hostel Residents in France［J］. Population，Space and Place, 2011, 17: 179-192.

[26] Kallen H M. Cultural pluralism and the American idea: an essay in social philosophy [M]. Philadelphia: University of Pennsylvania Press, 1956.

[27] Hans M. Identity and Sacred: A sketch for a new social-scientific theory of religion [M]. Oxford: Blackwell Publishers, 1976.

[28] Cernea M. Mutual Reinforcement: Linking Economic and Social Knowledge about Resettlement [C]. In the economics of involuntary resettlement: Challenges and Questions. Michael Cernea eds., Washington D. C: The World Bank. 1999: 1-28.

[29] Cernea M. Risks and Reconstruction: Experiences of Resettlers and Refugees [M]. Washington D. C: The World Bank, 2000: 11-55.

[30] Portes A. Social Capital: Its Origins and Application in Modern Sociology [J]. Annual Review of Sociology, 1998, 24: 1-24.

[31] Park R E. Human Migration and the Marginal Man [J]. American Journal of Sociology. 1928, 33 (6): 881-893.

[32] Richard D, Nee V. Remaking the American Mainstream: Assimilation and the New Immigration [M]. Cambridge: Harvard University Press, 2004.

[33] Scott W R. Institutions and organizations [M]. Thousand Oaks, CA: Sage, 1995.

[34] Ward C, Kennedy A. Acculturation strategies, psychological adjustment, and sociocultural competence during cross-cultural transitions [J]. International Journal of Intercultural Relations, 1994, 18 (3): 329-343

（本文为中国工程院2018年度咨询研究项目“城乡融合发展战略研究”（项目编号：2018-ZD-15-03）和中央高校基本科研业务费专项资金资助项目（项目批准号：2662020WFPY003）的阶段成果。）

儿童安全教育的文化维度

——江西财经大学介入修水县儿童照顾述略

尹忠海　王青　朱彬钰

（江西财经大学人文学院）

一、背景与目标：让革命老区、边远山区的孩子更加幸福

修水县地处江西、湖北、湖南三省交界的要冲，是一个山区县，曾经是革命老区。早在唐德宗贞元十六年（800 年）就已经设县，即分宁县，距今已有 1200 余年历史。修水也是秋收起义策源地，在中国革命史上占据着重要的一页。因此，修水是一个底蕴深厚、红绿文化交相辉映的县。该县素有“八山半水一分田，半分道路和庄园”的说法，是南方 48 个重点林业县市之一。该县也是人口大县，总人口在 87 万左右。封闭的山区环境、人口与耕地之间的比例失调、缺乏大型工业等因素导致了该县是国家扶贫开发工作重点县，是江西省定特困片区县。可以说，修水县反贫困工作异常艰难。

习近平总书记非常重视革命老区、边远山区的精准扶贫工作。2008 年 10 月，习近平在江西调研时强调，在推动科学发展的过程中，要始终坚持民生为先、民生为重、民生为本。为此，要坚持把新增财力向困难的群众倾斜、向农村倾斜、向基层倾斜、向社会事业倾斜。他专程到瑞金瞻仰了第一次、第二次全国苏维埃代表大会会址等革命旧址，并看望慰问了老红军。他强调，正是无数革命先烈用鲜血和生命换来的江山为当前创造美好生活奠定了坚实基础。2012 年 12 月，他在河北省阜平县考察时强调要帮

助革命老区加快经济社会发展。2015 年 2 月，习近平在陕甘宁革命老区脱贫致富座谈会上再次指出要加快老区发展步伐，做好老区扶贫开发工作，确保老区人民同全国人民一道进入全面小康社会。同年 11 月，他在中央扶贫开发工作会议上专门提出："我还要强调一下，要高度重视革命老区脱贫攻坚工作……一些老区发展滞后、基础设施落后、人民生活水平还不高的矛盾比较突出，特别是老区还有数量不少的农村贫困人口，脱贫攻坚任务相当艰巨。"[①] 2016 年春节，习近平在江西看望和慰问广大干部群众时一直询问革命老区发展的情况，强调全面建成小康社会一定要让为人民共和国诞生作出重要贡献的革命老区发展得更好。同年，习近平在东西部扶贫协作座谈会上强调："民族地区、边疆地区、革命老区、连片特困地区贫困程度深、扶贫成本高、脱贫难度大，是脱贫攻坚的短板，也是我对脱贫攻坚最不托底的地方。"[②] 2019 年 5 月 20 日到 22 日，习近平总书记在江西考察调研。他非常关注革命老区的发展，特别关注中央苏区是否能够一起迈入小康社会。他强调，中部地区革命老区多，原中央苏区和湘鄂赣、鄂豫皖、太行等都曾经是革命根据地。因此，要继续着力推动革命老区，特别是中央苏区加快发展，让革命老区人民同全国人民一道迈入全面小康社会。

修水正是习近平总书记提到的湘鄂赣革命根据地的重镇。中国第一支工农革命军诞生于修水。1927 年 9 月 9 日，秋收起义在修水打响第一枪。起义军移师井冈山后，开创了农村包围城市的革命道路。中共湘鄂赣特区委和省委苏维埃分别于 1931 年 3 月和 9 月成立于修水上杉乡。从大革命到解放战争时期，修水有 10 万多名儿女为中国革命和解放事业献出了宝贵的生命[③]。

为了落实习近平讲话精神，推动革命老区社会工作人才队伍建设，民

---

① 中共中央党史和文献研究院、中央"不忘初心、牢记使命"主题教育领导小组办公室：《习近平关于"不忘初心、牢记使命"重要论述选编》，北京·党建读物出版社，中央文献出版社，2019 年版，第 211 页。

② 中共中央党史和文献研究院编：《习近平扶贫论述摘编》，北京·中央文献出版社，2018 年版，第 18 页。

③ 《修水县志（1986—2008）》，南昌·江西人民出版社，2014 年版，第 4 页。

政部印发《边远贫困地区、边疆民族地区和革命老区人才支持计划社会工作专业人才专项计划实施方案》（简称《“三区”社工人才专项计划方案》，民发〔2012〕170号）。该方案要求，加快启动实施首批边远贫困地区、边疆民族地区和革命老区（简称“三区”）社会工作专业人才支持计划。2013年，在江西省民政厅支持下，江西财经大学人文学院（以下称“我院”）采取政校社合作方式承接修水县社会工作人才队伍建设的试点推进工作。2015年，我院在香港明爱社会工作服务部的支持下，香港运动企业家有限公司开始捐赠我院儿童照顾项目“小候鸟”计划。其中，修水太阳升镇等地是“小候鸟”计划的实施地。“小候鸟”计划选择了安全教育作为儿童照顾主题。2013年，在学校大力支持下，我院师生创办了以青少年为服务对象的“南昌太阳花社会工作服务中心”，并将其设立为学院社会实践基地。随着业务的扩展，资源来源渠道的丰富，为了进一步支持修水县以更加长远的眼光把儿童社会工作与反贫困社会工作紧密结合起来，我院又引入南昌太阳花社会工作服务中心的资源，把国际计划“儿童幸福家园”项目放在修水县东村、坪塅等地。这样，我院在修水就构建了一个以儿童安全教育为中心，多元力量协同参与、长期扎根乡村的工作机制，为修水反贫困社会工作的开展付出了艰辛的努力。上述项目，始终围绕着一条主线：让革命老区、边远山区的孩子们更加幸福。

2020年，在中国抗疫的关键阶段，习近平总书记肯定了专业社会工作的作用。此时，回顾习近平总书记关于革命老区、边远山区扶贫的讲话精神，简略地梳理我院扎根修水7年的工作，对于理解反贫困社会工作在推动治理能力现代化中的地位具有重要意义。

二、理论视角：探索阻断贫困代际传递的文化治理机制

无疑，良好的合作是开展工作的基础。2013年，初入修水，县民政局就给予了大力支持。社会工作与传统民政工作相互合作的确有利于推进各项工作。经过第一年的合作之后，我院对于修水县的情况有了基本了解，能够进行恰当的评估。

评估的资料来源主要包括三个部分：调集《修水县志》、统计年鉴等纸质资料；网络数据检索；现场实际调研。从实际情况来看，修水县外出务工人员占比非常高。到2008年，仅官方统计的劳务输出人员就达到了185000人。其中，赴广东、浙江两省占比最高，分别为33%、31%，合计高达64%①。2020年，春节返乡务工人员达到了20万左右②。除了外出务工人员外，修水县还存在着移民社区的儿童社会适应性挑战。2013年，网络报道的一则发生于2012年的修水乡村女童受侵致死引起了团队的注意。经过进一步调查，乡村安全教育缺失的问题初步出现在讨论议题当中。2014年，尹忠海教授和朱彬钰博士赴修水督导期间，到太阳升镇小学进行了调研，调研对象包括校领导、教务处负责人和驻村实习学生。调研发现，虽然修水社会各界付出了巨大的努力，但是留守儿童照顾的压力非常大。其中，安全教育问题是一个很大挑战。尤其考虑到修水县系山区，域内山高水急，儿童落水等不安全性因素一直存在。因此，蔡前博士、朱彬钰博士开始带领团队着手论证“小候鸟”计划。2015年，“小候鸟”计划编制完毕，该项目获得了香港同胞资助。

与此同时，我国精准扶贫战略的实施也快速发展。2013年11月3日，习近平总书记在视察湖南省湘西州花垣县十八洞村时首次提出了“精准扶贫”。2015年3月6日，习近平总书记在参加第十二届全国人大三次会议江西代表团审议时指出，决不能让老区群众在全面建成小康社会进程中掉队。同年，我院在吉安市扶贫办支持下对吉安县、永新县、遂川县、井冈山市4个国家级贫困县的16个行政村开展调查，并形成调研报告。调研报告的部分内容被《江西日报》整版刊载，并在全国两会期间发放到参会的全国人大代表手中。由于这4个县都位于罗霄山脉山区，和修水的地理空间相似。同时，这4个县也有大量外出务工人口。虽然修水县未被列入调查对象，但是调查结果进一步强化了以儿童安全教育支持反贫困社会工作这一基本思路。这样，自2015年以来，以儿童安全教育支持修水反贫困的

① 《修水县志（1986—2008）》，南昌·江西人民出版社，2014年版，第581页。

② https：//xw. qq. com/cmsid/20200113A0Q9IG00.

介入方案得以贯彻始终。

回顾起来，之所以选择儿童安全教育作为反贫困社会工作的核心内容，主要基于以下理论思考。

第一，着眼长远，探索建立反贫困社会工作的长效机制。习近平总书记非常重视建立反贫困的长效机制，重视把优先发展教育事业与反贫困结合起来。他强调，教育是阻断贫困代际传递的关键，是提升国家核心竞争力的关键①。他在论述防止贫穷的代际传递时，强调教育能够为人力素质的提高提供强有力的支持。对于留守儿童问题，2015 年，他在考察贵州扶贫情况时强调，要注意把关爱留守儿童与反贫困机制相衔接②。2016 年，他在“六一”儿童节时又强调，要让留守儿童享受社会主义大家庭的温暖③。

教育是包含家庭教育、学校教育、社会教育的系统工程。社会工作与这一系统工程相互联系、相互作用。从社区社会工作来看，社区教育是社会工作的重要内容之一。社区教育既包括学校教育在课堂讲授中加入社区生活、社区问题的内容，也包括社区的教育中心、教育机构承担起向居民开放教育资源的内容。社区教育的内容包括家庭生活、公民素养、安全与健康教育、思想政治教育、社区领袖训练、成人教育等。从功能来看，社区教育无疑在社区文化建构、公民道德修养、社区健康与卫生、安全保障、社会控制等方面具有重要地位与作用。儿童安全教育也是一个牵涉到学校、家庭、社会的系统工程，是社区教育的重要内容。

但是，遗憾的是，在社区教育中，儿童参与是一个富有挑战性的议题。在《中国儿童发展纲要（2011—2020 年）》中，“儿童参与”第一次作为工作原则纳入政策选项。该文件要求鼓励支持儿童参与家庭、文化和社会生活，创造有利于儿童参与的社会环境。这样，该文件事实上将儿童参与作为提升儿童权益的长效机制。无疑，社区是社会环境的基本单位。

---

① 教育部课题组：《深入学习习近平关于教育的重要论述》，北京 · 人民出版社，2019 年版，第 65 页。

② 人民网 . 习近平考察贵州，关心儿童上学问题，politics. people. com. cn/n2015/0617/c7031-27165957. html.

③ 央广网 . 习近平：要让留守儿童感受到社会主义大家庭的温暖，2016 年 5 月 30 日。

社区环境与儿童安全紧密关联，建立儿童可参与的社区环境有助于儿童安全教育。一旦某一社区出现不安全因素，那么就会导致家庭中的几代人因此返贫。反过来，儿童参与内涵的延扩与参与权利的提升有利于促进家庭变化，促进社区教育文化的变化。可见，在社区系统地推进儿童安全教育本身是赋权路径之一，是提升儿童参与的有力手段，是反贫困社会工作的重要内容之一。通过社会组织、社区、专业社会工作者联合推进儿童安全教育有利于与学校教育一起发挥系统性合力（参见下图），强化教育效果。

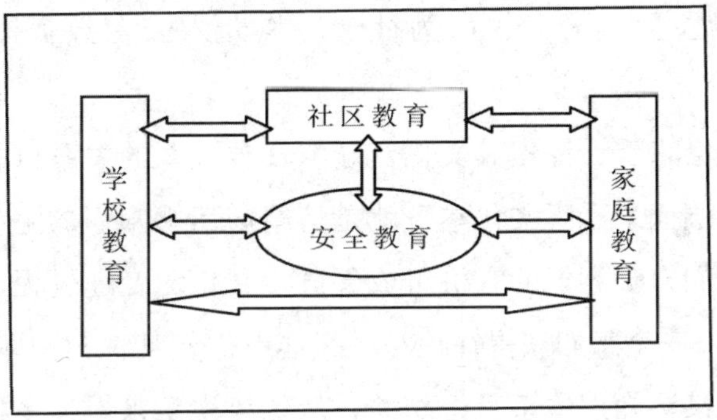

安全教育、儿童可参与的反贫困社会工作系统

第二，深入挖掘，进一步探索乡村社会的文化治理机制。以文化成天下是五千年来中国传统的治理思路。这一思路的核心就是文化治理。安全教育也是一种文化行为，因此也是文化治理机制的有机组成部分。治理旨在追求良序①，治理机制的探究需要学科交叉视野，而包括人性观在内的文化取向则深刻地影响着治理机制的建构②，影响着制度优势的发挥。正因为这样，以文铸魂、以文固本、以文优行成为人们关注文化与治理的焦点问题。迪安关于政府治理的看法就包含了文化维度："在某种程度上，政府指的是一种刻意筹划的活动，它们是由许多权威人士和政府机构操办进行的，并使用了各种技术和知识形式，努力通过全面透彻地研究分析人们的愿望、抱负、兴趣、利益和信仰来规范人们的行为。"③ 可见，政府治

① ［美］奥利弗·E. 威廉姆森：《治理机制》，北京·机械工业出版社，2016年版，第11页。
② 同上，第330页。
③ Dean，M.（1999），*Governmentality：Power and rule in modern society*，London：Sage：11.

理和一定的知识形式、一定的偏好（兴趣偏好、利益偏好，等等）紧密相关。而正如托尼·本尼特所论，要把政策分析引入文化治理角度。从这一角度，可以发现知识形式和偏好往往需要从文化与符号系统、文化与意义系统、文化与行为系统、文化与历史情节等角度加以思考①。历史地来看，安全教育已经是中国各级政府重视的治理议题，是学校管理和学校教育很重要的一部分内容。也就是说，安全教育已经是学校文化的一部分。但是，来自教育学的研究表明，学校现有的课程和知识依然主要以显性课程与显性知识为主要内容，这就为社会工作介入安全教育留下了广阔的空间。

从乡村社会来看，探索其文化变迁与安全教育的关系也是一个重要的角度。从心理层面来看，文化本身就是情绪与情感知识的宝库。文化也因此容易成为人们自觉意识的有机组成部分。文化的变迁过程也是情感知识演化的过程②。安全感的获得往往与是否能够嵌入某种知识体系紧密相关，是否能够适应某种知识体系紧密相关。从优势视角来看，乡村社会的熟人文化在介入儿童安全教育中具有重要的作用：熟人文化本身就是资源。比如，“小候鸟”项目在修水县太阳升镇开展乡村医疗自我保护教育时，一位志愿者恰恰就是在县城工作多年的医生。她说，正是因为浓厚的乡情才让她经常愿意舍弃休息时间，免费参与儿童安全教育。可见，她把志愿活动当作回报乡村的一条重要渠道。一条交往原则深刻地影响着她的内心世界：意义胜过报酬。从社区文化来看，社区的一个基本特征是地域性。这种地域性往往是一定的地方历史演变，一定的民俗文化，一定的社会关系网络，一定的行为与性格特征紧密结合在一起。修水县城乡社区依然带有浓厚的传统文化特征和山区文明特征，尽管这些特征正在受到城市化、工业化、信息化、市场化的影响。在修水县开展儿童安全教育的7年时间里，探索乡村社会的文化治理机制恰恰是隐藏在实务背后的一条重要线索。

第三，贴近需求，在流动的现代性中助力构建安全后花园。虽然修水

---

① 托尼·本尼特：《文化、治理与社会》，北京·东方出版中心，2016年版，第256~276页。

② 吕坤维：《中国人的情感：文化心理学阐释》，北京师范大学出版社，2019年版，第4页。

县是一个山区县，但是其区位优势使得该县很快遭遇到流动的现代性挑战。这种流动性包括三个基本层次：一是全球化层次；二是国内区域化层次；三是县域内的城乡/镇差异层次。现代化是一个时空延展的过程，随着这一过程的扩张，流动的现代性席卷沿海与内地，对人们既定的情感知识构成了冲击，婚恋、亲子等亲密关系遭遇挑战。作为一个地处三省交界的山区县自然难以自处于此一进程之外。全球化进程使得国内区域经济格局发生巨变。中部地区成为沿海地区劳工的重要提供者。这样，留守儿童问题带有浓厚的流动现代性缩影的特征。从这一角度来看，儿童安全教育本身就是应对流动现代性风险的重要选择。

在修水县的调查进一步印证了这一点。在评估的过程中，一些小学的留守儿童占了全校的50%以上。调查表明，学校管理层密切关注留守儿童的状况。因此，在校期间，留守儿童能够得到较好的保护。但是，和全国一样，修水县留守儿童的校外生活却存在大量的不确定因素。2019年，中国儿童中心发布的《中国儿童发展报告》选择的主题正是“儿童校外生活状况”。但是，遗憾的是该报告更多地关注课外辅导、营地、青少年、科技场馆、博物馆等场所，带有浓厚的城市文化特征。但是，留守儿童的校外生活状况及其风险防范却鲜有涉及。对修水而言，作为国家级贫困县，要建设成体系的场馆并维护这些场馆的长期有效运行无疑是一个巨大挑战。不过，该报告提出的口号“让孩子在校外生活中健康成长”却值得倡导与落实①。

同时，随着县城在县域内的经济社会龙头地位的昂起，随着撤乡并镇的完成，乡村儿童照顾面临许多新情况，儿童安全教育更具紧迫感。在服务过程中，一户贫困家庭引起了服务团队的关注。该家庭的男主人系卡车司机，妻子来自外省。但是，男主人遭遇车祸，留下妻子和三个孩子。妻子要维持生计，三个孩子的安全问题让她提心吊胆。调查表明，孩子们是否安全已经成为她内心幸福感的最大来源。因此，确保孩子既健康又安全

① 苑立新主编：《中国儿童发展报告（2019）·儿童校外生活状况》，北京·社会科学文献出版社，2019年版，第1~27页。

是人们在流动的现代性的期盼。

三、尊重历史，嵌入式发展：关于项目的服务内容

修水县是国家级贫困县。由于当地就业机会较少，为了谋求更好的生计方式，大多数青壮年外出务工。故而，该县也是留守老人和儿童聚集区域，尤其需要社会工作者的支持。因此，在“三区计划”项目伊始，修水县就被纳入整个项目的战略服务点。

文化是历史积淀的结果。社会工作者必须尊重文化演化的规律。尊重历史是获得地方性知识，融入地方文化，对接以往体制机制的关键步骤。在修水县民政局同行的帮助下，我院尹忠海教授、朱彬钰博士在项目启动前，专程到该县对儿童照顾工作进行了较为细致的调查。历史地来看，修水县是人文重地，非常重视儿童教育。尊重历史，首先是尊重当地的历史底蕴。修水县向来有“七百里修江，五千年古邑”之说，亦即早在商代，修水就被封为艾侯国。这种历史底蕴，也是儿童照顾中能够使用不绝的无形资产。尊重历史，还在于尊重以往的工作基础。据调查，早在 1993 年，修水县就制定了《儿童事业发展十年纲要》。教育是阻断贫困代际传递的关键领域。早在 1996—1997 年，该县就已经被列为江西省执行联合国儿童基金会“宣传动员儿童入学”的重点县。因此，修水县已经有良好的国际合作经验。这也是我院先后选择“小候鸟”计划、国际计划欧盟项目放在修水县的原因之一。进入 21 世纪，在 2000—2008 年之间，修水县实施了“春蕾”计划。早在 2007 年，修水县建成儿童福利院，建筑面积达到了 1775 平方米。该院迅速与 8 个国家建立了弃婴和孤儿领养关系。在考察中，我们还了解到，本地已经建立起服务于儿童的志愿者队伍。同时，一些社会组织也非常活跃。因此，在修水县的介入工作，他们往往成为有效开展工作的强大支持力量。

那么，修水县是否存在儿童照顾呢？据《修水县志（1986—2008）》刊载的数据来看，该县大量人口进入了劳务输出队伍。在 1986—2008 年之间，该县输出劳务 2043678 人次，年均输出 8.89 万人次，考虑到家庭结

构，涉及 2 万左右个家庭。具体数据见下表：

1986-2008 年修水县劳务输出情况① 单位：万元

年份	人数	收入	年份	人数	收入	年份	人数	收入
1986	85	4.81	1994	77520	9752.02	2002	146940	69061.80
1987	40	3.08	1995	96480	21225.60	2003	148000	75480.00
1988	610	53.68	1996	104100	22069.20	2004	154920	82369.80
1989	1379	130.15	1997	108000	25380.00	2005	159600	90625.30
1990	3840	422.40	1998	108500	37975.00	2006	151800	117583.60
1991	4920	577.68	1999	102000	36720.00	2007	158500	141582.20
1992	29233	355.42	2000	113200	39620.00	2008	185000	173647.00
1993	64070	7624.33	2001	124890	46209.30	合计	2034679	101686.37

上表清晰地表明，进入 21 世纪以来，劳务输出人口占修水县的八分之一左右。加上进入县城务工人员，离乡人员会更高。这意味着 2 万个左右的家庭收入主要来源于劳务输出。因此，这些家庭的儿童照顾如何值得关注。从这一角度来看，为修水县提供儿童照顾服务就是支持修水县开展反贫困工作。考虑到这些情况，我院确定儿童照顾作为主要服务对象，确定了“在尊重中获得接纳，在接纳中获得认同，在认同中不断改进，在改进中累积资源”的服务策略。但是考虑到当地专业社会工作人才不足的实际情况，我院并未仅仅提供儿童照顾服务，而是着眼于以人才队伍建设为基础，以“嵌入+两手抓”为主轴，建立儿童安全教育的联动机制。

7 年来，人文学院社工学子不断坚持，精耕细作，持续提供服务，努力推进当地社会工作组织的发展及人才的培育，并为困难群体带去服务，以儿童照顾为中心服务内容，致力于提升个人及家庭幸福感。从 2013 年至今，已走过了 7 年的服务期，共计 35 名学生投身于修水县的社会工作服务中。7 年来，如何以优质文化丰富服务内容一直是项目运行的主线。概括起来，这些服务内容主要包括如下内容。

第一，面向全球与地方文化的融通，孵化社工组织及培养社工人才。社

① 《修水县志（1986—2008）》，南昌·江西人民出版社，2014 年版，第 581 页。

工的理念为“助人自助”，强调不但要帮助人，更要提升被助者的自我发展能力，故在修水县驻点学生注重服务区域内生力量的培育。秉承着这样的定位，社工学子薪火相传，共同致力于推动当地社会组织的发展及社工人才的培育。在第一届驻点学生的努力下，2013 年培育和孵化了修水县社会工作协会的社会工作室，并制定了相关规章制度。2014 年，协助红山社区整理资料，开展社区社会工作，培养当地社工人员，成功申报“全国社会工作服务标准化建设示范社区”。2015 年，协助修水县社会工作协会申报并实施江西省福彩公益金“爱扬蓓蕾”——残障儿童助康助教试点项目。2016 年，协助修水县成立了玫瑰服务社、阳光社会工作服务社。从 2013 年开始，我院派出的驻点社工，协助当地社会组织申报各类项目，并以项目为依托，开展社会工作活动，促进当地社会工作者实务能力提升。此外，驻点学生还积极宣传社工理念及知识，每年协助民政局举行“国际社工日”宣传周活动；派驻学生或老师为修水县助理社工师和社工师资格考试的报考人员进行培训或辅导。2014—2016 年，我院多次承担民政部、省民政厅社会工作人才队伍建设、社会组织能力提升等学习班的组织和培训工作，修水县派出多名社会工作者参加。考虑到社会工作专业化的进程本身需要解决全球化与在地化的文化融合问题，为了加快专业社会工作的发展，江西财经大学还直接选拔了 1 名优秀人员赴香港培训社会工作专业知识。同时，江西财经大学还在省民政厅支持下，以师生共同创办的南昌太阳花社会工作服务中心为平台，把儿童幸福家园项目引入修水县。2018 年，国际计划瑞典办公室项目经理 Gisela Ivarsson 一行赴修水考察，对该项目给予了肯定。

第二，优化代际文化，加强老年社会工作与儿童社会工作联动机制。据调查，隔代教育是乡村社会儿童照顾的基本特征。因此，留守老人的情况直接影响儿童的安全状况。需求评估表明，修水县留守老人普遍存在慢性病多、自我保健意识不足等问题。为了缓解留守老人的疾病状况，提升健康水平，驻点学生主要根据老年人疾病情况，以社区教育为重点，有针对性地开展健康知识宣传、义诊到村、自我保健知识传播等活动，活动深受当地老年人欢迎。老人健康本身就是对留守儿童安全保护的有力支持。从 2013 年“三区计划”开始，派驻人员每年协助修水县居家养老服务中心、县社会福利中心开展小组和社区活动，为有需要的老人提供个案服务。通过各类活动，丰富老年人的精神生活，一定程度上满足老年人的需求，传递“老有所乐，老有所为”和“健康老龄化”的理念。同时，考虑到缺乏完整的家庭结构，留守儿童存在多方面需求，驻点学生根据儿童的特征，积极开展针对留守儿童的安全教育及成长类活动，通过开展安全教育来降低留守儿童意外风险发生率，避免发生意外事故。通过开展成长类活动，预防留守儿童的心理问题及行为偏差。服务主要集中于留守儿童聚集的东升小学、太阳升镇留守儿童之家等。此外，驻点学生还联合当地关工委在桃坪村打造儿童幸福家园，为其他公益组织开展儿童服务提供平台。派驻学生通过邀请中小学生到福利院当志愿者、请老人到学校进行红色教育等活动，在老人和儿童之间建立交流的平台，加强了双方互动、沟通和理解的可能性，在一定程度上减小了代差的影响。

第三，在嵌入中整合资源，全力营造互助、协同的校—政—社合作文化。文化要有力量，要充分发挥文化协同的作用。和许多省份不同，作为一个欠发达省份的贫困县，修水县缺乏强有力的内生资源来推动社会工作人才队伍建设。因此，在江西省民政厅大力支持下，我院团队积极参与修水县民政局行政工作。在参与中体验行政文化的独特规律，进一步营造良好合作氛围，寻找专业社会工作与传统民政工作的互嵌机制。也就是说，要探索专业文化与行政文化的协同机制。协同首在接纳，因此每届派驻人员在当地会分派到民政局不同部门，如福利股、低保股、医疗救助股、婚姻登记处等，主要任务为熟悉了解各项民政政策及具体操作，在此基础上完成各部门的行政工作。这样，在协助中熟悉在地的行政文化；在协助中获得行政接纳；在接纳中获得支持。

在修水县民政局大力支持下，基层的服务经验让社工学生对社会现状的认识更为深刻，这不但为社工实务顺利开展提供依据，也为其后期步入社会奠定了基础。尤其难得的是，双方在此基础上，开启了挖掘本土资源的进程。这样，驻点学生的资源整合者角色的优势逐步发挥出来了。2016年以来，驻点社工开始能够充分链接当地资源来服务困难群体，扩大服务的辐射面。如2016年驻点学生同修水县爱心联合会参加沙湾小学助学活动；2017 年同修水县民政局、太阳升镇政府、修水“旅爸爸”爱心基金会参加太阳升镇杨梅渡古樟树献爱心互助活动，同年同修水县救助管理站（未成年人社会保护中心）一起参加义宁镇良瑞社区留守儿童未成年人保护和课业辅导活动。这样，专业社会工作者能够嵌入多部门的合作进程当中，更多困难群体开始成为服务的受益者。

四、一个主题，七年坚持：安全教育的文化之维

个体心理的一致性和一定的文化一致性紧密相关①。追求安全是个体内在心理寻求的一部分，因此也和一定的文化一致性紧密相关。相较于成人，留守儿童无论生理上还是心理上都很容易被归为困难群体，需要得到家庭及社会的保护，为他们的发展提供安全的环境，保证其能够健康成长。自 2013 年以来，之所以一直把安全教育作为致力于修水县反贫困社会工作的主题，从服务内容来看，主要原因在于：

第一，落实党和国家关爱留守儿童的政策。2014 年，国务院办公厅印发《国家贫困地区儿童发展规划（2014—2020 年）》。这份文件包含了大量涉及留守儿童安全问题的相关内容。比如，饮水安全、饮食问题等。文件也包含了关爱留守儿童的精神生活、教育权利等内容，因此也包含了留守儿童照顾的文化维度。在论述精准扶贫时，习近平总书记多次从幼有所养的角度强调关爱留守儿童的重要性②。他在谈到贵州扶贫经验的“四看法”③ 时就强调要多关爱读书郎④。如前所论，修水县的许多中小学读书郎恰恰就是留守儿童，对他们的探访、陪伴服务正是反贫困工作的重要内容

① 迈克尔·科尔：《文化心理学：历史与未来》，北京·人民出版社，2018 年版，第 6 页。

② 《决胜全面建成小康社会，夺取新时代中国特色社会主义伟大胜利》，北京·人民出版社，2017 年版，第 23 页。

③ “四看法”包括：一看房、二看粮、三看劳动力强不强、四看家中有没有读书郎。看房，就是通过看农户的居住条件和生活环境，估算其贫困程度；看粮，就是通过看农户的土地情况和生产条件，估算其农业收入和食品支出；看劳动力强不强，就是通过看农户的劳动力状况和有无病残人口，估算其务工收入和医疗支出；看家中有没有读书郎，就是通过看农户受教育程度和在校生现状等，估算其发展潜力和教育支出。

④ 《习近平扶贫论述摘编》，北京·中央文献出版社，2018 年版，第 59 页。

之一，也是驻点服务内容。

第二，传统家庭文化观念遭遇巨大挑战。一般而言，父母是孩子的第一任教师，是孩子监护人的最佳人选。或者说，父母监护好孩子是底线①。但是，由于修水县经济落后，所能提供的就业机会较少，大量青壮年外流到发达城市谋求生计，这使得他们的孩子留守在家，由老人照养。对儿童而言父母是一道重要的壁垒，可以屏蔽来自外界的风险，为儿童健康成长提供安全的环境。但是在留守儿童家中，父母的外出导致家庭屏障功能弱化，家庭保护的功能被破坏，使得内在、外在风险可以随时冲击儿童。本科生姜小康同学在伴佳社区②调研和服务的一位儿童面临的正是家庭解体性风险。孩子因为父母涉及贩毒案而面临着家庭文化观念的冲击。作为一个易地搬迁型社区，社区的基础设施非常好，有社区图书室。但是，在专业社工进去之前，这位儿童面临着与家庭文化观念紧密相关的污名、社会融入等问题，甚至隔代抚养过程中的错误观念导致这位孩子常常出现对母亲的严重错误认知。针对这位孩子的情况，驻点社工开展了细致的服务，取得了良好效果。

第三，风险社会冲击着修水乡土文化样态。应对风险社会是提升治理能力现代化的目标之一。修水依然保留了传统乡土文化的样态。但是，不可否认，一方面，我国城乡差异明显，县域经济社会发展相较于城市而言，存在基础设施、配套管理、居民素质等方面的不足，这使得儿童所面临的风险因素大增；另一方面，风险社会的到来和现代科技、现代经济、现代生活方式的扩展紧密相关。在修水县，现代交通、通信工具以及其他产业业态也得到快速发展。其结果是，修水乡土文化样态受到巨大冲击。这样，修水县的风险既有传统社会文化的因素，又有现代社会的因素，具有叠加性特征。因此，通过儿童安全教育来推进风险防范意识的树立就显得非常重要。在社区发放的儿童安全教育资料中，驻点社工加入了大量风险防范的内容。

---

① 关颖：《家庭教育社会学》，北京·教育科学出版社，2014年版，第113页。
② 伴佳社区系化名。

第四，县域社区文化尚未完全发育。张和清教授等人对社区为本的整合社会工作进行了探索。他们的实践证明，挖掘包括文化认同在内的文化资源在整合社区社会工作中具有重要的意义①。社区文化是社区居民长期互动的结果，在服饰、饮食等生活方式、行为方式、信仰与民俗习惯等方面具有一定的地域特征。2015 年，中共中央办公厅、国务院办公厅印发的《关于深入推进农村社区建设试点工作的指导意见》中要求加强社区文化建设问题，推进乡土文化与现代文明的融合。这就为社区文化建设指明了方向。修水县社区文化展现为三个基本特征：一是现代社区量少且融合时间短，行为方式尚未展现现代社区文化的基本特征。甚至，这些县城的居住空间只能称之为小区，而非真正意义上的社区。二是绝大多数城镇社区依然带有鲜明的转型特征。三是社区文化的基础设施与常态化运行有待加强。因此，社区的这种阶段性特征在防范风险方面就会面临巨大挑战。为了应对这种挑战，儿童安全教育需要与社区文化纽带建设紧密结合。以儿童安全教育促进社区文化纽带建设也被纳入项目目标之一。针对不同类型社区，驻点社工分类施策。如坪段村服务点选择的正是紧邻乡村戏台——该村最活跃的公共文化中心——的民居。在前述提及的伴佳社区，驻点社工与实习生选择在图书室开展服务就是试图通过儿童安全教育来促进社区文化融合，因为这是一个易地搬迁型社区。同样，在县城驻点选择时，社工选择了一个基于新建小区而建立的社区中心开展儿童绘画服务，以利于促进社区教育与文化联系。

第五，家校合作文化急需重新建构。在相当长一段时间内，我国乡村教育有较好的家校合作传统，家访曾经是推动乡村教育的重要方式之一。但是，近年来由于乡村中小学班级人数偏多、师生比未得到全面改善、家长职业状况及其受教育状况等因素影响，家校合作文化遭到了削弱。因此，通过儿童安全教育推动家校合作的重构也成为服务的潜功能之一。在太阳升镇开展的安全教育小组活动中，便有部分家长参加了活动。这样，

① 张和清、杨锡聪等著：《社区为本的整合社会工作实践：理论、实务与绿耕经验》，北京·社会科学文献出版社，2016 年版，第 26 页。

驻点社工不仅成为学校安全教育的协助者，而且成为家校合作的联系者，家校合作文化记忆的唤醒者。

进一步来看，针对上述服务内容的基本方案，江西财经大学人文学院设计了大量具体实务活动。从具体实务内容来看，大体可以把 7 年时间划分为两个阶段：一是 2018 年之前的阶段；二是 2018 年之后的阶段。2018 年之前，服务主要围绕农村留守儿童所面临的风险因素开展安全教育主题服务，内容如下。

第一，把食品安全教育与当地优秀传统饮食文化紧密结合。随着食品产业的迅速发展，食品安全问题日益凸显。驻点社工（以下称社工）通过走访调研发现，食品安全的威胁来自三个基本方面：（1）有人口结构原因和长期离家原因，家长出于疼爱或补偿心理，往往并不重视食品质量。（2）由于身份攀比心理，觉得别人家孩子享受的，我家孩子也应该享受，于是人为制造了需求。（3）乡村食品质量监管体系较为薄弱，大量劣质食品进入农村市场。经过调查，社工发现学校周边许多商铺的“三无”食品深受儿童喜爱，比如辣条、冰棍等，这些食品添加剂含量过大，会造成脏器负担过重，伤害肠胃，影响身体发育，甚至导致一些家庭因病返贫。针对这种情况，社工主要开展了食品安全教育活动，通过展示 PPT 图片、印制宣传手册等方式让孩子们能够识别哪些食品健康安全，哪些食品对身体有害。通过喜闻乐见的小组游戏等方式让孩子们了解修水美食，了解家庭用餐中的美食与营养构成，学会合理安排饮食，避免身体发育不良。在太阳升镇，来自县医院的医生还特意把传统修水美食文化与健康教育相结合。

第二，以交通、用电安全为重点，促进科学与人文的结合。随着现代文明的扩展，汽车、电器在农村逐步普及。但是，与此相关的文化堕距现象也大量出现。从物质文化来看，农村交通方面的基础设施并不完备，农村许多地方并未设立交通信号灯、斑马线，混乱的交通环境使得儿童交通事故频发。从制度文化来看，乡村社会的熟人文化让许多居民无意识地不重视遵守规范。出了交通事故首先想到的是通过熟人来帮自己解决问题。从精神文化来看，部分居民把汽车、电器当作一种身份平等化的象征符号。但是，儿童的用电安全、安全通道的设置恰恰被忽略了。尤其值得注意的是，父母离家外出，家中老人由于认知水平有限对电器产品使用不熟练，故许多留守家庭的孩子会经常使用家里的电器产品，这其中就有较大的安全隐患。因此，在安全教育中，驻点社工不仅重视通过小组工作来加强对儿童的交通安全、用电安全教育，而且非常重视通过儿童来影响家长，影响年龄较大的老人，使之成为家庭安全教育的小老师。

第三，分析时空条件对儿童游戏文化的影响，加强安全意识教育。从时空条件来看，幕阜山、九岭山巍峨矗立，修河系鄱阳湖的五大水系之一。修水的这种地理特征在东汉班固的《汉书》中就有记载。这种大河奔流的山区文明对历史记忆影响甚大，人们往往把山区文明与彪悍、坚韧、顽强、勇敢等字眼联系在一起。一方面，山高坡陡的地形影响着留守儿童上学路上的安全；另一方面，这种历史文化记忆往往塑造着儿童游戏。驻点社工黄某就以儿童游戏作为研究对象。他在修水县三个社区开展社会调查与社会工作服务。他发现许多儿童在朋辈交往中错误地理解了“勇敢”一词的内涵，以至于出现了对其他儿童有安全威胁的攻击行为。对此，他对错误的攻击行为加强了认知矫正性实务，降低了社区的儿童安全风险。同时，修水县属于亚热带湿润气候，降雨量很大。每年夏季，江西酷热难耐，不少儿童会结伴去池塘、湖中玩耍游泳，溺水事故经常发生。鉴于此，社工学生积极开展了防溺水的主题活动，在活动中告知儿童用电的相关注意事项及野外玩水的安全隐患，通过活动提升孩子们的安全意识，降低意外发生率。

第四，把社区文化与当地校园安全活动相结合，打造安全社区。社区文化样态的多样性决定了只能分类施策，决定了实务侧重方向的选择。驻点社工所做的工作包括：(1) 在农村许多家庭都会饲养犬类来看家护院，但是这些犬类又缺乏规范管理，不少儿童在外出的途中被咬伤。针对这种情况，驻点社工进行了与动物友善相处的安全教育。(2) 社区交通安全教育。社工主要通过讲解及情景模拟的方式开展了交通安全类的活动，教给孩子们交通安全的小知识与技巧，降低安全事故的概率。(3) 防欺凌文化教育。由于留守儿童缺乏良好的家庭保护及教育，不少孩子存在攻击性的语言及行为，在校园中普遍存在欺凌事件，许多孩子承受着来自语言及肢体方面的暴力。为了保证儿童在校园的安全，社工在学校主要开展了健康校园、文明校园的宣传活动及相应的主题班会。此外，还对欺凌事件中的主要对象，针对性地组成了治疗性小组。

在第一个服务的阶段，服务成效良好。驻点社工所在的社区没有出现一例儿童安全事故，有效防止了相关家庭因安全事故而致贫的现象发生。但在总结第一阶段的服务时，督导教师和驻点社工发现，除了紧迫的安全教育需求外，不少留守儿童存在心理问题及偏差行为，这些特征也使其更容易发生安全事故。这样，除了保留第一阶段的主要服务内容外，从 2018 年开始，第二个服务阶段又增加了成长类的干预服务内容。主要包括如下几个方面。

第一，提升自我效能类活动。由于父母长期在外，留守儿童缺乏来自父母的关爱，普遍存在安全感低、敏感、脆弱等特质，这导致其在遇到困难及风险的时候抗挫能力较差。鉴于此，社工相应开展了自信心提升、小领导力培养等方面的活动来提升儿童的自我价值感，为其健康人格的发展奠定基础。

第二，加强朋辈互助类活动。由于缺乏家长的教育和指导，许多留守儿童在朋辈交往方面缺乏方法及技巧，导致其容易遭到朋辈的孤立与排斥，社工积极开展了相应的朋辈互助类活动，通过情景模拟、认知重塑等方式来增强儿童的朋辈交往能力。

第三，防止错误认知的矫正性实务。文化心理往往包含了一定的认知框架。但在跨文化情境当中，文化心理的重要性就在于能够影响基于一定的社交情境的行为选择。因为一定的文化重视和一定的价值框架、意义认知紧密相关。驻点社工发现，部分儿童的社交障碍也会深刻影响其认知。当出现错误认知时，发生安全事件的概率就会上升。因此驻点社工针对这方面的情况专门开展了服务。一些社会工作 MSW 的学生论文也与此紧密相关。可见，实务的开展促进了研究生教学与科学研究。

在农村家庭环境难以改变的情况下，社工通过提升内在保护因素来降低留守儿童意外风险发生率，避免风险事故的发生。在7年的坚持中，人文学院社工的服务遍及修水县许多村落和小学，通过自身的努力为留守儿童编织起了一道社会屏障，避免其遭遇潜在的风险，有效地弥补了学校及家庭教育的不足，防止了因为安全事故而致贫和返贫现象的发生，为修水县打赢脱贫攻坚战作出了一定的贡献。

五、成效与反思：关于社工教育和反贫困社会工作教育

扎根修水，在不断的实践中，在逐步的反思中，在督导的指导下，在不断的学习中，7年的精耕细作，社工的实践与付出取得了良好的成效。

第一，着眼长期效应，为修水县打赢脱贫攻坚战提供了支持。2020年，习近平总书记强调，要着眼长远，做好脱贫攻坚与乡村振兴的衔接工作[①]。今天的儿童，就是未来历史的书写者。以儿童安全教育作为服务主题，其本质是要通过社工服务建立起一套家庭阻断代际贫困的服务机制，为乡村振兴铺垫扎实的基础。尤其值得注意的是，为留守儿童提供安全教育为主题的活动，受益者不仅仅是儿童本身，这些活动能够激发家庭的内在保护因素，提升家庭的整体效能，优化社区教育与社区文化，为留守儿童的健康发展提供保障。同时，通过7年的服务，培育和壮大了当地的社会组织，如太阳升镇志愿者队伍，搭建起村民携手脱贫的互助机制。在修水县的服务过程中，人文学子以赋能的理念积极培育当地社会组织，促进其自我觉醒与发展，通过活动，带动起当地居民彼此互助，构建起乡村社会支持网络，相互提供发展机会，共同抵御风险，有助于实现整体脱贫。

第二，以儿童安全教育为实践中心，探索挖掘地方文化资源的可能。人是治理指向的核心。文化即人化。因此，文化维度是否强大往往牵涉到治理能力能否真正走向现代化。因为物质文化是治理的基础，精神文化是

① 央广网．脱贫攻坚以后，乡村振兴如何接续？

治理的灵魂，制度文化是治理的手段[①]，符号文化是治理的拟象表征。乡村儿童安全问题一直是家庭、学校、社会与政府关注的问题，也是乡村治理要面对的重要问题。在修水县的实践表明，地方文化资源对于乡村社会治理起着非常重要的作用，它深刻地影响着当地的权力关系，影响着社会支持的运行状态[②]。儿童是社会各界心中最柔软的一部分。在协助当地开展儿童安全教育等实务中，驻点社工积极挖掘地方文化资源，促进社会组织科学合理地运用乡友乡情达成共识，加强内部联系，开展公益活动。

第三，面对实际需求，广泛覆盖，服务群众，社会反响好。截至 2020 年 3 月，人文学院社工共在修水县 9 所学校，十几个村镇，综合使用了个案工作、小组工作、社区社会工作等方法，共开展了 300 多场服务，服务累计达 13000 多人次。服务辐射面广，受益儿童及家庭数量多，社会反响好。人文社工学子通过自身热情的态度、踏实的服务及持续的努力，获得当地民政部门及群众的肯定，其服务事迹多次被九江市民政局、修水县民政局、九江市社会工作协会以及修水县公益微信平台等进行了常规宣传报道。此外一些亮点服务被新华社、凤凰网等进行了专门报道。

第四，锤炼人才，培养了一批学生，初步建设了不离乡土的社工队伍。社会工作是一门实务性很强的专业，只有通过实践才能将理论知识内化为熟练的技巧，并运用到生活和工作中。通过驻点社工与当地社会组织的不断沟通与协作，在彼此学习、互动的过程中，修水县的社会组织蓬勃发展。经过几年的努力，修水县已有 26 名中级社工师，23 名助理社工师，以及上百名热心公益的志愿者。同时，在江西财经大学人文学院帮助下，在黎永开先生的支持下，选派了陈水根赴香港学习社工实务。目前，修水县公益氛围浓厚，互助意识强烈，社工的知晓度和认可度较高。一支长期扎根贫困山区的社工队伍初见成效，一批优秀的社会服务负责人员得到了

---

① 彭继红、向汉庆：《国家治理与文化伦理》，长沙·湖南大学出版社，2018 年版，第 20 页。

② 刘锋、靳志华、徐英迪：《地方文化资源与乡村社会治理》，北京·社会科学文献出版社，2018 年版，第 192~194 页。

当地的肯定。2017 年，陈水根在第八届华人社区社会工作研讨会上作了小组发言，介绍了修水县的社会工作经验。正是有了这些经验，2017—2019 年，许多驻点社工被选为脱贫攻坚第三方评估人员，他们的足迹遍及四川、河南、云南、海南等省份的乡村。

第五，整合知识，完善制度，强化了反贫困社会工作教育的学科文化建设。修水县有着底蕴深厚的文化。比如，黄庭坚文化、红色文化。修水县民政局非常重视当地优秀传统文化的传播，很多驻点社工颇受教育。就日本的通识教育经验来看，地域性文化教育也是通识教育的有机组成部分。可以说，人文社工学生持续 7 年扎根贫困县，服务困难群体，这些经历让他们能够深入研习当地深厚的文化，让他们收集了许多宝贵的一线资料并形成了大量关于乡村问题的思考。不少学生在此基础上形成了自己的毕业硕士论文，这为其他学者了解贫困县及其困难群体的状态提供了宝贵的资料。也正是总结修水经验，学院始终坚持完善制度。2015 年，设立了专职督导岗位。2016 年，专门招聘了王青老师作为实习督导。可以说，驻村实习为反贫困社会工作教育提供了加强学科文化建设的良机。正是因为有了这些经验，2018 年，在王思斌教授、徐永祥教授、马凤芝教授、史柏年教授、向德平教授支持下，我院承担了中国社会工作教育协会精准扶贫对口支援计划的江西省中心高校任务。2019 年，江西财经大学在全国 MSW 教指委会议上就参与精准扶贫作了典型发言。

虽然江西财经大学社工团队参与这一服务在当地取得了积极效果，但也存在一些局限。

第一，现有社工扶贫服务得益于短期的项目支持，缺乏长期稳定的社工扶贫机制。目前在江西三地开展的服务均有具体项目支持（包括三区计划、国际计划、小候鸟项目等），项目具有阶段性、临时性的特征，不具有长期稳定性，但是扶贫工作及儿童照顾都是任重道远的长期工作，且社工服务注重从内生力量、思维和文化上对儿童进行根本的改变，通过发展的观点来提升儿童未来的人力资本来阻断贫困的代际传递。但目前缺乏这样一个常态化、稳定化的社工扶贫机制。从反贫困社会工作教育来看，依然需要通过政府从长时段来思考和优化购买服务，支持乡村振兴战略的实施。

第二，学生流动性较大，服务的衔接性、持续性有待提升。因为该项目的实施人群主要是江西财经大学人文学院社工学生，他们只能在寒暑假及实习期间进行服务，并且每年都有学生入学、毕业，导致服务学生的团队不稳定，这也极大地影响了服务的稳定性和持续性。更为重要的是，社会工作是一门厚积薄发的职业，持续积累的经验有助于服务的开展，学生的轮换更替导致经验不能够叠加，不能产生积累效应。

第三，社工服务属于嵌入式服务，并未全面融入当地环境。该项目主要的实施方为我院社工专业师生，对当地系统而言属于嵌入式，并不是本地自然生长、发展出来的人，由于语言、生活习惯、思维方式、文化风俗的不同，也就是说，由于文化嵌入不够，导致社工与服务对象在沟通方面往往存在障碍。打造一支能够长期扎根当地的社工人才队伍依然任重道远。解决该问题的一个重要手段是为分类分层培养在地化的社工提供制度支持。

地区发展与能力提升：社会工作介入河北省威县精准扶贫项目

阮　利　徐丽敏

(阮利　天津城市职业学院；徐丽敏　天津理工大学社会发展学院)

党的十八大以来，我国农村扶贫开发进入以精准扶贫为中心的扶贫新阶段。2015 年《中共中央国务院关于打赢脱贫攻坚战的决定》提出，把精准扶贫精准脱贫作为基本方略，举全党全社会之力，实施扶贫志愿者行动计划和社会工作专业人才服务贫困地区计划，坚决打赢脱贫攻坚战。党的十九大报告进一步明确了要动员全党全社会力量，坚持精准扶贫、精准脱贫，坚决打赢脱贫攻坚战。2017 年，民政部、财政部、国务院扶贫办联合印发了《关于支持社会工作专业力量参与脱贫攻坚的指导意见》，从顶层设计上推动社会工作介入精准扶贫，明确了社会工作在精准扶贫中可以更好地发挥作用。

从理论上，社会工作与扶贫渊源颇深：发端于西方的社会工作，从根源上讲就开始于对穷人的慈善救助，反贫困便是与其相生相伴的社会责任与使命，精准扶贫则是本土化的专业社会工作。精准扶贫的社会工作介入研究成果主要是对社会工作与精准扶贫的契合性和介入模式的探讨。李迎生认为，社会工作介入精准扶贫理念相同、方法合宜，无论是理论层面还是方法层面，社会工作介入精准扶贫均有专业优势与功能①。高飞认为精准扶贫与专业社会工作在价值取向、具体服务和科学方法等方面有着内在

① 李迎生、徐向文：《社会工作助力精准扶贫：功能定位与实践探索》，载《学海》2016 年第 4 期，第 116~117 页。

契合性[①]。介入模式上有赋权增能视角，陈树强主张增权不是赋予案主权利，而是挖掘或激发案主的潜能[②]；邵华主张通过自发组织和集体行动增权，构建社会网络资源，增加社会资本[③]；张和清等主张优势视角下的以能力建设和资产建立为核心的社会工作介入手法和策略，发掘农村当地社区和民众所拥有的资产和能力等[④]。

一、项目背景

河北省威县地处冀南黑龙港流域，辖 11 镇 5 乡、1 个省级高新区、1 个国家农业科技园区、522 个行政村，面积 1012 平方千米，人口 60 万，是国家扶贫开发工作重点县[⑤]、河北省唯一综合改革试点县、教育部定点扶贫县。自 2012 年以来，威县的建档立卡贫困人口从 17.1 万人减至 5505 人，贫困发生率从 34.1%降至 1.19%。2016 年以来，威县充分运用市场化手段，以产业扶贫为基础，首创了资产收益产业扶贫新模式，以“金鸡帮扶”为模板衍生了白羽、威梨、君乐宝、根力等多种产业扶贫的模式。在教育部的支持和帮扶下，威县在教育扶贫方面也取得了显著成效，实施了危旧校舍的改造工程，落实了“三免一补”政策，从师资队伍、教学信息化等方面全面提升了教育发展水平。

本项目是由天津城市职业学院作为承接主体，联合天津理工大学社会发展学院、河北大学等高校社会工作专业力量，在国家级贫困县——河北省威县，进行了社会工作对口帮扶工作。该项目入选首批“中国社会工作

---

① 高飞、向德平：《专业社会工作参与精准扶贫的可能性与可及性》，载《社会工作》2016 年第 3 期，第 19~20 页。

② 陈树强：《增权：社会工作理论与实践的新视角》，载《社会学研究》2003 年第 5 期，第 72 页。

③ 邵华：《组织增权：农民工维权途径探索》，载《云南大学学报（法学版）》2009 年第 4 期，第 7~8 页。

④ 张和清、杨锡聪、古学斌：《优势视角下的农村社会工作——以能力建设和资产建立为核心的农村社会工作实践模式》，载《社会学研究》2008 年第 6 期，第 185 页。

⑤ 2018 年 9 月省政府正式批准退出贫困县序列，《河北省 25 个县市区退出贫困县序列》，http：//www.gov.cn/xinwen/2018-09/30/content_5326952.htm.

教育百校对口扶贫计划”。

二、项目过程

（一）需求评估

项目组采取了观察法、问卷法、个案与焦点小组访谈法、史志资料法等相结合的实地调研方法，多次到威县进行调研。先后与威县民政局、教育局、职业教育中心领导进行了座谈；对威县民政干部进行了访谈；查阅了2016年以来威县脱贫攻坚工作情况资料；深入威县章台镇进行贫困户访谈；在章台镇北胡帐村中心小学召开教师座谈会，开展学生问卷调查和个别访谈；到威县民政局第一敬老院、在建的威县职业教育中心、“孝道村”方营镇孙家寨等地进行了调研。

通过调研，发现当前威县在脱贫攻坚中存在的主要需求为：

第一，社会工作服务能力提升的需求。威县作为国家级贫困县，2016年脱贫13052人，2017年脱贫3527人。截至2018年项目组进入时，威县尚有贫困人口5337人。根据调查情况得知，处于后脱贫时代的威县当前面临的主要任务是：巩固脱贫攻坚成效，大力实施乡村振兴战略。对此，需要当地的脱贫干部和工作者掌握一定的专业知识，并能在脱贫攻坚战中自觉融入社会工作专业元素。尤其是农村社会工作作为主要服务农村特殊人群、服务农村社区发展、助力农村脱贫攻坚的一个专业领域，在新时代我国农村的脱贫攻坚和乡村振兴发展中可以发挥重要作用。但是，项目组在调查中发现，威县民政工作者、社区（乡村）干部对社会工作的知晓度总体偏低，除了威县公益志愿者协会和威县优秀传统文化协会两个社会团体外，威县还没有社会工作服务机构，全县的持证社会工作者仅6人，很难发挥社会工作对精准扶贫的应有作用。所以亟待普及社会工作知识，规范志愿服务管理。

第二，重点人群的专业服务需求。第一类人群为老年人口的服务需求。近年来，威县的老年人口数量持续攀升，原有的公办养老福利机构主要承担的是五保老人和荣军老人的养老服务，不能满足更多老年人口的养老需要。在此情况下，威县民间涌现了很多民办机构，但是这些民办机构普遍缺乏养老护理员，从全县情况来看，护理员队伍存在着巨大的缺口。而且，就现有的养老机构护理员队伍来看，存在“一高两低”的现状，即年龄高（平均48岁）、文化程度低（初中以下文化程度）、专业化程度低（50%以上没有接受过专业培训）。养老从业人员的素质直接关系到养老服务的质量，因此急需提升养老护理员和潜在的养老护理员队伍的职业技能水平。第二类人群为困境儿童的服务需求。威县共有各类困境儿童3494人。项目组采用William编制的《同伴交往能力评定量表（2007）》，在北胡帐村中心小学采取分层抽样的方法，调查了300人，通过对问卷进行整理、数据分析，从中整理出113份有效的困境儿童问卷。其中被调查者中有75名女生（占66.4%），38名男生（占33.6%）。在此基础上，项目组筛选出了13名困境儿童（包括孤儿、监护人缺失儿童、低保家庭儿童）、老师、重要他人（主要是祖辈）进行了访谈。通过调查，发现威县困境儿童主要存在以下的同伴交往问题：言语沟通与非言语理解能力不强，同伴社交情绪障碍，社交主动性不强，亲社会行为不佳。这在很大程度上影响了困境儿童的脱贫与未来发展，需要社会工作的专业介入。

（二）介入的理论基础

本项目在实施介入时采用的理论模式是“地区发展模式”。地区发展模式又称社区发展模式，是一种以地区为基础的经济、社会、文化等实质内容的发展，强调从当地居民的需求出发，结合当地的资源、环境和人口等进行协调、可持续的发展。该模式由美国学者杰克·罗斯曼于1979年根据社区发展以及社区建设的相关经验所提出，成为社区工作的四大工作模式之一。罗斯曼认为，地区范围内的民主合作、志愿帮助、当地领袖的发展以及教育目的性等是社区发展的重要内容。在实施的过程中，过程目标是重要的导向，不能仅依靠外界的帮助，更重要的是对社区居民的组织和教育，从而培养居民自助合作的精神和自决自治的能力。①

（三）介入过程

1. 提升脱贫就业能力

为积极应对人口老龄化，威县民政局拟通过建设县级医养中心，提升老年人的生活质量，帮助农村贫困群体脱贫。这就对威县的养老服务人才的质量和数量提出了更高的要求。项目组以需求为导向，利用社会服务类专业组群的优势，联合多所院校相关专业人员，组织教师团队制订实施方案，自 2018 年 4 月至 11 月期间在威县开展了四期养老服务人才专题培训。

在培训过程中，项目组根据养老护理员、管理人员的岗位要求，进行分类分批培训。重点围绕生活照料、技术护理、康复护理、心理护理、机构运营与管理等重要模块进行培训，过程中既重视理论学习，如解读养老政策、相关法律法规知识，又有分组实操、小组互评强化记忆等。培训采取了多种方式相结合的形式，既有送教上门，又有交流学访，如邀请威县的学员代表参加天津市职业教育周活动，参访天津市知名养老机构。整个项目共培训 134 人，提升了学员的职业素养和实际技能，很多学员通过培训成了机构的业务骨干，提高了贫困人口的就业竞争力，为医养中心的正式运营及威县养老产业的发展提供了人才支撑。目前威县推进“医养结合”养老新模式受到关注，将医疗资源与养老资源相结合，打造集光荣院、敬老院、民政优抚医院、疗养中心、培训中心于一体的医养综合示范基地，已经召开国家和省级现场会多次。

2. 打造双工联动服务模式

（1）普及社会工作理念

项目组以民政干部、社区工作人员、村干部、大学生村官等人员为培训对象，着力于提升培训对象的社会工作等相关专业知识，分别于 2019 年 5 月和 9 月开展了两期社会工作人员职业能力培训，共培训 120 人。培训的主要内容围绕社会工作的发展、社会工作方法、社会工作介入反贫困、

① 徐永祥主编：《社区工作》，北京 · 高等教育出版社，2004 年版，第 74~76 页。

乡村振兴战略、社会组织的发展和政府购买服务六个方面进行，旨在在威县普及社会工作理念与知识，提升当地社会工作人员的专业化水平和业务能力。培训的重点在于引导学员思考如何确保脱贫有实效，为相关工作人员明确社会治理的有关知识与实现路径，鼓励学员走上专业服务之路。通过对国家有关政策的解读，使威县民政干部明确了应该“政社协同”，基层社区工作人员也明确了多元主体共建共治共享。很多学员表示自己通过培训很受启发，纷纷询问报考全国社会工作者职业水平考试的条件，暂时不符合条件的准备先参加社会工作专业学习，提升学历层次。

（2）培育志愿服务领袖

面向社会团体、青年干部、大学生等人员 24 人，项目组于 2019 年 7 月开展了“我是志愿者”“我们是志愿者”“沟通无极限”“表达的艺术”“畅想志愿服务”“志愿服务项目大比拼”六节团体辅导活动。借助不同游戏环节，进行破冰、引导体验信任和合作、思考单向沟通与双向沟通的异同、非语言表达和语言表达的不同效果等，学习了志愿者角色认知、志愿服务组织的定位、志愿服务项目管理各阶段的主要工作以及志愿服务项目方案的制订流程。然后，组织优秀学员代表到石家庄地区的两家社会工作服务机构学访交流，听取了有关农村社会工作项目的开展情况介绍，学习了项目管理过程中发展志愿者、寻找公益合伙人、可视化产出等工作策略。通过系列培训活动，学员意识到他们目前的公益组织还是停留在 1.0 版本，采取的服务方式还是传统的现金帮助，发现帮扶对象就掏钱，这种救助方式已经不能满足新时代精准扶贫的要求，急需进行转型升级，对其服务内容和服务方式进行规范化管理、项目化运作。

（3）形成“1+3”模式

“1”即一个社会工作专业人员，“3”即由威县当地的民政干部、村干部、志愿者所组成的地区服务人员，即由一个专业社会工作人员带领 3 个当地的工作人员开展社会工作服务，逐步形成威县社会工作专业人才发展的“1+3”模式。项目组以关爱农村困境儿童服务项目为载体，初步构建了这种模式。前期通过与威县民政部门建立关系，由镇民政干部帮助对接村委会干部，协调场地、招募对象，开展服务时专业社工带领活动，公益协会的志愿者配合协助，由此逐渐在威县发展起了这种工作模式，并取得了明显的工作效果。但是应该提出的是，项目开展期间由于本土专业社工还未发展起来，因此项目开展期间的“1”是由扶贫专业教师担任的，未来的发展方向应该是项目组帮助本地发展起专业的社会工作人员，未来承担起一带三的社会工作发展功能。

3. 构建社会支持网络

在前期对服务对象的需求进行精准把握的基础上，为对困境儿童的社会交往需求进行有效回应，项目组致力于在当地为服务对象构建有效的社会支持网络。2019 年 8 月和 11 月，项目组分别在威县北胡帐中心小学举办了两期困境儿童成长小组，共有来自周边村子的 30 名困境儿童及其家长参加了活动。第一期小组工作开展了“认识你认识我”“探索自我”“欣赏他人”“同心协力造就美好”“小纽扣大联结”“友谊地久天长”六节小组活动，增加组员之间的亲密感以及团队意识，帮助组员学习各种同伴交往技巧（包括倾听、同理、冲突处理）。第二期小组工作开展了“你我的约定”“感受自然收获美好”“七色彩板绽放世界”“友谊加油站”“播洒阳光花开梦想”“感恩相遇一路同行”六节小组活动。通过两次小组工作，帮助组员学会了在和同伴交往的过程中尊重、欣赏和接纳他人，增强了其人际交往技巧，提升了其自我效能感。组员们主动参与构建了朋辈支持网络，并且还获得了来自学校和社会组织的支持。随着小组活动的开展，项目组社工感觉到孩子们表现得越来越积极，笑容越来越多，收获了新的小伙伴以及更多的肯定。他们表示希望以后可以经常开展这样的活动，学校老师和家长也表示物质资助之外更需要这种心智成长以及家庭教育等方面的帮扶。

更重要的是，项目组考虑到服务效果的可持续性，为了保证在项目结束之后威县服务供给的常态化、在地化，项目组积极链接本地资源，帮助服务对象构建可持续发展的社会支持网络。在项目组的努力下，在前期开展团体辅导和项目志愿服务的基础上，威县公益志愿者协会与北胡帐中心小学签订了志愿服务协议，将充分发挥当地志愿者队伍的力量，定期组织开展困境儿童服务活动。项目组也在北胡帐中心小学设立了社会工作服务站，以后将继续发挥社会工作专业优势，为贫困地区困境儿童服务提供督导以及资源链接等服务。

三、总结与反思

（一）经验总结

1. 以能力扶贫为核心

打赢脱贫攻坚战就必须做到精神脱贫和物质脱贫两手抓，两手都要硬。对此，党的十九大报告明确提出了当前阶段我国精准扶贫要“注重扶贫同扶志、扶智相结合”。在此情境下，当前我国精准扶贫已由资金扶持、项目扶持的阶段过渡到“扶志”“扶智”的阶段，“扶贫先扶志，扶贫必扶智”成为共识，扶志是先觉，扶智是关键。脱贫需要智慧和能力，因此扶贫干部需要提升扶贫能力，贫困人口需要提升技能素质。

与此同时，我国扶贫工作处于当前的攻坚阶段，这对基层干部的治理能力提出了新的要求。但是在以往的发展中，政府对基层干部的能力要求偏重于经济发展方面，一定程度上忽视了其推动社会事业发展方面的能力。基层干部直接面对贫困群体和各种扶贫力量，必须深刻认识和把握政府的职能角色，才能够全面整合扶贫资源，全方位调动扶贫力量，创新推动社会治理。而贫困群众要拔穷根，阻断贫困的代际传递，就要结合他们的实际情况进行培训，使他们掌握一门技术，做到“一技在手，脱贫无忧”。这也正是社会工作教育介入精准扶贫的根本优势之所在。基于此，本项目精准定位于贫困地区的能力提升为核心，开展了包括职业技能培训、脱贫攻坚工作能力提升培训、培育志愿者领袖等在内的一系列能力提升活动，旨在突出对威县的“能力扶贫”。

2. 以地区发展为模式

在精准扶贫的战略背景下，我国扶贫模式已从单一的经济治理领域，扩展到更为丰富的社会治理领域。社会治理取向的精准扶贫，将关注民生和强化贫困区域的公共服务功能合二为一，主要体现在“政社协同”的治理框架之中。项目组通过对威县的情况摸底，发现威县政府财力有限，低保覆盖面有限，救助标准偏低，难以及时有效解决所有困难群众的实际问题，并且还存在很多仅靠物质帮扶很难帮助其脱贫的困难群体，如留守老人、困境儿童，而针对这些特殊需求的社会化、专业化的关爱服务和帮扶体系尚未有效建立起来。因此必须帮助当地建立起社会组织在政府和困难群众中的桥梁作用，促进困难群体脱贫意识的提升和社会福祉的提高。

基于此，本项目选取了地区发展模式，在专业社会工作参与扶贫治理的过程中，较多关注威县民众的共同性问题，注重发动项目实施地点的社区参与，通过建立当地社区的自主能力来实现威县社会资源的重新整合。项目组采取了双工联动的服务方式，通过提供教育和培训，帮助培育当地社区骨干关注地区共性问题、突出问题，积极帮助搭建平台，引领当地公益组织参与困境儿童的结对互助。在此过程中有效提升了他们的民主参与和自我发展能力，为今后更广泛参与社区事务、解决社会问题打下了基础。在 2020 年新冠肺炎疫情期间，威县公益志愿者协会为了解决蔬菜销售积存问题，实地考察了多个镇的大棚，与菜农积极沟通，开展了绿色蔬菜配送到家等助农服务，同时也有效解决了居民生活的困难，为疫情防控作出了积极的贡献。

3. 以整合协同为路径

在京津冀协同发展的国家战略背景下，本项目在社会工作教育介入精准扶贫中，主要以整合链接资源、创新协同机制为路径进行探索，打破区域藩篱、突破行政壁垒，实现资源共享、优势互补、产教融合。

（1）整合链接资源

项目着重整合社会工作专业教育资源、产业资源、政府资源、资金资源，对精准扶贫的项目地进行资源链连接。充分发挥天津城市职业学院、天津理工大学、河北大学等院校的社会工作专业组群优势，发挥“京津冀养老专业人才培养产教协作会”作用，汇集优质的养老护理标准、师资、设施，提升威县养老护理人员的视野和专业实操水平，推进京津冀社会工作的协同发展；发挥社区管理与服务专业的社会工作服务功能，开展社会工作专业能力培训以及对贫困人口的专业服务。充分利用学院政校企（社）合作发展理事会平台，链接产业资源，为威县“三保”人员提供培训、推荐就业；组织养老护理培训人员到天津滨海新区第一老年养护院等大型养老机构进行参观调研；请天津市南开医院、天津龙福宫养老院的专家进行专业指导；组织志愿者领袖团辅人员到石家庄地区有影响力的社会工作服务机构参访交流，接受京津冀社会工作督导、社会服务评估专家的专业指导。充分利用国家以及当地扶贫政策、社会工作发展政策倡导大力发展社会工作人才队伍，壮大农村基层社会工作力量。充分利用政府购买服务、公益创投、慈善捐赠等方式筹集扶贫资金。2019 年本项目成功获得天津市民政局的社会组织公益创投支持，获得天津市民政局专项资金支持 15 万元。

（2）创新协同机制

本项目致力于在项目地点打造“政、产、学、研、用”五位一体、开放共享的协同机制。具体地，政（国家政府），由政府有关部门搭建平台并出台相关政策来推动产、学、研、用一体化发展；产（产业企业），在经济社会发展的前提下寻找更加适合产业行业发展的合作方式，以高校的人才、专业服务、研究成果输出作为企业机构发展的原动力，产业行业也为人才培养、科研服务提供可用资源；学（人才培养），高校的人才培养能更加适应社会需求和产业发展，以高素质的专业人才来完成行业内的转型需求；研（科学研究），在平台和资源的支持下，完成相应的服务并进行科研，将研究成果推广促进企业以及行业的整体发展；用（服务对象），政产学研都是以服务对象为中心展开的，是应用的价值和协同的内涵所在。

本项目以社会工作教育介入精准扶贫，在教育部门、民政部门共同搭建的平台上，在京津冀协同发展、社会工作专业力量参与脱贫攻坚等政策的推动下，围绕精准识别贫困人口需求开展专业服务，培养适应社会治理新发展的社会工作人才，推动威县农村社会工作的发展。在威县民政局的大力支持下，建立“社会工作教育参与脱贫攻坚实习实训基地”，成为信息共享、协同行动的平台；专业团队带领学生开展社会服务 4 项，直接受益1500人次，学生掌握了社会工作服务项目运作实务技能，服务团队荣获2019年天津市大中专学生志愿者暑期“三下乡”社会实践活动先进集体和先进个人，荣获2019年新时代·乡村振兴战略实践行天津市先进集体。对威县社会工作人才发展进行了倡导，编制了两本工作手册，申请了现代职业教育研究院“产教融合推动区域经济发展实践研究”系列课题——“乡村振兴战略背景下职业教育融入精准扶贫的实践研究”。

（二）专业反思

1. 扶贫工作者存在的问题

一方面，项目实施地点威县位于河北省南部区域，距离天津较远，交通不便，项目组成员由于有自己的常规工作，不能长期驻扎于项目地点，由此增加了往返于天津和项目地点之间的时间与经费成本，在一定程度上影响了项目的实施；另一方面，项目组专家和工作人员普遍缺乏农村生活和工作的经验，对于农村社会生活模式、风俗习惯等有待深入了解，需要不断提升这方面的经验和能力，以便能够更深入地开展农村精准扶贫及乡村振兴服务工作。

2. 社会工作介入扶贫的环境系统问题

为了将地区发展模式更好地融入农村扶贫工作，需要确立政社协同理念，将发展专业社会工作纳入当地党委政府关于脱贫攻坚的总体安排中，同其他扶贫工作一同部署、协同推进。虽然国家出台了许多相关的政策来推动社会工作专业人才队伍建设，河北省民政厅也出台了《关于加快发展农村社会工作的指导意见》，为农村社会工作发展描绘了广阔前景，但是威县的社会工作发展状况并不乐观。尤其是按照目前的发展状况，在2020年每个乡镇建成一个社会工作服务中心，有条件的农村应建立社会工作站（室）的任务很难完成。

可喜的是，经过本项目前一阶段的工作努力和政策倡导，参加培训的学员和有意愿报考社会工作师的人员都有所增加，威县民政局也越来越重视这项工作，拟与天津合作举办线上考前辅导，鼓励驻村干部、乡村教师、大学生村官等素质较高且具有服务热情的人员参加社会工作培训，逐步建立一支本土的社会工作人才队伍。相信通过本项目示范带动的志愿者们，也会成为威县社会工作的储备人才！

资产为本视角下贫困地区老年社区自组织培育和发展

——以重庆市城口县H村为例

穆莉萍　林移刚

（穆莉萍　西南财经大学社会发展研究院；

林移刚　四川外国语大学国际法学与社会学院）

“资产为本的社区发展模式”在当今许多国家和地区已被广泛运用。最早提出“资产为本”模式的是美国西北大学的John Kretzmann和John L. McKnigh教授[①]。该模式挑战了传统的以社区需要为取向的介入模式，提出应以社区资产或社区优势为介入重点。其主要特点表现在三个方面：一是资产为本，即强调不是由社区问题或需要出发，而是由社区拥有的资产或优势出发来评估和介入社区；二是内在取向，即强调社区居民自身参与社区发展的能力；三是关系构建，即强调居民和社团之间的接触，以及各种网络关系的建立[②]。资产为本的社区发展模式对于改进以往传统的社区发展理念和介入方法具有重要启示。

与传统的社区发展模式相比，资产为本的社区发展模式对于当前贫困社区的发展具有独特的意义。对于贫困农村社区而言，贫困及其衍生的问题复杂而多样，贫困农村及村民的需求长期呈现多元性、重叠性和复杂性等状态，难以在短时间内逐一回应。随着国家精准扶贫政策的推行，看似大量的扶贫资源不断涌入，实则资源存在整合和契合等发展困境。以社会

---

① John Kretzmann&John Mcknight, *Building communities from inside ou: path toward finding and mobilizing a community's assets* (Chicago: ACTA Publications, 1993), pp. 51-69.

② 陈红莉、李继娜：《论优势视角下的社区发展新模式——资产为本的社区发展》，载《求索》2011年第4期，第75页。

工作参与乡村扶贫为例，社会工作作为扶贫的一支重要力量，因其专业的技巧和价值理念，常常扮演“扶智”这一问题解决者的角色。然而，囿于专业认可困境，社会工作在参与乡村脱贫攻坚过程中，常常陷入资源困境，来自政府及社会力量给予的资源支持极其有限。在有限的资源条件下，社会工作的扶贫常以政府已经确定的贫困户为优先帮扶对象，服务内容则以“问题+赋权+问题解决”为取向，即在服务过程中，社工时常通过赋权增能的方式增强贫困户解决问题的能力，看似以能力提升为导向的服务，实则基于贫困户问题的复杂性和社会工作者的能力差异等情况，一些服务极易陷入赋权困难的处境。尽管一些贫困个体通过社会工作的介入，缓解了贫困现状，但贫困问题的解决依然停留在有限个体的赋权上，个体问题的解决不足以撬动整个村庄的变革。一旦外部资源撤离，村庄整体的脱贫能力仍未得到激发，村庄的发展仍将陷入困境。从资产为本出发，既是对社区整体赋权的需要，也是搭建承接外部资源支持的内生平台的需要。在 Stuart Hashage 看来，资产为本的社区发展模式并不是从社区的问题和缺失出发的，它首先关注和思考的是目前社区有什么，即以整体视角看待社区有什么资产；其次，资产为本的社区发展模式将其策略集中在社区居民、社团和机构解决问题的能力上，强调社区资产、社区居民的创造力的首要地位；第三，社区发展的过程是关系驱动的，需要不断建立和重建社区居民、协会和机构之间的关系①。因此，资产为本的模式特别强调社区的强项、优势和资产②，与此同时，它更加从整体的视角看待社区，强调的不仅仅是个体的优势和资产，更强调通过资产和优势构建社区的联结，从而撬动社区内部的变革和发展。

需要澄清的是，传统（需求为本）社区发展模式与资产为本社区发展模式并没有孰好孰坏之分，资产为本社区发展模式并非完全无视需求，相反它的目标更倾向于“资产+赋权+问题解决”导向，即通过资产构建村庄

---

① Stuart Hashagen: *Simple as ABCD? Constraints and Opportunities from a Scottish Perspective*, *DoesAsset Based Community Development Deliver Social Justice*, Seminar Report by SECC Glasgow, Scotland, 2006, Supported by the Carnegie UK Trust.

② 文军、黄锐：《论资产为本的社区发展模式及其对中国的启示》，载《湖南师范大学社会科学学报》2008 年第 6 期，第 75 页。

内部组织关系，培养公民意识和能力来回应需求。

一、"资产为本"背后的理论思维

所谓"资产为本"，主要包含以下两层意思：其一是认识论层面上的，即不是由社区的问题或需要出发，而是由社区拥有的资产或优势出发；其二是操作层面上的，即在社区介入时，不是先要进行社区需要调查或社区问题界定，而是先要去寻找社区内的资产及优势，其中最重要的工作是去厘定一份"社区能力清单"（Capacity Inventory）或"资产地图"（Assets Map）[①]。在这个过程中，"资产地图"是社区发展的关键，辨识和绘制社区"资产地图"是社区发展的第一步。

关于"社区资产"的界定，目前学术界的用法还不太一致。John Kretzmann 和 John L. McKnigh 通过对各种"社区资产"概念和含义的梳理与分析，把社区资产划分为个人资产（Individuals）、社区组织资产（Associations）、社区团体及部门资产（Local Institutions）和自然资源及物质资产（Natural Resources and Physical Assets）四大类[②]，本文结合众多学者的界定，最终将社区资产界定如下：

1. 个人资产是指包括社区内居民自身拥有的天赋、才能、知识、技能、资源、价值观及投入感等。我们也可以将个人资产理解为社区里的骨干、领袖、精英及热心公共事务的人及其所具备的资产。在社区层面，个人资产极其重要，是社区组织资产、社区团体及部门资产的基础，是构建资产之间联结的关键。在辨识个人资产过程中，必须以社区居民为本。

2. 社区组织资产是指包括社区内的不同宗教、文化、娱乐、社交、公民组织或小组等。在文军（2008）看来，在社区层面，社区组织既是社区资产的一种表现形式，又是社区资产的形成机制[③]。首先，社区组织是社

① 文军、黄锐：《论资产为本的社区发展模式及其对中国的启示》，载《湖南师范大学社会科学学报》2008 年第 6 期，第 75 页。

② John Kretzmann&John Mcknight，P. 98.

③ 文军、黄锐：《论资产为本的社区发展模式及其对中国的启示》，载《湖南师范大学社会科学学报》2008 年第 6 期，第 76 页。

区资产的一种类型；其次，社区组织是社区资产挖掘、联结和发展的平台。

3. 社区团体及部门资产是社区居民参与社区事务的重要途径，是社区资产“流通”的有效渠道，包括地区政府部门、非政府机构等。伴随着城镇化的发展，农村的空心化越来越严重，留守妇女、儿童和老人成为村庄事务的主要参与者，然而这些群体通常被认为是社区的弱者，在村庄事务参与中常常成为被忽略的一群人，他们虽有心参与社区发展，但缺乏合适的参与平台。社区团体及部门的介入就会使村庄的居民找到参与的平台和契机，强化彼此间的联系纽带，形成对村庄的认同感和参与感。

4. 自然资源及物质资产可称为社区资产中的“硬件”，是指包括社区设施，例如山林、河流及自然环境、公共设施等必要的物资设备、组织与管理的形式。通常村庄的自然资源可以在短时间通过村民自觉的努力和行动实现自然到物质资产的转化发展，主动动员社区辨识可待开发和利用的自然资源对于社区发展十分重要。

资产为本的社区发展模式提醒我们要关注、发动、运用及联结个人资产、社区组织资产、社区团体及部门资产和自然资源及物质资产四类社区资产，去推动社区的发展。尤其当外部资源和力量有限或出现困境时，我们可以率先从社区内在资源出发，激发内部力量，更有信心及能力去解决社区面对的问题。当外部进行援助时，社区的变革和发展则更有效。

本文综合 John Kretzmann 和 John L. McKnigh 所提出的“资产为本、内在取向、关系建构”三大基本原则后认为，在贫困农村社会工作发展实践中应该遵循以下步骤：第一，立足于“农村社区内部有什么”，从关注本地社区有什么开始，可以是居民、能力、资源等。第二，“推动建立稳定的居民关系网络”。以农村社区中的需求或社会关系为焦点可以建立多种社区关系网络，如互助网络。把具有相同想法或者能力的人聚合在一起，建立他们之间的联系，进而可以形成完善的组织化网络，促进互相支持，解决社区议题等。第三，“内在取向的社区发展策略”，内在取向强调的是社区居民、小组及团体去界定社区问题及参与推动社区事务的能力①。社区居民生活在社区内，只有他们最了解社区的基本情况，知晓社区的优势与强项，只有他们才是解决社区问题及发展自身社区的专家。社区内的小组及团体熟悉社区内各项活动的开展，最清楚活动开展过程中取得的一系列积极成果，以及还存在的问题，懂得如何利用社区的资产，发动社区内在力量及资源，推动社区发展。因此，在社区居民形成稳定的关系网络时，强化关系网络建设，以此提升居民的社区参与和解决问题的能力。

二、资产为本视角下贫困地区老年群体的资产辨识

（一）H村社区基本情况

H村位于C县X乡北部，距X乡场镇3千米，辖10个村民小组，433户，1353人。辖区有村级小学1所，教师2名，在校学生34人。该村具体特征如下：（1）幅员辽阔，居住较为集中，邻里关系融洽；（2）交通便利，基础设施较好；（3）耕地较少，富余劳动力较多，很多人选择外出务工，有大量的留守儿童、留守妇女和留守老人；（4）经济发展水平相对滞后，贫困人口较多；（5）乡风淳朴，居民包容性强，旅游业发展较快；（6）社区居民参与热情高涨，社区骨干力量和能人巧匠较多。

（二）H村社区资产辨识

“资产为本”的社区发展模式中一个重要的策略便是重新检视、使用及发展各种社区资产，将被“弃置”“忽视”的人、物和土地等生产因素串联起来成为可以重新再用的资源，并为其提供一个另类的交易系统和生活空间。可见，重视社区资产的利用不仅仅是开发新的社区资源，也是对原有社区资源的再利用。在贫困C县H村，我们经常看到H村贫困的现

① 张和清、杨锡聪等著：《社区为本的整合社会工作实践——理论、实务与绿耕经验》，北京·社会科学文献出版社，2016年版，第64页。

状，如地处大山深处，交通闭塞，缺乏设施，缺乏资源，教育匮乏，外出务工人员较多，农村空心化、老龄化和“三留守”并存。如果过多地聚焦于社区的问题，便会发现这些问题形成的原因极其复杂，解决问题也需要更多的支持。尤其在现行扶贫资源大量涌入的情况下，当我们看到外部大量的支持的同时，也更加感受到社区内部成员的无力感被不断强化，一旦外部资源撤出，社区内部成员可持续的更生发展能力仍然存在较大问题。那么，我们不妨换一种角度去审视这个贫困乡村已经具有哪些资源。于是，我们开始立足于H村内部有什么，从四类资产出发对H村进行资产评估。在调研中，发现H村自然风貌独特，有悠久的农耕文化历史，是政府目前正在打造的旅游景区。以农耕文化为主要特色，社区本身拥有旅游协会、妇女协会等社区自组织，社区内“三留守”人员众多，其中村中老年人口最多。村中多能人，且村民对村庄事务充满热情，但缺乏参与契机。时值扶贫力量涌入，大量驻村工作队和社会组织驻扎该村，为该村扶贫事业贡献力量。对于H村具体四类资产简述如表1所示。

表1　H村社区资产简表

资产类型	资产内容
个人资产	老年群体、妇女成为乡村的主要人员，其中不乏热心村庄事务的老年人和妇女；老年群体中政治、文化精英及手工匠人
组织资产	当地有自发成立的妇女协会、旅游协会等
自然及物质资产	老建筑、农耕博物馆、度假酒店、集体经济、风景独特的山体地貌和具有特色的农耕文化等
社区团体及部门资产	县派驻的驻村扶贫工作队、社会工作组织等

（三）老年群体资产辨识

老年群体经常在社区中被称为困难群体，也是通常被“忽视”的人，“资产为本”的社区发展模式要求我们应该重新检视、使用及发展各种社区资产，将被“忽视和淘汰”的人、物和土地等生产因素串联起来成为可以重新再用的资源，并为其提供一个另类的交易系统和生活空间。在对老年群体进行资产评估过程中，我们发现H村老年群体身体素质较好，多见一些长寿者；在老年群体中，文化素质较高、政治素质过硬的乡村文化、政治和经济精英占比较高，且这部分群体社区参与意识较强。详见表2。

表2　老年群体资产辨识

资产类型	主要内容
数量	78位老人，年龄分布在55~90岁，主要年龄集中在60~75岁之间
能力	党员，教师，乡村政治精英等，吹拉弹唱、领导能力，等等
社区关怀与价值归属感	部分老人有崇高的精神信仰，对社区事务和社区发展表现出极大的关注度和参与热情
共同的财产和资源	社区建筑、公共场地、基础设施、道路交通等

三、老年自组织情况简介

组织名为“心时代”老年学堂。该学堂于2017年9月成立，学堂性质为互助发展型社区自组织。学堂宗旨：办好“心时代”老年学堂，开展文化娱乐活动，推动老人互帮互助，维护老人合法权益，探索社区养老模式，参与村庄事务治理。与此同时，学堂致力于培养老年骨干人才，调动其内生动力，优化社区资源，促进社区参与和社区关系融合。目前学堂人数约为30人，并且在不断增加，年龄分布在50~75岁之间。目前老年学堂有相应的办公场所和办公设施设备，组织尚未在相关部门进行法人登记，但在成立时均制定了章程，设有理事会、监事会等机构，并建立了相应的内部管理制度。从活动开展上来看，拥有常规性活动内容，如每周两次老年课堂，每周一次社区帮扶事务参与，每月一次社区活动，等等。老年学堂目的在于引导老人适应角色的转变，发现自身的价值与潜能，并从学堂中学习养老知识，加深老人们相互间的了解沟通，形成互帮互助的长久性自发学堂，推动H村社区治理进程，促进乡村振兴。

四、资产为本视角下老年自组织发展的实践策略

资产为本的社区发展模式的目标在于尝试通过建立或重建社区中的组织、团体，将社区发展及经济发展两者联系起来，在创造经济机会的同时，关注市民社会的发育。社区中的组织、团体是农村社区发展的平台。通过社区组织的建立，可以让社区居民更深入地参与社区建设，并在这个过程中掌握更多的资源、信息和技术，学会如何去提出诉求以及将社区发展的各种建议通过组织反映出来，从而达到“增权”的目的，为整个新型农村社区的发育提供养料①。在实践过程中，资产为本的社区发展模式较为强调社区的资产辨识与组织培育，即通过盘点社区资产建立合适的社区自组织，动员居民参与组织，增强组织归属感，提升个体能力，形成组织的凝聚力和社区治理能力。与此同时，社区组织在发展过程中不仅要提升组织参与者的能力，更需要着眼于组织的整体能力建设，联动社区外部支持力量，推动社区组织日趋成熟壮大。鉴于此，结合国内外的实证经验和本土情况，本文将资产为本的老年自组织的发展模式分为 3 个步骤：第一步辨识老年群体资产，组建自组织；第二步唤醒组织主体意识，培育组织发展能力；第三步构建资产关系，联结组织与社区发展。具体实践过程如下。

（一）组织孵化：自组织的资产辨识与组建

1. 发掘老人群体资产，组建互助小组

“心时代”老年学堂成立之前，经历一个多月的筹备与探索。团队通过前期观察，调研、走访各户人家，对调查情况进行整合发现几大问题。在“三留守”人群里留守老人所占比例最大，H 村留守老人普遍存在以下四类情况：一是子女在外务工，部分老人因为丧偶独自居住，情感方面得

① 张和清等：《优势视角下的农村社会工作——以能力建设和资产建立为核心的农村社会工作实践模式》，载《社会学研究》2008 年第 6 期，第 175 页。

不到关怀满足；二是留守老人大都存在身体健康问题，老人都患有腰椎间盘突出、骨质增生等疾病，又是比较潮湿的区域，降雨多，冬季湿冷，气候对于老人的日常生活也有较大影响；三是H村老人缺乏养生保健知识，并且缺乏学习知识和培养兴趣爱好的渠道，生活较为枯燥乏味；四是有一些老人文化程度较高，但缺乏志趣相同的人，无法实现自身价值。

从问题出发提供服务并不是社会工作者希望的。社工认为一切抑制主体实践，或剥夺主体实践权力的力量，是造成老人贫困和困难的症结。因此在互助小组发展过程中，着眼于老人个体资产发掘和能力建设是互助小组得以长期维持的基础。挖掘老人的资产，孕育和恢复老人的主观能动性，促使老人在参与学堂活动的过程中觉知自己的主体价值是老人个体能力提升的核心策略。除了主体意识的提升之外，过程评估也非常重要，即在活动中评估老人的意愿、能力和想法。在第一次老人小组活动中，共计15人参与了活动。第一次活动非常重要，是互助小组发展的重要开端，主要包括互助小组引入、资产和能力取向的初步了解与发掘、参与意愿调查三大环节。在活动过程中，许多老人表现出不自信的状态，社工在互动中耐心引导，时常给予鼓励和赞扬。对惧怕参与活动的老人给予个别指导和鼓励，耐心了解每一位老人的特质、特长、兴趣、过往经历以及对学堂未来发展的想法。在与老人互动过程中，社工发现了他们的潜力与能动性，老人感受到被尊重，同时也有了表达和展现自己的机会。对于他们而言，这种以个体的力量参与社区事务，主动表达自己的机会是他们非常看重的。

第一次活动结束后，老人们兴趣十足。随后，社工组织大家一起填写问卷调查表，内容包括询问大家对本次活动的满意度，参与学堂的目的，空闲的时间，想要在学堂学习的内容，对学堂未来发展的定位和建议等。学员填写认真，并表达了对学堂的浓厚兴趣，也从过程和问卷中了解到每位老人的能力与想法，为组织今后的发展提供了更多的思路。许多老人在完成游戏后表示，“感觉自己太有成就感了，好久都没有发现自己这么能干，原来自己还有这种能力，自己也是能够将一些事情做好的，也很久没有这种被尊重的感觉了。”

2. 辨识个体资产，发掘小组领袖

社工在组织培育初期充当着策划者和引导者的作用，属于组织的外部力量，而一个社区社会组织的成立和发展不能仅仅依靠社会工作者的推动，组织的内部力量至关重要，老年组织中的骨干成员是内部力量的来源。这些骨干成员可以说是老年群体资产的彰显，老年组织的孵化在初期需要聚焦于老年群体的资产。在前期资产盘点时，社工发现 H 村老年群体身体素质较好，多见一些长寿者，在老年群体中，文化素质较高，政治素质过硬的乡村文化、政治和经济精英占比较高，且这部分群体社区参与意识较强，极易发展成为老年组织的骨干成员。骨干成员是一个老年组织的关键和核心所在，他将和社会工作者一起决定组织的属性和发展趋向。

当我们决定成立一个什么样的组织后，其实我们的内心依然是没有笃定的，因为我们不确定谁能带领这个组织一直发展，并且我们也不太清楚组织能不能发展成为我们想要的属性。所以，我们开始去寻找一些社区中的能人，比如一些乡贤、巧匠和党员。很幸运的是我们在村里找到了 3 个老年骨干，一个是村里退休的会计、党员，能够书写且会吹拉弹唱；一个是村里的退休教师，精通四书五经和中国传统文化；另一个是村里的致富能手，家里经营一家农家乐。这三个人都有一定文化程度，在村里威望比较高，觉悟也比较高，我们发出邀请时，他们非常乐意参加，事实证明这些人真正成了组织的核心人物，为组织发展的方向提供人力保障。（Y 机构项目主管）

由此看来，社区骨干不仅包括社区里的能人巧匠，同时还包括村委会成员，村委会成员能够在推动老年组织发展上给予外部支持，如活动场地、设施设备、管理制度等软件硬件的支持。

（二）组织培育：组织主体意识的唤醒与能力培育

1. 组织主体意识的唤醒：认同感和归属感的建立

老年组织在成立初期，社会工作者通过评估成员需求及挖掘骨干成员基本明确了组织成员和组织的属性。然而组织成员对于组织的信任感和认

同感尚未建立，如何有效地形成组织成员对于组织的认同感和归属感是在社区社会组织培育过程中较为重要的一步。通常而言，社会工作者会通过一些破冰活动让成员彼此认识，获得对组织的认知，与此同时建立对组织的认同感和归属感。

老年组织在培育初期让我们之前邀请的成员在我们的小组中获得快乐、认同感和价值感很重要。一般我们会以小组工作的方法去策划一些游戏或者适应组织目标发展的一些活动。比如老年学堂我们是通过4次小组活动建立起来的，比如互动游戏、表演课、手指操教学。很多老年人发现来这个组织挺有意思，慢慢地他们也会发动身边的一些人过来，他们似乎把这个组织看成是一个可以交流学点东西的平台，这是我们特别欣慰的地方。同时我们也会告知他们这样一个组织是干什么的，会给大家带来什么东西。（Y机构项目主管）

在组织培育初期，建立组织的信任感和归属感非常重要。社会工作者需要明确设计一些适合组织成员，能够体现价值观、满足感和获得感的活动，建立成员对组织的信任，以此形成组织的固定成员。此外，社会工作者还应向成员介绍组织成立的目的和未来的发展方向，强化成员对组织的认知。

2. 能力建设：制度和规范

当成员对组织建立起一种信任感和归属感时，组织的制度化建设时期开始启动，主要包含选举组织的领导者，通过领导者和组员一起协商建立组织的规章制度，完成组织目标和组织的规范化建设。

（1）成立理事会

组织在制度化建设过程需要社工和组织成员一起来推选组织的领导者，这些领导者绝大部分会由社会工作者在组织成立初期挖掘的骨干成员来担任，此外，还有一小部分是从组织成员中推选出来的有能力有意愿的人士。

当我们告诉大家，我们要成立一个组织时，成员们非常赞同；当我们告诉大家，我们需要领导者时，一些组织成员可能会沉默，他们可能不知道选谁。此外，一些骨干成员会担心自己做不好而不愿意站出来。那么这个时候，我们首先会让成员推选，根据推选结果选定人员。如果大家不知道选谁的情况下，通常我们会动员说服骨干担任，然后由大家表决。理事会最终的人员和组织成员及骨干成员的积极性和参与性有着密切关系。(Y机构项目主管)

理事会的成立标志着组织领导者的产生，对于组织的发展具有重要作用。表明成员们有了一个功能更健全、力量更强大的服务性组织。正如A组织成员所言：我们老年学堂有理事会了，虽然不懂得是个什么，但是每次活动的时候，他们四个都在服务大家，组织大家，给大家带来快乐。我觉得挺好，也有个主心骨了。真的感谢他们啊！

（2）建立组织规章制度

组织在培育过程中不仅要有领导者，同时还需要建立一套组织的规章制度，以此形成组织契约，对组织成员的行为和价值观有一定的塑造作用。在社区组织决策上，采取成员协商的办法，用组织成员的话来说就是“有事大家开会说了算”。具体来说，凡重大问题和涉及成员根本利益的有关事项，由组织成员会议民主决策，一般性问题由理事会讨论决定，组织成员会议表决。与此同时，针对不同类型的社区社会组织，理事会成员和普通成员还制定了适合组织发展的活动及规则制度。

（三）组织发展：联结小组与社区发展的关系

组织在完善相应制度建设的同时，标志着老年组织具备了一定功能性。此时，组织成员往往会处在一个矛盾的阶段，一方面他们对组织充满希望；另一方面他们又对自己如何参与组织发展和如何自我发展充满困惑，不知道组织能干什么，自己能发挥什么作用。这个时候，需要为社区组织提供一个发展的契机和平台，通过开展组织活动，增强组织的效能，从而满足成员在参与组织活动中的获得感和价值感。

1. 争当社区志愿者

3月5日学雷锋日，我们开展了“展学堂志愿者风采，亮河鱼治理之美的志愿服务活动”。三八妇女节，老人们是我们活动的志愿者，整个活动历时2个半小时，在“心时代”学堂老年志愿者优美、动听的歌声，具有家庭教育意义的故事以及让人沉迷于洪湖水壮观场面的二胡独奏，让整个广场都沉浸在快乐、歌声之中。尤其是在互动游戏环节，老年志愿者耐心的游戏规则讲解、热情的活动邀请，让羞涩、胆怯、抱着观望态度的妇女慢慢加入活动中，感受游戏的快乐，感受老年志愿者的热情与老人对于志愿服务认真、负责的态度。与此同时，老人也在其中得到满足感。（Y机构项目主管）

如Y机构项目主管所言：老年学堂在成长过程中既要着眼于原有的组织功能性，如文娱组织侧重于文化娱乐，生计型组织侧重于生计发展……在此基础上，社区社会组织还应该注重发挥其他功能，以此增强组织成员的获得感。

2. 文体活动共同参与

村里搞元旦晚会，我成了主持人，大家一起唱歌排练，中午一起吃泡面。那天上台前，我看全村老少都来了，我心有点虚，就怕自己做不好。这辈子第一次上台，我们大家都激动坏了。还有电视台来采访，村里人都说我们成了明星。感谢社工和我们这个学堂，我的心情好得很呢。（A组织成员）

3. 助推社区发展

老年自组织发展的关键是要回归到社区发展中来，老年学堂最后也要融入社区，参与和推动社区发展，成员才能感受到组织的强大和自己的成长，同时也能获得社区对组织的接纳感和认同感。

当我们和社区社会组织成员讨论今后组织发展方向的时候，我们探讨这样的组织能做什么，理事会成员虽然积极性较高，但是他们也不知道能做什么。后来在H村我们要推动社区的旅游业发展，成立旅游协会，做有特色的旅游产品，老年学堂的理事会成员突然明白该怎样参与进来了，老年学堂成员表示他们可以当导游，可以讲村里的故事，可以将吹拉弹唱和旅游融合……（Y机构项目主管）

五、老年社区自组织的资产建设与社区再造

（一）资产活化：老年生计互助组织培力

调研之初，社工发现，地处贫困山区的 H 村，以空巢老人、留守妇女居多，他们大多靠种庄稼，自食其力。也有一些身患疾病，不能下地干重活的村民，只能赋闲在家，除基本口粮满足以外，其他诸如子女教育、看病买药等开支只能望洋兴叹。本乡产业发展以家庭经营为主，几乎无剩余就业岗位，老人们已经不起市场规律的筛选，而留守在家的妇女要照顾家里老小，不能远离家乡打工。

经过深入调研后，社工发现，村民擅长竹编，许多自己用的物品都是自己编织的竹编。而竹编艺人刘叔便是老年学堂中的一员，被村里人称为“篾匠”，曾以编售竹编家用品谋生，但由于竹编工艺品成本太高，市场价值难以体现。后来刘叔放弃了这门手艺，外出打工，现在由于身体逐渐出现毛病，刘叔再次回到家里，偶尔出去打临工以补贴家用。社工也发现，作为乡村旅游基地，H 村的旅游产业单调，只能看看山玩玩水，缺乏具有代表性的旅游产品。此外，社工考虑到原生态纯手工的绿色竹香工艺品是具有独特性的，竹编产品在人们的日常生活中占据重要地位，它能客观地反映当地的人文历史发展情况。在当今“返璞归真”，追求自然和原生态的热潮之下，竹编产品需求具有一定的市场前景。在“一村一品”成功经验的学习上，团队因地制宜，因势利导，将旅游、扶贫、本土文化相结合，以教育扶贫的方式提升居民能力实现自我脱贫，使得本地旅游与扶贫相互促进，相得益彰。以老年学堂成员为主的“鑫满艺竹”竹编坊的构想在社工心中逐渐成形。主要通过以下六个阶段实施帮扶。

1. 资源链接：调动本土竹编艺人的力量

在对竹编艺人刘叔有了基本了解之后，社工进一步与他详谈，了解他自身对于“竹编致富”的看法，在此基础上，社工将“鑫满艺竹”竹编坊的构想和他进行了畅谈，并真切地邀请他先对 H 村有意愿的村民进行竹编

培训，他一口答应道："那可以试一试嘛!"作为回馈，社工为刘叔提供了一定的报酬。

2. 人员招募与体验培训：吸引村民积极参与

社工首先在"心时代"老年学堂学员中进行宣传招募，鼓励他们根据个人情况参与免费竹编培训。对于有顾虑的对象，社工耐心讲解组织的计划和展望，激发村民自我造血式扶贫热情，并针对性地逐一为其打消顾虑。同时拜托学员积极向周边的人宣传。此外，社工还借村委之力，走进村中贫困户、有留守人员的家庭，以同样的方式进行宣传、鼓励，发动赋闲的村民参加竹编兴趣体验培训。除口头宣传外，社工还进行海报张贴招募，全方位宣传引导。在一段时间的努力下，竹编体验培训就此成功展开，得到了大家的一致好评，勾起了学习的兴趣。

3. 人员确定与团队建设：引导村民领悟"1+1>2"的真谛

体验培训结束后，双方根据意愿积极参与、合力共求发展等原则确定团队成员组成。在基本确定成员之后，并未立即开课培训，而是首先开展组织讨论，让成员明白单个农户独立生产交易成本太高，要想做大做强，只有支持农民合作组织，大家一条心，1 加 1 是大于 2 的。接下来社工进行了几次团队建设活动，促进了团队成员间的熟悉度和信任感，提升了村民的组织认同感及团队归属感，激发了村民潜能与自信心。

4. 开展专业培训，培育核心骨干：奠定"自助"基础

在团队归属感形成后，开始进入正题——竹编培训。社工协助刘叔为团队成员开展手编技能培训，学习编织基本程序和步骤，掌握编织要领，提升编织技能，提供技能方面的答疑与咨询。在此基础上，社工鼓励村民进行自我研发，自我开拓。原本就有一定编织基础的成员，在几次的培训之后，能够独立编织成品了，并在社工引导下，开始教其他学得比较慢的成员。在接近 20 天的培训学习期间，几位"核心人物"开始浮现，社工对他们进行培育，增强其管理、沟通、领导能力的提升，使其成为组织的"领袖"，引导组织向前迈进，促进团队的自助发展，达到助人自助的目标。

5. 产品研发与质量提升：瓶颈期的再学习

竹编手工艺品制作程序较多，做工讲究精致，需要花费大量时间和精力，该阶段社工首先组织成员在固定地点进行编织的分工，提升生产效率，降低成本。但生产得并不顺畅，包括刘叔在内的成员，做出来的成品都缺乏精致感，产品的边角有些粗糙，且样式比较局限，预生产出来的产品无人问津或者出价很低。在和刘叔聊完之后，发现刘叔也已经黔驴技穷，不知该怎样才能做得更加精美，也研发不了新的产品，培训学习似乎遇到了瓶颈。面对这样的情况，社工积极在乡政府、村里打听消息，收集资源信息，寻找再培训的机会。最终与“巴山工艺”协会建立关系。在 H 村所在乡政府的协助下，对方答应条件，即出售渠道自由，可以不通过他们的销售平台自己独立出售，并对成员进行培训。在为期 15 天的深化培训（技能培训、经验学习）之后，成员们的竹编技能得到了较大提升，产品兼具实用性和观赏性，得到多方肯定。

6. 多渠道产品宣传与销售

在成员们拥有了制作精美竹编制品的技艺之后，一定数量和质量的竹编工艺品生产得越来越多。目前，外界对 H 村的竹编工艺品的知晓度并不高，以前的零星销售已不合时宜，所以开拓新的销售途径，创新宣传方式亟待进行。组织成员经过协商，联合 H 村所在乡政府、H 村村民以及“巴山工艺”协会，进行了多渠道的宣传与销售。主要通过“巴山工艺”协会销售平台、川外大学生创业项目网络销售平台以及 H 村农耕博物馆定点展示，将 H 村农耕文化、生态文化融入产品中去，打造特色旅游产品，形成对游客的吸引力，同时也促进 H 村旅游的发展。

（二）文化发展：文化保育与文化建设

1. 文化保育与口述史收集行动

随着经济的快速发展以及时代的变迁，原有文化不断被冲击，新观念不断刷新旧有观念，传统文化被新生代鄙弃与遗忘，偶然回家的外出务工人员带着外来人的眼光审视村庄，对村庄文化的不认同与不了解已是一种常见现象。社工联合老年学堂以H村变迁为着眼点，立足于传统文化和农耕文化，通过口述历史、个案研究、文献资料查询、集体回忆等方式，重建村庄文化认同与社区认同，提高村民的文化自信与文化归属感。

口述史的收集过程既是社工挖掘H村传统文化、人文、景点、地域特色的展现，也是增进村民感情、增加彼此了解的契机，更是村民自治与德治的行动践行。挖掘与推崇具有孝、善、勤、俭、德的村民故事，收集与倾听有关农耕的传统文化，借助图片与文字的力量记录历史的发展脉络与走向，以口述历史的形式传承传统文化。在此过程中，口述史的收集一方面让老年学堂成员重新发掘、保护和肯定农民文化成就，让村民寻回自己的价值和能力，进而成为历史自觉、文化自尊和社区自信的群体；另一方面也兼顾了文化的保护，提升村庄内部文化意识，助力H村旅游产业发展。

2. 文化建设与文化氛围营造

当城市文化已成为主流文化，都市生活已成为年轻人追求的生活方式，而农村文化却在日益衰落，农村精神文化生活较为匮乏，H村便是一个典型的例子。村里以老人、妇女、小孩为主，日常闲暇时间主要依靠电视、麻将或串门。社工经过调查分析，认为此类现象原因如下：第一，村里虽然有个公共图书馆，但是能识字的老人、妇女不多，而识字居民长期离家；第二，社区缺乏擅长文娱活动的人才，无法开展相应社区活动，以满足居民对精神文化活动的需求；第三，村中妇女主任负责整个社区的文化生活建设，但她忙于其他社区事务，尚未形成固定时间以及合适方式开展活动。

在此基础上，老年学堂成为挖掘H村文化资源，传播新思想、新文化、新活动基地。老年学堂教村民学习唱歌、跳舞、演奏乐器，丰富村民日常娱乐生活；搭建文化平台，通过开展不同类型的乡村文化主题活动，如元旦联欢活动、“乡坝情”物物交换跳蚤市场、五一国际劳动节等大型社区文艺会演，有效地盘活社区现有资源，促进了邻里关系的和谐发展，营造文明、和谐、包容的乡村文化氛围。

（三）公共参与：公共空间营造与公共事务参与

1. 公共空间营造

社区公共空间是美好城市生活中不可或缺的组成部分。对每个人而言，社区公共空间是使居民自然而然产生行为交集，并因共同的行为而产生情感联系与共生关系的空间媒介。对农村社区而言，公共空间是持续吸引社区资源、社会资源汇聚和运转的磁石，是社区和谐共营生态的培育载体。老年学堂和社工一起盘活村中荒废的场地成立了创演文化基地，作为农民平时休闲娱乐和唱歌跳舞的活动空间，同时也为旅游增添了一道亮丽的风景；组织成员将老年学堂成员刘某家废置的房屋建成老年活动中心，进行粉刷和装饰；发动村民为高山贫困老人建设垃圾处理池，向高山老人宣传环境卫生改造和垃圾分类教育，等等。

2. 公共事务参与

2018 年 7 月 10 日上午，老年学堂一起讨论并重新定义了老年课堂今后的发展目标：一是满足学员的日常需求（学习唱歌、下棋、跳舞、讲故事、学政策）；二是丰富居民的娱乐文化，提供社区服务（节假日活动、社区公共事业服务，如慰问高山贫困老人，协助扶贫政策宣传等）；三是承接商业演出，开展有一定经济效益的文艺演出。此外，学堂一直在不断地吸纳村里有才能、有想法的村民加入学堂中，邀请有演出经验的老师对大家进行山歌教学，创作出能代表老年学堂、农村、农民的歌曲、舞蹈。

六、结语

面对贫困乡村的现实处境，我们开始反思传统的需求和问题视角的弊端。当我们把贫困乡村问题化，便会看不到其内部的力量，在大量扶贫资源输入的过程中，扶贫帮扶演变成一种单向输入和权利的偷换，即服务对象的主体性没有得到尊重和赋权，那么这种结果最终演变为一种深深的无力感，从而无法引发根本性和深刻性的社区变革，进而也无法回应社区和居民的需求，造成社区内生系统仍然是失灵的。

资产为本的社区发展模式，提供了一个可能的切入点。从老年群体资产辨识入手，从老年互助小组到社区再造，让我们学会了如何运用资产视角，发掘个体资产和社区资产。建立社区关系网络，培育社区自组织，通过组织培育来发动社区成员。激活社区内部系统，重拾服务对象的主体性，促进社区参与。培育与重构社区互助关系，培育社区力量，预防和解决社区问题，促成其与外部系统力量的耦合，进而助力贫困社区治理和脱贫攻坚工作。

参考文献

[1] John Kretzmann, John Mcknight. Building communities from inside out: path toward finding and mobilizing a community's assets [M]. Chicago: ACTA Publications, 1993: 51-69.

[2] Stuart Hashagen: Simple as ABCD? Constraints and Opportunities from a Scottish Perspective, DoesAsset Based Community Development Deliver Social Justice[R]. Seminar Report by SECC Glasgow, Scotland, 2006. Supported by the Carnegie UK Trust.

[3] 陈红莉，李继娜. 论优势视角下的社区发展新模式——资产为本的社区发展 [J]. 求索，2011 (04): 75.

[4] 文军，黄锐. 论资产为本的社区发展模式及其对中国的启示 [J]. 湖南师范大学社会科学学报，2008 (06): 74-76.

[5] 张和清，杨锡聪等著. 社区为本的整合社会工作实践——理论、实务与绿耕经验 [M]. 北京：社会科学文献出版社，2016.

[6] 古学斌. 农村社会工作理论与实践 [M]. 北京：社会科学文献出版社. 2018.

[7] 张和清，杨锡聪，古学斌. 优势视角下的农村社会工作——以能力建设和资产建立为核心的农村社会工作实践模式 [J]. 社会学研究，2008 (06): 174-193.

乡村振兴战略中的社会工作扶贫纪实

——以黑龙江省林甸县东方红村为例

王宇玲　魏庆阳　张文喜

（东北石油大学人文科学学院）

改革开放后，伴随着市场经济的蓬勃发展，资本、人力等优势资源逐渐向城市地区聚集，以第一产业为经济来源的农村地区在市场化大潮影响下发展缓慢。为统筹城乡发展，2018年，中共中央、国务院印发了《乡村振兴战略规划（2018—2022年）》，以全面推进产业兴旺、生态宜居、乡风文明、治理有效、生活富裕为总目标，通过具体举措科学有序推进乡村产业、人才、文化、生态和组织振兴。在战略总体布局中，关注农村地区的经济振兴是首要之义，在确保农村地区经济发展、农民生活富裕的同时，兼顾政治、社会、文化、生态多方面协调并进。相比较于其他地区农村，东北地区农村在经济发展上存在明显劣势。主要原因有：第一，因其独特的地理纬度，作物一年一熟，土地附加值低；第二，地广人稀的地理区位使得村落分散，高寒时节受极端冰雪天气影响，经济发展的重要因素——交通顺畅受到较大限制；第三，政策投资环境不佳等因素致使资本输入不利，缺少以第一产业为依托第二、三产业，如农产品深加工、乡村旅游服务等经济产业链尚未形成；最后，近年来，因村内的青壮年外出务工，人才外流严重，经济发展中的人力资本不足。

国家级贫困县——林甸县的四季青镇东方红村就是东北地区贫困村中的一个典型，该村村域面积28平方千米，下辖7个村民小组。全村656户、2018人，其中建档立卡贫困家庭43户、92人，以种植玉米、红小豆为主。这个贫困村位置偏僻，交通不便，地势低洼，土地贫瘠，农民种地靠天吃饭，收入低且不稳定，生活格外困难。果军（化名）是东方红村的一名普通农民，2016 年因患骨关节疾病双腿截肢，巨额的手术费、假肢费用令这个普通农民家庭负债累累。截肢以后，果军无法种地获取收入，要强的他心情郁闷、封闭自己，产生了严重的自卑心理，不得不由妻子 24 小时看护。2018 年春季，果军稍有好转，在出行时又被挖掘机刮碰，三根肋骨骨折，这使原本就贫困的家庭雪上加霜、变得更加入不敷出，果军的心理也因此变得更加脆弱、无助。

在黑龙江省大庆市林甸县这个贫困县的农村，像果军一样的贫困家庭还有不少，四季青镇东方红村尤甚。2017 年 5 月，依托东北石油大学社会工作专业成立的大庆市“家在东北”社工综合服务中心的 10 名社会工作者加入东方红村的扶贫工作。果军一家的生活也在社会工作者的到来后发生了转变。在社会工作者的长期关心、陪伴、疏导下，果军封闭、自卑又孤独的内心逐渐敞开，他开始向社会工作者倾诉。慢慢地，他的心理状况逐渐好转，自我照顾的潜能也在社会工作者的鼓励下被一点点激发出来，吃喝拉撒等基本生活需求逐渐可以自己解决，不再需要妻子 24 小时看护。除了为果军一家链接物质资源，社会工作者也积极为这个贫困家庭寻找适合他们并能够帮助其获取长期收入的工作机会。最终，在驻村工作干部和社会工作者共同努力下，果军妻子找到了工作，她在照顾丈夫之余来到村庄附近的生产企业打工以补贴家里收入。贫困的家里每个月都有了生活来源，果军的心理也得到了有效恢复。

2017 年 12 月，时任中国社会工作教育协会会长徐永祥教授（已故）、东北石油大学人文科学学院院长张文喜教授、社会学系主任东波教授三位社会工作督导到东方红村调研时，看望果军一家并对社会工作者的工作给予肯定，嘱咐社会工作者要持续做好对他们一家的跟进服务，要求社会工作者在东方红村开展服务工作时发挥好专业优势，明确助人职责，善用大学的品牌效用，挖掘社会各类资源，承担起社会工作专业在贫困农村扶贫工作中的重要使命和担当。

一、乡村振兴战略中社会工作助力精准扶贫的可行路径

（一）内源路径：解读乡村振兴战略，助力地区精准扶贫

近年来，为了帮助农村地区摆脱贫困困境，国家在一号文件、发展规划等政策方针中连续提出扶持“三农”，党的十九大报告更在我国经济社会发展规律的基础上，依据历史发展轨迹准确研判城乡发展态势提出乡村振兴战略，在战略中明确脱贫攻坚作为战略实施的优先任务，要求脱贫攻坚与乡村振兴有机结合、相互促进。同为顶层制度设计，精准扶贫与脱贫和乡村振兴战略是小康社会建设中实现乡村全面发展的两块基石①，在小康社会建设中，精准扶贫与脱贫是基础工作，乡村振兴是实施路径也是最终目标，路径的推进依赖于基础工作的完成，目标的实现也为基础工作提供方向和指引。

在“两不愁、三保障”的基准下，黑龙江省政府按照“六个精准（扶持对象精准、项目安排精准、资金使用精准、措施到户精准、因村派人精准、脱贫成效精准）”“五个一批（发展生产脱贫一批、异地搬迁脱贫一批、生态补偿脱贫一批、发展教育脱贫一批、社会保障兜底一批）”要求，结合省内发展实际，提出了专项扶贫、行业扶贫、社会扶贫“三位一体”的大扶贫格局，明确坚持精准扶贫作为头等大事和第一民生工程方略，坚持在扶贫脱贫中对症下药，靶向治疗，对照国家标准查找差距，突出重点、做实过程，抓紧补齐“三保障”短板，确保脱贫攻坚工作成效。大庆市林甸县政府各级各部门在省精准扶贫大局下强化组织领导，拿出“绣花”功夫推进精准扶贫精准脱贫，先后提出林甸县可依托旅游业促增收，落实志智双扶、健康扶贫、教育扶贫、金融扶贫、综合保障扶贫、社会扶贫、消费扶贫等政策，在扶贫中不断壮大村集体经济。

---

① 《巩固拓展脱贫攻坚成果》，2021 年 1 月 1 日《人民日报》，第 3 版。

（二）衔接路径：引入社会工作专业优势，精准扶贫大有作为

一方面，社会工作作为专业化的社会服务手段，在参与乡村振兴中的扶贫领域应主动承担社会责任。在“两个一百年”奋斗目标的实现过程中，夯实农村地区的经济发展尤为重要，精准扶贫是其中的必备保障。乡村振兴战略强调挖掘社会力量与优势资源深入精准扶贫工作中，社会工作作为国家发展中的新兴社会力量，以“开展专业社会工作，服务龙江社会发展”为使命的大庆市家在东北社工综合服务中心（以下简称家在东北）作为新时代的社会组织，在扶贫工作中应明确社会使命，承担起服务责任。

另一方面，社会工作的专业服务理念、需求评估、工作方式等在精准扶贫工作中具有独特优势。专业的社会工作服务团队可以精准评估需求、推进工作、保证效果，在扶贫工作中既可以做到因地制宜、因户施策的“精”，又可以实现扶贫工作与脱贫结果有效对应的“准”，从而为确保实现在2020年进入小康社会时我国农村贫困人口全部脱贫的重要目标献礼。

（三）具体路径：“三精准、三维度、两齐步”开拓扶贫新思路

大庆市家在东北社工综合服务中心长期以来积累了针对城乡社区特殊困难老人、困难儿童青少年、困难妇女等对象开展社会工作服务的大量经验，于2017年对接林甸县四季青镇东方红村的定点扶贫工作。作为一支专业的社会力量，与驻村工作队形成合力，摸索出了适合社会工作者的“三精准、三维度、两齐步”的服务路径。

1.“评估精准、服务精准、宣传精准”三项精准齐推进

“三精准”指的是在国家精准扶贫理念下，确保扶贫工作在评估、服务、宣传中达到精准。

首先，在农村地区扶贫工作开展前进行科学、有效、精准的评估。全面收集和掌握贫困家庭人口信息、经济信息、生活信息、教育信息、文化信息、人际关系等基本信息后，结合不同家庭的贫困状态，找准村民的脱贫需求，评估村民的脱贫能力，精确考量扶贫工作的切入点和落脚点。

其次，在精准评估的基础上，以需求为导向开展精准服务。第一，服务开展前期实行服务对象广覆盖的工作方式，确保服务覆盖到每一户贫困家庭、贫困家庭里的每一个人。第二，在前期工作成效上，准确把握服务内容，确保服务开展中扶贫工作内容根据每一个贫困家庭的特点进行针对性的介入，在保障扶贫效果的基础上满足贫困村民的尊严，让每一名村民感受到被尊重、被理解，激发其内生动力。第三，服务结束后，对贫困村民的脱贫状态进行精准评估，找出不足，对症下药，进一步巩固扶贫效果。

最后，在服务过程中做到宣传精准。找出贫困户最关心、最介意、最不容易理解的内容，开展宣传工作，如宣传党和政府的方针政策、宣传同村人的脱贫效果、宣传扶贫人的工作理念等，实现扶贫人与被扶贫者间信息沟通无障碍、信息交流无死角，全面实现信息对称。

2. “扶贫、扶志、扶智”三个维度齐发力

三维度是指扶贫工作围绕“扶贫、扶志、扶智”进行。在提高贫困村民收入的目标下，驻村工作队与社会工作者对接县域重点产业项目，围绕企业用工需求，组织贫困群众就地、就近就业，解决贫困农民收入低、收入难的困境。在“志智双扶”的工作中，社会工作者密切关注因病、因残致贫的村民的情绪与心理，通过座谈会掌握“等靠要”心理的村民的观念与意识，找到贫困样态背后的精神贫瘠这一根源。制订工作方案，循循善诱、因势利导，有条不紊地开展精神扶贫工作，带领贫困村民开展感恩教育、政策教育，同时，为减少贫困的代际传递，社会工作者联络东北石油大学的师生志愿者们针对村内上学儿童开展了课业补习、“四点半课堂”等义务教育扶贫工程，在对村内儿童补习功课的同时将自立自强教育渗透在孩子的成长中。

3. “物质脱贫、精神脱贫”两大目标齐步走

单纯的收入增加难以实现脱贫效果最大化，除了帮助村民摆脱物质贫困外，帮助贫困村民走出精神贫困也同样重要。社会工作者收集贫困信息、精准分析东方红村的致贫原因后，便制定了物质脱贫与精神脱贫齐头并进的“两齐步”目标。社会工作者们不仅通过教育扶贫帮助贫困村民澄清不合理的认知，同时，也在通过其子女对贫困村民进行行为纠偏。为巩固阶段性的脱贫成果，社会工作者定期组织“幸福家庭”评比活动，激发村民间的正向竞争意识，引导贫困村民通过奋斗创造幸福，实现了贫困劳动者物质脱贫、精神脱贫“齐步走”。2020 年 2 月 3 日，在东方红村社会工作者、驻村工作队、村委会的引导下，贫困村民通过自己的努力与奋斗实现了脱贫摘帽！

二、乡村振兴战略中社会工作助力精准扶贫的具体实施过程

（一）探索需求评估“七步工作法”，精准掌握贫困情况

做好贫困家庭的需求评估是社会工作者扶贫工作的第一步，第一步走得是否顺利不仅影响后续工作的开展，更会影响到社会工作专业形象和专业合法性。贫困家庭应该怎么走访？怎样与贫困群众、扶贫干部打交道？怎样帮助贫困家庭解决问题……这些都是生活在城市首次长期扎根农村参与扶贫工作的社会工作者入村前担忧的问题。带着疑惑与不安，社会工作者与村民多次接触、与驻村工作队深入磨合，在吃了一次次“闭门羹”后，总结经验，探索出针对贫困村的需求评估“七步工作法”。

第一步为入户准备，包括核对家庭信息，查看走访记录，了解近期动态。也正是在入户准备的工作中，来自城市的社会工作者第一次感受到了贫困家庭生活中的不易与艰辛。第二步为拟订方案，有针对性地准备“问”与“讲”的内容。第一次见到贫困家庭“问什么”“怎么问”，“先聊家常”还是“开门见山”是社会工作者在入户前反复思考和推敲的工作内容，生怕因为自己一句关心的话就引起贫困家庭的反感或自卑等不良情绪。基于以上的担忧与顾虑，社会工作者制订多个紧急预案，细化入户职责分工，确保每一名社会工作者做到入户心中有数、心中有底。第三步为信息核对，指的是根据入户资料收集情况再次核对入户前后信息，结合工

作方案和紧急预案及时调整入户内容。第四步为情况问到，在入户前社会工作者做了大量工作，如：邀请驻村工作队共同商讨工作方案、提前准备好“问”的内容、明确入户中的需求分析标准等，以确保规定动作问到位，问得有针对性、深入、有亲和力，精准掌握被访户的思想状况。第五步为填表登记，结合村内实际，设计《贫困家庭信息采集表》，确保一户一表，同时建立贫困家庭纪实文档，保证信息双备份的同时对扶贫工作内容进行详细记录。第六步为分析研判，召开民情信息研判会，逐户讨论，对关键信息和问题进行再分析、再梳理、再研判，列出群众诉求和问题清单。第七步为建档管理，设计《工作台账》《计划执行跟踪台账》，按照入户走访核实人口、在家人员等14项内容，整理归档、动态管理。

凭借“七步工作法”，社会工作者精准地掌握了43个贫困家庭92人的贫困情况。其中，因病致贫的占62.8%，因残致贫的占25.6%，果军是因病、因残致贫的典型。虽然近四成贫困家庭在五保、低保救助之列，但仅靠经济救助、政策救助难以彻底解决贫困问题，为此，社会工作者决定结合每一户贫困家庭的个别化需求开展精准扶贫服务。

（二）开展精准社会工作服务，扶贫工作显成效

1. 扶志又扶智，自力更生谋发展

“村民在脱贫过程中可能存在畏难、等靠要的心理”，这是社会工作者对村内贫困家庭评估后的第一印象，也是摆在扶贫工作开展前的第一个难题。

东方红村贫困村民王强（化名）就是“畏难、等靠要”等精神贫困致贫的典型。从小在村里长大的王强一家一直靠种地维持生活，他觉得自己没文化、没本事，不能外出务工，又没有存款用来多种地，凭什么能改变贫困的生活，久而久之，就不再想脱贫的事了，缺乏脱贫志气。在村内，有着王强一家类似想法的贫困家庭还有很多。面对这样的难题与挑战，社会工作者当机立断，决定必须先帮助村民改变想法，再去寻找脱贫方法，时刻秉持“功成不必在我、功成必定有我”的理念。经与驻村工作队、村委会反复沟通、多次走访，社会工作者最终敲定教育扶贫策略，从扶志扶

智入手，激发村民脱贫内生动力。

第一，开展政策教育。针对村民脱贫畏难心理，社会工作者利用一切时间、抓住一切可能的机会组织贫困家庭召开座谈会，座谈会经常开在村民的饭桌上、土炕上、村间的大树下。起初，座谈会上常聊的话题就是吃饭穿衣、孩子上学、家里琐事等与扶贫脱贫毫不相关的“家常里短”。经过社会工作者潜移默化的沟通交流，贫困家庭的大哥大姐们慢慢放下了对城里来的这群“陌生弟弟、妹妹”的警惕与猜疑，开始主动讲出家人的想法和对脱贫的不自信。了解了贫困家庭的情况和心理后，社会工作者首先宣传党和政府的扶贫政策，并使政策教育无处不在、无时不在。在政策宣传之余，社会工作者也借座谈会这个特殊的沟通平台，和村民共同研究国家政策、商讨如何脱贫，与村民平等对话，向村民询问在帮助他们脱贫的道路上社会工作者可以做哪些扶贫工作。久而久之，商讨脱贫方法已经成为大家茶余饭后的热门话题。通过座谈式教育，许多像王强一样的贫困家庭已经转变观念，对脱贫后的美好生活有了憧憬，从内心渴望通过劳动脱贫致富，脱贫信心逐渐增强。座谈会上的常客、贫困村民刘东（化名）表示：“党和国家这么关心我，我应该抓住机会，学点手艺，多赚钱，劳动致富！”

第二，开展感恩教育。为更快脱贫，驻村工作队为每个贫困家庭配备了企业家、教育工作者、公务员等具备调动一定社会资源能力的人作为一对一的帮扶责任人。通过座谈会的交流，社会工作者意识到仅增强贫困村民的脱贫志气远远不够，经与驻村工作队、村委会研究后决定解决“等靠要”的精神贫困从让贫困家庭对帮扶责任人感恩开始。为强化贫困家庭感恩意识、促进其与帮扶责任人实现更好的良性互动，社会工作者组织贫困村民回忆、分享帮扶责任人无私奉献的工作事迹，引导贫困家庭做些力所能及的小事回馈帮扶责任人，改变贫困家庭思想上“帮扶人来帮我是应该的”这一错误观念。

宗业（化名）是贫困村民果军的帮扶责任人，自从果军截肢后，宗业自费为果军购买轮椅和家里需要的日用品，在果军生病休养期间他经常下班后驱车半个小时来到果军家中查看果军的恢复情况。在宗业放假休息时，他用轮椅推果军到户外散步，帮助果军疏解情绪、缓解心理压力。在果军儿子达到法定就业年龄后，宗业主动帮助果军儿子找工作。爱心如涓涓细流，一点一滴地温暖着果军一家。在社会工作者的帮助下，果军热泪盈眶地向宗业鞠躬致谢，日后多次对宗业的帮助表示感谢。贫困村民果军的感恩回馈也增强了宗业的帮扶信心。

第三，开展教育扶贫。社会工作者深知如果教育做得不彻底、不到位，那么东方红村的人力资源将变成扶贫路上的人口劣势。扶贫扶智需要从娃娃抓起。结合东方红村是山东移民村重视教育的村情，社会工作者利用自身角色优势在东北石油大学招募大学师生，通过周末驻村、微信交流、视频授课的形式，为村里处于义务教育阶段的儿童补课，开展以补齐短板、提高兴趣、习惯养成为目标的专项教育和以培养自信自强自立为目标的成长教育，拓宽农村孩子的视野，弥补农村家长无力辅导孩子学习的不足，阻断农村的贫困代际传递。同时，针对放学后学生无人看管的现实，社会工作者协助驻村工作队设计、完善看护方案，组织了村内的“四点半课堂”，不仅解决了放学后散养的儿童安全的历史难题，村内的孩子放学后在“四点半课堂”写作业、做手工也已经成为村里的一道温情的风景。

王丽（化名）一家就是教育扶贫的直接受益者。王丽儿子一直在农村学校学习，数学、语文的成绩在班里名列前茅，但是英语成绩却只有十几分，王丽和丈夫都不懂英语，无法为孩子辅导功课，这成为王丽一家有苦无处诉说的难题。为了提高孩子的英语成绩，王丽曾试图将孩子送到县城专门的辅导班补习英语。王丽丈夫每天骑摩托车去往50里地外的县城接送孩子，一个月下来，摩托车的油钱和辅导班的学费花了不少，可孩子的英语成绩却没有提高几分。社会工作者了解到王丽儿子不仅适应不了辅导班快速的教学方法，他的自信心也在县城孩子的比较下逐渐降低。孩子整天闷闷不乐，对学习提不起兴趣，数学和语文的成绩也下降了很多。听说有东北石油大学的老师和学生免费辅导功课，王丽满怀希望地恳请社会工作者，让其儿子跟着东北石油大学的师生学习。来自城市的大学生对王丽儿子进行了一对一的耐心辅导，而且很快与王丽儿子成了朋友，用有趣的故事向孩子讲授26个字母、音标、语法，帮助孩子夯实基础。慢慢地，王丽儿子不仅英语读写能力得到了改善，他的英语口语水平也大幅提升，英语偏科的学习困扰得到有效改善，孩子的脸上重新出现了自信的笑容。

2. 村头“大喇叭”响起来，党的声音传出去

为配合扶志扶智工作，社会工作者结合村情实际，经过认真筹备，制作了“社会工作者大喇叭”广播节目，宣传扶贫政策、脱贫规划、好人好事，让村内的真情传递到每一个人。截至目前，已制作的26期节目均受到了村民欢迎。大喇叭的出现，唤起了老一辈村民的乡音与乡情，在村民张峰（化名）的记忆里，过去的乡村生活都是在大喇叭声中度过的，有了大喇叭仿佛过去“包产到户、努力干活”的日子又回来了。“有时候没听村头大喇叭的声音了。”“大喇叭里有好多关于咱老百姓的事。好多好事通过大喇叭说出来，传得快，让人信服。”“不听大喇叭我都不知道原来党和国家为我们老百姓做了这么多好事、制定了这么好的政策。”村民们在大喇叭的感召下你一言我一语地交流着，村里的凝聚力也伴随着大喇叭的出现增强了许多。大喇叭里播放的政策和每天村外的农产品价格，使得贫困村民脱贫的斗志也足了起来。

东方红村村支书范某说：“现今农村老人多，电视、手机等传媒工具都有局限性，传媒工具上的很多虚假信息让老百姓每天沉浸在社会不公平的想法里。现在这大喇叭不仅是接地气，百姓在房前屋后、田间地头都能听得到党的声音，而且也能让村民了解国家、社会的正能量。有了这个大喇叭，我们工作起来也更方便了。”

3. 没条件创造条件，不幸福奋斗幸福

在评估脱贫需求时，社会工作者发现东方红村处于全县公路网末梢，10多年前修建的红砖路早已破损严重。村里党员曾满脸愁容地说，“赶上雨季，老人孩子得了急病，想看病都出不去。”交通不便可以说是东方红村脱贫致富的最大“拦路虎”。面对这一难题，社会工作者联合驻村工作队，创造条件链接资源，与交通部门沟通，协调帮扶企业，引导社会捐资，最终成功启动了东方红村通屯道路项目，改善村里的基础设施建设。

2017 年 6 月 29 日，投资 300 万元、全长 4.5 千米道路修建工程正式启动，有 40 多年党龄的老党员激动地说："这是东方红村 1956 年'开荒建点'以来投资规模最大的基础设施项目，将永远载入东方红村发展的历史！"

在积极推动修路工作的同时，社会工作者还针对二屯水井管线老化、无法使用的问题，联合驻村工作队多次向县政府汇报，争取资源，县政府最终同意将二屯饮用水改造工程列入 2018 年全县计划，东方红村在入冬前实现了安全饮用水无死角、全覆盖。

在当地政府的支持、社会工作者和驻村干部的协调下，大庆宏福农业股份有限公司与林甸县四季青镇东方红村建立"扶贫车间"以实现贫困群众就近就地就业，很多贫困村民如今已经穿上整洁的制服、学习着最新的农业生产知识、享受每月两千多元的工资、乘坐公司准备的免费班车每日往返于单位与家中，成为大庆宏福农业股份有限公司现代农业产业园（简称宏福农业）的一名产业工人。

从"道路铺设"、"安全饮用水喝到每一位村民的嘴中"到"现代农业产业工人的出现"，社会工作者联合驻村工作队为东方红村做的一件件实事印在了每一位村民心中，更让贫困村民感受到社会工作者工作的努力和扶贫的决心，并对社会工作者的扶贫工作产生了信心。贫困家庭摆脱贫困的日子有了盼头，编出了顺口溜："门口务工真是好，兼顾庄稼和老小。转移就业一个人，全家上下全脱贫。"以此赞美现在的幸福生活。

4. 开展"幸福家庭"评选活动，提升村民获得感

随着东方红村脱贫工作的不断深入，村容村貌不断变化，村民生活大幅改善，村民脸上也越来越多地洋溢着笑容和希望。为进一步巩固脱贫成果，推动扶贫工作向更高层次迈进。2018 年 7 月，社会工作者又适时组织了"幸福家庭"评选活动。活动以家庭为单位参赛，参赛家庭可以通过不同的形式（唱歌、朗诵、小品、舞蹈）展现幸福生活，并选用线上投票、线下评比和现场颁奖表彰等方式进行，活动获得村民大力支持，过半的贫困家庭参与其中。

经过村民们的一致认可，马珍（化名）一家以最高票数成功入选幸福家庭。20年前，经历过一次不幸婚姻的马珍带着大儿子与现在的丈夫再婚，婚后不久育有一子。原本幸福美满的家庭却因丈夫突发脑出血陷入困境，手术后丈夫丧失劳动能力。生活对马珍再次开了一个“玩笑”，可困难的现实并没有将马珍打倒，反而更加坚定了她守好这个家的勇气与决心。20多岁的马珍没有像村里其他妇女一样享受到安逸的生活，她一个人顶起了家里的一片天，白天下田种地，晚上回到家熬夜做手工，扛起了家里所有的经济重担，原本娇嫩的手就像是挖了几十年煤的老工人的手，又黑又糙。马珍与丈夫不离不弃、乐观生活的态度为全村树立榜样的同时，马珍对丈夫的悉心照料以及对家庭的默默付出、任劳任怨，也在无形中对两个儿子进行了最好的教育。2018年7月，努力刻苦的小儿子如愿考入国内知名学府吉林大学，马珍一家也被评为林甸县贫困家庭自强自立典型。站在“幸福家庭”的表彰台上，马珍一家的笑容分外幸福。

三、结语

东方红村驻村工作队队长魏某说：“家在东北社会工作者在我村‘志智双扶’扶贫工作中发挥了独特作用，贫困村民也更需要社会工作专业人才为其提供观念澄清、心理疏导、就业支持等专业服务，推动脱贫攻坚工作向纵深发展。”

自参与东方红村脱贫攻坚以来，大庆市家在东北社工综合服务中心的社会工作者已累计服务贫困群众190余人，建立贫困家庭档案和工作纪实43册，实现村内贫困群体全覆盖。如何融入、怎样合作等难题已经得到有效破解，不再是困扰来自城市的社会工作者的难题。作为扶贫工作的润滑剂，社会工作者与村民实现了有效融合。除经济扶贫外，经“七步工作法”精准、全面的需求分析，社会工作者围绕教育扶贫、产业扶贫、文化扶贫、基层党建等其他扶贫团队兼顾不及却对整体脱贫效果有深入影响的领域开展了全方位的工作。从评估到帮扶、从授人以鱼到授人以渔，社会工作者让东方红这个贫困的村庄霞光满天。前路漫长，脱贫攻坚不会一蹴而就，但有了社会工作者种下的“太阳”与“希望”，不愁村民们不能培育出累累硕果；有了党和政府的关心，全面小康与乡村振兴不愁不能实现。

参考文献

[1] 习近平. 在决战决胜脱贫攻坚座谈会上的讲话 [N]. 人民日报，2020-03-07（2）.

[2] 高强. 脱贫攻坚与乡村振兴有机衔接的逻辑关系及政策安排 [J]. 南京农业大学学报（社会科学版），2019，19（05）：15-23.

[3] 豆书龙，叶敬忠. 乡村振兴与脱贫攻坚的有机衔接及其机制构建 [J]. 改革，2019（01）：19-20.

[4] 李迎生，徐向文. 社会工作助力精准扶贫：功能定位与实践探索 [J]. 学海，2016（04）：114-123.

[5] 王思斌. 精准扶贫的社会工作参与——兼论实践型精准扶贫 [J]. 社会工作，2016（03）：3-9.

[6] 王思斌. 农村反贫困的制度-能力整合模式刍议——兼论社会工作的参与作用 [J]. 江苏社会科学，2016（03）：48-54.

“陪读妈妈”赋权：广西凤山县贫困家庭“龙凤就业+”项目的个案管理介入

蓝荣实　朱　娜

（蓝荣实，中共河池市委党校；
朱　娜，桂林旅游学院商学院）

一、研究背景

2001年5月，国务院颁发了《关于基础教育改革与发展的决定》，在全国范围内对农村义务教育学校的布局进行调整，俗称“撤点并校”。这一政策的落实推动了农村教育资源向城镇集中。2018年7月，笔者走访凤山县40个贫困村后，经统计，这40个村中有75%以上的行政村仅剩一所小学或教学点，其中甚至有三个行政村已经完全撤销教学点。农村“空壳”学校的搁置也告诉人们撤并是必然趋势。“村中还有一个教学点，一到三年级，8个学生。”农村生源少反过来加快“撤点并校”的行动，最终导致农村子女不得不进到乡镇或县城求学。

农村贫困家庭父母一辈因家境贫寒而无法接受良好的教育，这一缺憾和艰苦的生活经历让他们刻骨铭心并越来越重视子女教育。中国青年报社社会调查中心联合问卷网，对2003人进行的一项调查显示，69.4%的受访者表示家长陪读现象普遍，但仅24.9%的受访者赞成家长陪读①。

① 孙静：《仅24.9%受访者赞成家长陪读　67.0%受访者认为家长陪读给孩子带来的压力大》，2017年3月2日《中国青年报》，第7版。

“村内有一个教学点但没有学生，因为学生都去县城读书了，或是老人陪读，或是妈妈陪读，贫困家庭的孩子也去了。”“村内没有教学点，6~16 岁适龄儿童有 184 人，都分散在外读书，20~30 户家庭是父母陪读，一般是妇女陪读。”从凤山县的村干反馈中可知，农村家庭都希望子女从小获得良好的学校教育，“赢在起跑线上”。当然，贫困农村家庭也不希望自家的孩子从小就落后于同龄人，可家庭又实在请不起陪读者，于是便出现了贫困家庭妇女从城市的务工岗位退回农村，再到县城或乡镇陪读的现象。

凤山县是国家扶贫开发工作重点县，在脱贫攻坚决战决胜阶段积极借助东西部扶贫协作模式助力脱贫。2018 年初，深圳市龙华区与凤山县签订扶贫协议，深圳市新现代社工服务中心的社工驻点凤山县，开展就业扶贫服务，贫困家庭妇女脱贫或减贫问题也是扶贫帮扶的重点工作内容之一。据县内企业反映，“我们工厂里，大约 70%以上都是陪读妇女，包括贫困家庭的陪读妈妈群体。”从实地进村入户走访，到企业调研，贫困家庭“陪读妈妈”这一群体再三引起了笔者的关注。对贫困家庭“陪读妈妈”而言，她们正面临着前所未有的挑战：家庭贫穷、失业陪读、陪读成本及子女教育成本增加、社会支持网络弱化、心理压力大、面临偏差的社会舆论等。本文将以赋权理论为指导，运用社会工作的个案管理方法，对农村贫困家庭“陪读妈妈”赋权问题进行研究，丰富理论的内涵与外延；同时，在教育改革和扶贫攻坚等背景下，发挥社会工作专业使命与优势，有助于发展和完善学科专业在参与农村贫困家庭反贫或减贫方面的应用。

二、理论视角与实务方法

（一）妇女赋权与“陪读妈妈”

19 世纪的社会改革与公共政策行动中谈及案主自决（self-determination）与增强权能行动含义的概念。1976 年，Barbara Solomon 的著作

《黑人赋权：压制性社区的社会工作》中，明确使用“赋权”[①] 这一名词。随后，赋权的观点越来越受到社会工作者的接纳和推崇。Robert Adams（1900）认为到20世纪八九十年代，社会工作实务进入了“赋权取向时代”[②]。随着美国国内陷入经济大萧条，女性作为社会服务的主要对象之一而得到重点关注，“注意母亲及儿童的健康照顾议题”成为特定时代下女性赋权的重点[③]。针对女性赋权在家庭及减贫维度的关注，Luis San Vicente Portes et al（2019）认为家庭内部性别的变化影响国家的宏观经济，女性赋权增加了防御性储蓄，更多的赋权导致更少的贫困和更低的收入不平等[④]。查谟和克什米尔（Jammu & Kashmir）则从社会文化的角度研究发现女性赋权在社会和经济上对家庭的减贫有积极的贡献[⑤]。其中，缺乏生产的决定权和资源的控制权是导致妇女未被赋权的主要因素[⑥]，政府及社工等外部推动力是促进贫困女性的赋权和反贫困的重要途径[⑦]。基于不同维度的女性赋权，要求不同的策略以实现赋权的目标，诸如行动研究、教育、组织和宣传等以劳动权利为重点的战略在性别赋权方面是有效的。

“陪读妈妈”一词较早出现在关于出国陪读主题的文献中。如沈燕清（2007）在《近看新加坡陪读妈妈群体》一文中所描述的在新加坡陪读的“陪读妈妈”群体[⑧]。王江[⑨]（2006）认为“陪读”是指农村家庭从原住地

---

① 宋丽玉等著：《社会工作理论——处遇模式与案例分析》，台湾洪叶文化事业有限公司，2012年版，第413页。

② 何雪松：《社会工作理论》第二版，上海·格致出版社，2017年版，第144页。

③ 宋丽玉等著：《社会工作理论——处遇模式与案例分析》，第417页。

④ Luis San Vicente Portes & Vidya Atal, eds, “From households to national statistics: Macroeconomic effects of Women’s empowerment,” *Economic Modelling*, 2019, pp. 286-294.

⑤ Tareak A. Rather & Mohd. Aslam Bhat. “Measuring Women’s Empowerment and Poverty Reduction: Experiences of Hanji Women in Kashmir,” *Sociological Bulletin*, 2017 (2), pp. 191-211.

⑥ 黄艳芳等：《农村地区妇女赋权与家庭贫困程度相关性分析》，载《农业展望》2018年第1期，第88~93页。

⑦ 崔馨宁：《延边朝鲜族女性的贫困问题与赋权》，硕士学位论文，延边大学，2015年，第29~38页。

⑧ 沈燕清：《近看新加坡陪读妈妈群体》，载《东南亚纵横》2004年第4期，第13~17页。

⑨ 王江：《陪读性迁移：城乡教育资源分配不平等的表现》，硕士学位论文，吉林大学，2006年，第3页。

搬迁到城镇中，在孩子就读的学校附近租房安家，细心照顾孩子的生活。王彬将“陪读妈妈”译为“Accompanied Studying Mother”①。笔者认为贫困家庭“陪读妈妈”是指农村建档立卡家庭的女主人翁，从原住地搬迁到县城里，在孩子就读学校的附近租房安家，担负着孩子日常生活的照顾和监护的责任。

在农村社会，贫困家庭“陪读妈妈”从农村搬迁到县城陪读的现实处境，让她们直接面临贫困、失业、社会支持网络弱化、人际关系紧张及心理压力大等多重困境，导致该群体陷入充满压力感、无助感和能力失灵的状态，且单纯依靠自己是无法实现赋权的。因此，赋权理论致力于为解决贫困家庭“陪读妈妈”的贫困处境与多重需求提供方向性解决路径。

笔者认为，赋权并非直接给予服务对象权能，而是深入理解服务对象的现实处境，尊重服务对象个体及其生活环境，将其视为有潜能、有价值的个体，有意识地借助环境中的有利政策及其他外部资源，有计划地引导和激发服务对象的潜能的过程。赋权强调一方面注重发展或强化一个资源网络；另一方面，增进服务对象使用资源的知识、技巧及态度，强化服务对象个人取得资源及运用资源网络的能力。在这个过程中，服务对象与社会工作者是双向合作的伙伴关系。服务对象在共同参与的过程中，清晰地认识自身的处境及国家扶贫政策和扶贫行动意义，获得发展的希望，树立脱贫信心；增强克服障碍的能力，并学会充分运用自我能力为自己赋权，以达到自我减贫与发展的目的。另外，在赋权实践上，其途径主要集中于三个层面：个体、人际和社区/社会，这三层关系相互关联并交替进行。本文从赋权的内涵和实践途径出发，可为社工在实践过程中厘清案主权力缺失的情况和构建如何赋权的实践框架。

（二）个案管理

社会工作在参与扶贫实践的过程中，主要提倡应用社会个案工作、小

---

① 王彬：《中国陪读妈妈心理动因分析——以毛坦厂中学为例》，硕士学位论文，上海·华东师范大学，2017 年。

组工作和社区工作传统三大方法。其中，个案管理提供给那些正处于多重问题且需要多种助人者同时介入的案主的协助过程①，包含协调和提供直接服务双重角色②，通过协调、连接及整合资源的方法，为具有多重困境与需求的服务对象提供全方位的服务，帮助其摆脱困境、强化资源网络及增进使用资源的能力③。社会工作运用个案管理方法进行具体介入，主要在于：一是在精准扶贫与农村贫困的现实背景下，服务对象具有多重需求，而社工机构及社工的资源相对有限，个案管理能够较好地从实务领域积极回应服务对象的多元需求，并有效协调、监督资源，为研究对象赋权增能。二是个案管理注重个案的精准服务，构建起来的服务体系又能服务于同类的服务对象群体，这与精准扶贫的内在精神相契合，有助于推动农村贫困地区创新扶贫方式。本文采用社会工作个案管理的实务方法，为凤山县贫困家庭“陪读妈妈”赋权。

三、贫困家庭“陪读妈妈”赋权的个案管理实践过程

（一）项目背景

2015 年 11 月，《中共中央 国务院关于打赢脱贫攻坚战的决定》中把“引导劳务输出脱贫”列为精准扶贫方略之一。据凤山县就业服务中心《劳务协作总结（2018-09）》数据显示，2017 年经新一轮精准识别，凤山县有 46 个贫困村，占全县行政村（社区）总数的 47%。全县共有 11807 户建档立卡贫困家庭，贫困人口 49389 人，其中劳动力为 2.9 万余人。经排查，未转移就业且有劳动能力与就业意愿的有 2548 人。为解决就业扶贫现实面临的困境，深圳市龙华区在对口帮扶广西凤山县的过程中，积极引进专业社会工作力量，以就业为突破口，构建全国首个驻点就业帮扶服务

① J. R. Ballew & G. Mink：《个案管理》（王玠、李开敏、陈雪等译），台北·心理出版社，2002 年版，第 3 页。

② Marianne Woodside & Tricia McClam 著：《社会工作个案管理：社会服务传输方法》（第四版）（隋玉杰等译），北京·中国人民大学出版社，2014 年版，第 6 页。

③ 许莉娅、童敏：《个案工作》，北京·高等教育出版社，2013 年版，第 256~258 页。

项目即“龙凤就业+——龙华对口支援凤山县就业促进服务中心”。在凤山县构建“1348”的增能扶贫体系，即一个就业促进服务中心——龙华对口支援凤山县就业促进服务中心，简称“龙凤就业+”，它集“服务提供、就业促进和能力建设”三大平台为一体，提供“政策宣讲、典型引领、社工服务、职介服务、资源对接、技能培训、职业规划、队伍培养”八大服务内容。2018 年 2 月以来，“龙凤就业+”积极关注凤山县就业扶贫工作，为贫困群体提供了政策宣讲、典型引领及社工服务等八大服务内容。

2018 年 7 月下旬及 8 月，社工走访凤山县 40 个贫困村，从各行政村扶贫十部和村干处了解得知，每个行政村均有一定数量的陪读妈妈在县城租房陪孩子读书，失业陪读对贫困家庭的减贫工作造成极大的压力。“我们村至少有二三十人的陪读劳动力在县城陪读，部分贫困家庭也在这个行列内。”从县内的幼儿园、小学等教育机构或单位了解得知，县内确实存在数量较大的陪读人群，多数尚处于失业陪读状态。2018 年 9 月 11 日，由县就业服务中心和“龙凤就业+”联合举行的“凤山县易地扶贫搬迁劳动力转移现场招聘会”上，前来应聘的人数达 120 人，其中陪读妈妈占 90%以上。截至 2018 年 12 月底，获得社工辅导、陪读及就业推荐等服务的陪读妈妈，经初步统计，累计达 300 多人次。

（二）贫困家庭“陪读妈妈”权力缺失的现状

在脱贫攻坚的背景下，相比普通家庭的陪读者，贫困家庭“陪读妈妈”的处境更加复杂，家庭脱贫或减贫的压力更大。本文从实务中选定了服务对象 LF-LFL（“LF”指的是“龙凤就业+”，“LFL”是服务对象姓名的首字母。）、LF-ZSF、LF-WHY 为分析对象，重点以典型个案 LF-LFL 为研究个案，深入展现个案管理社会工作介入服务的实践过程。从表 1 中，可初步了解研究对象的基本情况。

表 1　服务对象基本情况汇总

研究对象	年龄	是否脱贫	是否搬迁	子女入学情况	丈夫工作情况
LF-LFL	22	否	是，待搬迁	2 个女儿在县城幼儿园	广东工厂打工
LF-ZSF	33	是，2017 年脱贫	否	大女儿初中；小儿子六年级	广东工厂打工
LF-WHY	43	是，2018 年脱贫	是，2018 年入住	大女儿高中；小儿子初中	当地开车

其中，以 90 后贫困家庭“陪读妈妈”个案 LF-LFL 为例，她的身上既有其他贫困家庭“陪读妈妈”的共性问题，又有个案的特殊性需求。从图 1 中可知，研究对象 LF-LFL 所在的家庭是一个传统的主干家庭，但由于陪读的事实，让家庭呈现出了“一分为三”的居住特点，即一个家庭分化为三个不同的居住点：个案 LF-LFL 带着两个女儿在县城陪读，照顾孩子的生活起居；丈夫常年在广东打工，为家庭创造经济收入；家公家婆由于年纪较大无法外出务工，只得留守在农村务农。目前，困扰服务对象的是与扶贫单位、就业中心等正式资源网络的关系是弱关系，较难了解正式资源的相关政策。

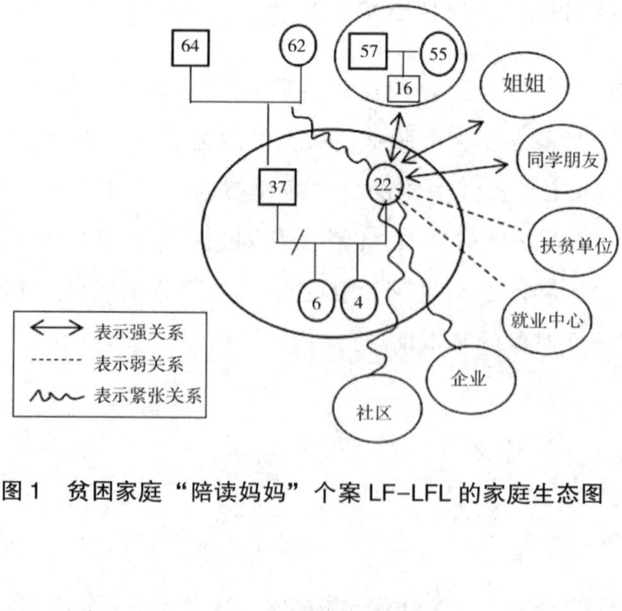

图 1　贫困家庭“陪读妈妈”个案 LF-LFL 的家庭生态图

根据凤山县的实际情况，社工主要通过驻点服务、入户走访及企业走访等方式，与服务对象建立较好的信任关系，经过前期的调研与访谈，结合赋权实践分析框架，笔者将个案 LF-LFL 的权力缺失情况、资源及使用资源的障碍进行归纳，如表 2 所示。

表 2　个案 LF-LFL 的权力缺失、资源及资源障碍表①

顺序	服务对象权力缺失表现	资源		使用资源的障碍	
		正式资源	非正式资源	内部障碍	外部障碍
1	反贫意识与女性意识缺乏	扶贫办、扶贫干部、妇联组织	家庭或家人	文化水平低，内生动力不足；女性意识较低；自卑	个人较难接触到政府相关部门资源
2	就业资源缺乏	就业服务机构、用工单位、社工机构	家人、亲朋好友、同学	就业渠道有限；缺乏职业技术，失业；悲观感	就业机构较难获得认可，无法运用资源
3	社会支持薄弱	教育系统、医疗卫生系统、就业社会保障系统等	县内亲人朋友或同学	县城的亲友较少；缺乏获取有效信息资源的能力和勇气；无力感	正式资源多处于被动状态，需要个人主动获取相关服务
4	人际关系紧张	社工机构、村委或社区中心	家庭成员、同学朋友、工友	家庭缺乏沟通机制；长时间分离，关系疏远；缺乏亲职教育的技巧	互联网的消极影响；片面的社会舆论；缺乏亲职教育指导
5	社会参与边缘化与孤立	居委会或社区中社工机构	家人、邻里、朋友、同学	自我调节技巧有待提高；心理压力不被重视	片面社会舆论；缺乏专业心理辅导机构

1. 个体层面的权力缺失：个体意识和就业资源的缺乏

一方面，贫困家庭“陪读妈妈”反贫意识有待增强。随着脱贫攻坚的推进，服务对象在陪读的过程中，有责任参与家庭的减贫行动。而在陪读

① 许莉娅、童敏：《个案工作》，第 278~279 页。

过程中，“男主外，女主内”的分工事实，让“陪读妈妈”觉得自己的主要角色任务是陪伴孩子，家庭中的男性才是创造家庭经济的主体。“陪读妈妈”减贫意识不强，甚至错误地认为脱贫是男性的责任，她们不得不面临贫穷、家庭经济来源单一、务农收入低等现实压力，又倍感无助。

“表面上看，我只需要负责接送孩子上学，做饭，做好陪护工作。实际上，一直很忙。洗衣服，买菜，做饭，接送，是日常家务。上回，大女儿感冒生病了，我一边要送小的上学，一边要到医院去照顾大的，连续折腾一个星期。我爸生病住院了，我又得请假去医院照顾他一个星期，让人很烦躁。”“农村红白喜事呀，也要去。‘人情大过天’。今年我们家单单是各种人情费用支出就有四五千块钱。”（LF-LFL，2018-9）

另一方面，贫困家庭“陪读妈妈”女性意识不强，导致在陪读过程中陷入传统家庭分工的角色困境。由于缺乏良好的素质教育，贫困家庭“陪读妈妈”的女性意识较低，让自己在陪读过程中无法察觉自己的弱势地位。事实上，“陪读妈妈”除了照顾孩子，还要照顾家庭事务，甚至要照顾原生家庭。且在陪读的过程中，“陪读妈妈”需要长期从丈夫处获得经济支援，这极大地增强了男性的家庭地位，削弱了女性的经济支配权和家庭地位。在日常生活中，由于夫妻长时间的分离及男性劳动压力的增大，女性的心声较难得到倾听。家庭贫困的事实与脱贫的压力，妇女陪读的职责以及繁重的家庭事务，让贫困家庭“陪读妈妈”感到力不从心，更难以思考家庭分工平等地位。

个案 LF-LFL 自返乡陪读后，直接面临失业和再就业的问题，家庭主要劳动力失业意味着整个家庭的经济收入大幅度减少，这对贫困家庭的冲击极大。贫困家庭“陪读妈妈”从城市务工岗位退回农村，再到县城陪读，不得不面临失业的处境。且在陪读的过程中，家庭还必须投入较大的经济成本，用于租房陪读、购买生活用品和日常开销等，以满足基本的陪读条件，家庭经济压力不减反增，加深了贫困家庭的脱贫难度。因此，贫困家庭“陪读妈妈”在陪读过程中的就业需求强烈，她们的就业对贫困家庭而言意义深远。

“一般情况下，除了送孩子上学和一些杂务，也基本上有时间，但是找不到工作。我两个孩子都在上幼儿园，早上7点半到8点要送孩子上幼儿园，下午6点之前又要把孩子接回来。开学之前，我在县里的电子厂也做了一段时间，但是开学以后，那里的工作时间完全无法满足接送和照顾孩子的需求。每天都要加班到晚上很晚，一个月才有一到两天的假日。听说县内新开的玩具厂招工，所以希望能找一份工作来补贴家用。”（LF-LFL，2018-9）

凤山县企业用工量较大，可陪读者无法满足企业既定的制度性条件而被排斥在就业体系之外。从本质上看，贫困家庭“陪读妈妈”在县内找工作难的关键因素是缺乏相对公平的就业环境。县内企业有自己既成的文化管理制度，较为完善的工作管理制度、福利待遇体系和招聘条件。求职者倘若无法满足企业制度和条件要求，就会被排斥在招聘体系之外。正是这种传统的、既定的企业制度让贫困家庭“陪读妈妈”与就业岗位难以实现有效匹配，造成“陪读妈妈”就业机会不平等、选择机会少等问题。此外，贫困家庭“陪读妈妈”也缺乏获得就业资源的能力和平台，无法掌握较多有效的就业资讯，只能依赖于传统的就业方式，而传统的就业方式又面临“失灵”的问题。

熟人介绍的就业方式是当地最主流的就业方式。在县内，贫困家庭“陪读妈妈”的就业资源网络较弱，与县内的就业机构关系不强，与新入驻的社工驻点就业服务中心关系也有待增强，这就导致其在就业的过程中不得不依赖于同学朋友等熟人。而在县内各行业的就业岗位相对有限，以及熟人从事的工作行业相对单一的情况下，“陪读妈妈”所获得的就业信息就会大大减少，极易陷入求职“失灵”状态。

2. 人际关系层面的权力缺失：家庭关系矛盾与孤立无援

与普通农村家庭妇女不同的是，贫困家庭“陪读妈妈”在陪读的过程中，家庭“一分为三”，她们面临家庭关系变化带来的新挑战。家庭内部，贫困家庭“陪读妈妈”与丈夫、公公婆婆及其子女等的关系变得微妙。首先，长期分离给夫妻沟通带来障碍，但由于不同的家庭分工，夫妻又必须经常协商，包括关于家庭经济收入的支配、子女的教育、家庭对妇女的期待等均需要多次的沟通。而实际上，长期分离的事实加上工作压力，导致夫妻沟通次数减少。在夫妻双方一方就业、一方失业的处境下，夫妻之间的沟通极易造成不愉快的生活情绪，衍生夫妻矛盾。其次，在服务对象看来，孩子的家庭教育是一件闹心事。家公家婆过度溺爱孩子，孩子要什么就尽量给买什么。关于爱的表达和教育方式，“陪读妈妈”与家公家婆产生较大的分歧，不认同老人溺爱孩子的做法，并对老人较为宽松的教育方式表示担忧。而农村因陪读而导致夫妻关系破裂的个例事件，无形中加深了老人对儿媳妇的怀疑，强化紧张的家庭关系。

偏差的社会舆论，不利于贫困家庭的和谐发展，甚至影响家庭子女接受良好教育的机会。在农村，因陪读而导致夫妻关系破裂的个例事件，在农村熟人社会（费孝通在《乡土中国》中提出的概念，他认为中国传统社会是一张庞大而复杂的关系网）掀起“波浪”，让农村家庭习得一种“教训”或形成一种刻板印象——妇女陪读对家庭而言有风险，或陪读女性最终会对丈夫不忠等。对于家公家婆而言，这种“教训”显得尤为深刻。在某种程度上，加剧了服务对象与家公家婆之间的紧张关系。

社工：你听说过关于“陪读妈妈”的流言蜚语吗？

LF-LFL：流言蜚语什么时候都会有，比如男女单独聊天，也会让人误会。

社工：“‘陪读妈妈’带孩子读书，带着带着就不是这个家庭的人了。”你有听说过吗？真有这样的案例吗？

LF-LFL：有。但是有的人呢心眼小，就会想这些；心大的话，就不会想那些事情了。有时候，我也会面临来自家庭的一些压力。

因陪读而导致家庭破裂的事件是个例事件，影响农村家庭对“陪读妈妈”的偏差认知，加剧了家庭关系的紧张程度。贫困家庭“陪读妈妈”身为陪读当事人，深受影响。在陪读的过程中，积压了较多的心理压力，且不被自己和家人觉察。家境贫困、找不到工作、与企业管理者的沟通不畅、家庭的关系变化也会让自己感到心烦，这些压力长期积压在服务对象心里，急需得到有效的排解。

3. 社会支持层面的权力缺失：正式资源的“缺位”

进入县城陪读后，LF-LFL 远离了农村的熟人圈，社会支持网络弱化。尽管县城与农村老家仅有约 40 千米的距离，但服务对象在县城并没有较多有效的社会支持网络。从“陪读妈妈”LF-LFL 的家庭生态图可知，她的姐姐、父母和同学朋友等是最为有效的非正式资源网络。在脱贫过程中，家庭虽得到了扶贫干部的积极关注，但这种服务未能形成双向的“协作关系”，主要停滞于扶贫干部单向的帮扶状态。而根据服务对象所述，她在陪读的过程中，急需教育、医疗卫生、就业创业及技能培训、社会保障等正式资源的支持。在这方面，服务对象缺乏对各资源网络的了解，不知道从哪里获取相关信息。可在现有的扶贫体系下，贫困家庭在面临上述困难时，必须通过相关正式资源系统的支持，才能够减轻家庭的负担，增进家庭福祉。贫困家庭“陪读妈妈”作为留守农村的家庭核心成员之一，是家庭寻求相关资源网络支持的第一任务人。因此，贫困家庭“陪读妈妈”急需构建新的社会支持网络，以适应新的生活状态和家庭反贫需求。

（三）赋权目标制定

根据服务对象权力缺失情况反映出来的多重需求，社工与服务对象协商并确定了以下目标。

（1）增强服务对象对减贫负责的思想态度，促进女性意识觉醒，同时提供直接或间接心理辅导服务，缓解其心理压力。

（2）构建新的公平就业系统，让服务对象获得多样化的公平的就业选择机会，为服务对象提供就业赋权。另外，注重营造良好的社会舆论环境。

（3）协助服务对象与正式及非正式资源建立较好的连接，建立社会支持网络，增强服务对象运用资源的能力。

（4）提高沟通技巧，促进服务对象与家庭内部成员的有效沟通，强化与家庭外部成员的互动；增强亲职教育能力，激发家庭成员共同协助服务对象为家庭子女教育负责。

（四）赋权实践：个案管理具体介入

社工根据服务对象权力缺失情况和赋权目标，结合社会工作机构的资源优势，为服务对象构建了具体赋权途径框架，如图 2 所示，链接多方资源，排除资源障碍，为服务对象赋权。

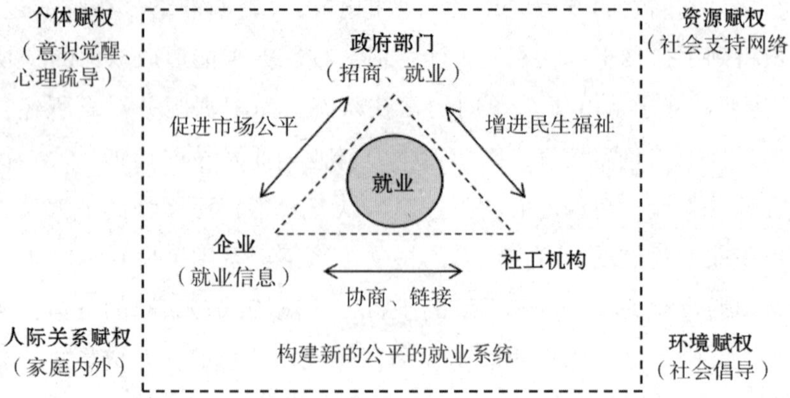

图2　农村贫困家庭“陪读妈妈”赋权框架

1. 个体层面的赋权：扶志教育、女性意识提升和心理疏导

社工通过链接讲师资源，到凤山县为贫困家庭“陪读妈妈”开展扶贫教育培训。首先从思想源头让服务对象认清农村家庭致贫的根源，以及导致农村家庭陷入贫困的客观事实。在社工的协助下，服务对象 LF-LFL 获得县就业服务中心和社工机构联合组织的县级家政行业培训班名额，参加了近20天的培训。社工讲师嵌入提供扶贫和女性意识专题的培训。提高贫困家庭“陪读妈妈”的思想认识。实践发现，由于多方面的综合原因，导致农村家庭在减贫或反贫困的过程中，滞后于国家的扶贫行动，处于“被动”反贫状态。因而被诊断为“等靠要”的病症。事实上，并非如此。贫困家庭想摆脱贫困，也在积极寻找脱贫致富的办法，如进城务工、重视子女教育等。奈何单纯依靠贫困家庭个体较难实现脱贫目标。这是城乡发展不平衡的结果。通过培训，个案能够清晰认识这一事实。

其次，通过女性意识觉醒培训，让贫困家庭“陪读妈妈”意识到自我角色的价值。陪读强化了这种“男主外，女主内”的角色分工，让家庭妇女更多受限于家庭，变成家庭的照顾者，且需忙碌于各种琐碎的家务事，感觉不到自己的价值。在陪读的过程中，还得面对县城里的不同机构和个人，有时候会感觉自己非常卑微而无力。其实，这种经历和感受，是由复杂的社会原因导致的不平等的家庭角色分工造成的。通过专题培训，激发贫困家庭“陪读妈妈”的意识觉醒，增加妇女在家庭互动中的表达权或话语权，找到自己的价值，树立发展的信心。

积极疏导心理压力，为心理赋权。心理问题往往是一个综合性的问题，在农村社会较少引起关注，却容易积压形成问题。社工在帮助服务对象的过程中，察觉到服务对象确实存在较大的心理压力，尤其是当许多困难集中发生的时候。为此，社工在站内为服务对象提供个案心理服务。第一次，社工主要着重针对服务对象长期积压的心理压力，引导服务对象倾诉内心积压的声音，帮助服务对象释放内心的压力。积极倾听，及时回应，并关注近期关键问题的解决，给予有效的建议，让服务对象看到问题解决的希望。第二次，社工通过“授人以渔”，让服务对象学习与企业管理者沟通的方式，重点掌握有效的表达内容，提高与企业管理者的有效沟通，以实现自我目标，树立信心，减少无力感。此外，社工还授予一些简单实用的减压方法，让服务对象在生活中提高自我察觉的能力，可以进行自我减压、自我调节。

2. 人际赋权：积极发展人际关系服务

从家庭内部出发，社工开展了家庭关系及沟通技巧以及亲职教育的个案辅导。首先，让贫困家庭“陪读妈妈”了解与家庭成员沟通的技巧，重视表达自己的困难和感受，关注家庭成员的感受，提高与丈夫、公公婆婆的有效沟通，并适当增加沟通次数，保持较为有效的互动过程。其次，社工在入户家访的过程中，延伸家庭服务，让家庭成员理解“陪读妈妈”的现实处境和努力，并有意识地引导家庭其他成员关注青少年的家庭教育，共同对孩子的成长与发展负责，使贫困家庭“陪读妈妈”缓解一些压力。

通过亲职教育辅导，提高贫困家庭“陪读妈妈”亲职教育的能力和技巧。农村贫困家庭主要依靠传统习得的经验来加强对子女的家庭教育。教育的方式主要是家长式的说教或命令式等传统方式，孩子较难接受，甚至导致叛逆行为的出现。因此，贫困家庭“陪读妈妈”需要转换新的教育思路，学会与孩子沟通交流的技巧，善于引导或诱导孩子学习，尤其是随着孩子年龄的增大，更需要家长与孩子建立朋友关系，倾听孩子的心声，了解孩子的真实想法，协助孩子把握大的学习成长方向，鼓励孩子积极向上发展。

家庭外部，引导服务对象强化非正式关系网络建设。通过面对面对话和口述的方式，引导服务对象识别她在县内的有效社交网络，在过程中帮助服务对象归纳和总结，让服务对象意识到已有的非正式关系网络的重要性。原有的同学、朋友是服务对象最关键也最具支持力的网络。经社工与服务对象的沟通，达成了通过“参与和互动”的方式来增强与原有网络的关系的意见，服务对象也愿意增加与原有网络的互动次数，并在生活和工作中相互倾听，互相支持。此外，工友也是不可忽略的社交群体。在工作环境中，服务对象需要与工友有较多的互动，加强工友间的关系，有助于营造积极的工作情境。

3. 社会环境赋权：构建新的公平就业系统和积极社会舆论导向

陪读中的就业资源缺失是服务对象面临的核心问题。其中直接涉及就业相关问题，包括就业机会、薪资水平及其他福利待遇、工资发放时间、上下班时间和休假时间以及是否有培训机会等问题。实践证明，单纯依靠求职者个体与企业协商，难以实现求职者的愿景，企业不会为个体求职者而改变原有的文化管理制度。为此，社会工作者通过社会调研，为政府相关部门呈现社会民生事实，间接为服务对象服务，促进政府、企业和社工机构达成共识，构建新的公平就业系统。

2018 年 7、8 月份，社工通过入村走访、入户访谈、社区调研等形式，深入了解县内含贫困家庭“陪读妈妈”在内的劳动力的问题与需求，总结形成调研报告，向县政府有关部门汇报，促进政府相关部门对服务对象群体的认识。从当地县政府相关部门了解得知，县人民政府积极引进外来劳动密集型企业，并鼓励县内的贫困家庭劳动力实现就近就地就业脱贫，增进民生福祉。同年 9 月，社工走访县内的几大劳动密集型企业，了解得知企业用工量较大，且当前企业的员工远无法满足企业预计的用工需求。其实，政府和企业也急需找到改变现状和问题的突破口，社工的服务正好能满足各方的需求。

政府、企业和社工机构三方联动，构建新的公平就业系统。首先，政府相关部门给予企业相应的优惠政策和激励政策，积极引导企业参与脱贫攻坚战。企业吸纳一定量的贫困家庭劳动力实现稳定就业，并满足其他相应条件，县人社局和就业服务中心将企业认证为“就业扶贫车间”，提升企业的信誉度和社会知名度，企业也得以享受相应的政策性福利。企业愿意为更好的发展作出改变。

其次，企业调整既定的管理制度，为贫困家庭“陪读妈妈”提供公平的就业机会，让贫困家庭“陪读妈妈”在陪读之余，可到企业参加工作，且工作收入与其他员工的收入达到平均公平。譬如，企业工资是2200元/月，则贫困家庭“陪读妈妈”每个小时的平均工资与其他员工一样，并享受包括岗位补贴、午餐补贴等其他福利。企业允许贫困家庭“陪读妈妈”有一定量的请休假次数和时间，让她们有相对充裕的时间用于照顾家庭子女。工资的发放时间与其他员工一样，不抵押、不拖欠工资。

第三，社工在企业和劳动力之间发挥“桥梁”功能。社工驻点机构为企业开展定点招聘、专场招聘等多种形式的招聘服务，与企业共建定向培训机制，由企业的工程师提供专业的生产加工技能培训与指导，提高贫困家庭“陪读妈妈”的职业技能，提升贫困家庭“陪读妈妈”稳定就业的信心。在政府、企业和社工机构的共同协助下，服务对象拥有了更多的就业机会，服务对象最终在驻点社工服务中心获得就业岗位，并实现到县内W玩具厂工作的目标。服务对象入职以后，W玩具厂管理者给予企业管理文化上的辅导，增强服务对象对企业文化的了解，尤其是对管理制度和薪资福利方面的清晰认知，帮助贫困家庭“陪读妈妈”快速适应企业的生产环境。社会工作者则充分发挥个案管理师的角色，为服务对象提供跟进服务，在心理方面提供支持，鼓励服务对象通过就业脱贫。

同时，面对农村偏差的社会舆论，社会工作者通过与县政府相关部门及权威媒体联合，发挥各自的优势，积极营造良好的社会舆论环境。一是社工在乡镇社保信息员培训、村民意识培训以及入村入户走访等服务行动中，积极引导政府骨干和群众，正确认识陪读对农村家庭的发展意义。二是通过传统媒体和自媒体，传播贫困家庭妇女就业的积极能量，以及农村家庭子女教育的重要性，引导贫困群众提高对教育和就业的认识。通过线上、线下相结合的方式，为贫困家庭“陪读妈妈”营造相对良好的社会舆论环境，为服务对象赋权。

4. 资源赋权：建立社会支持网络

为了帮助贫困家庭“陪读妈妈”建立有效的支持网络，社工通过评估她们自身的资源优势，以及可能用到的资源网络，排除资源障碍，促进贫困家庭“陪读妈妈”与有效资源建立连接。在连接资源网络的过程中，社工主要发挥引导者和链接者的角色，与服务对象共同探讨、共同行动，让服务对象充分参与建立有效的社会支持网络。

第一，正式资源。现实生活中，贫困家庭较难有效运用正式资源，这与贫困家庭缺乏应用正式资源的能力有关，且公共资源一般情况下不会主动上门为贫困家庭服务。因此，在服务的过程中，社工从最基础的认知资源开始，为服务对象介绍相关公共资源的内容，引导服务对象如何与正式资源网络建立联系。首先，认识不同公共资源管理部门的功能和资源内容，明确其办公场所和办事流程。在社工的协助下，贫困家庭“陪读妈妈”对政府资源有较为清晰的认识，并能够应用相关资源，为自己、家庭甚至他人服务。

另外，企业、社工机构也是贫困家庭“陪读妈妈”最急需的正式资源。企业为贫困家庭“陪读妈妈”提供就业创收机会，与企业负责人或管理者建立良好的互动关系，有助于服务对象更加安心开展各项工作。社工机构是农村社会最为稀缺的社会资源。在凤山县，“龙凤就业+”是目前唯一一个社工驻点服务项目，服务对象应该与社工保持联系，社工鼓励服务对象积极应用机构的资源为自己服务。

第二，非正式资源。县城内，服务对象的非正式资源主要包括个别的亲戚、朋友和同学，非正式资源网络较为狭窄。为此，服务对象更应重视有效的非正式资源。第一步，服务对象需要加强维护现有非正式资源，保持良好的互动，相互帮助。第二步，通过现有的资源尽可能地拓展自己的资源网络，或构建新的支持性资源。譬如，工友、“陪读妈妈”之间便可形成新的支持性资源。

总之，通过运用个案管理方法，协调并链接各项社会资源，为服务对象赋权，满足服务对象的多重需求。经评估，服务对象的各项目标均能有效实现，明确了扶贫中的“个人责任”，提升了自我意识，获得了公平的就业机会并实现就业，在县内建立起了相对有效的社会支持网络，并建立起较为有效的人际关系，心理问题得到关注，社会联动倡导良好的舆论环境。在此基础上，社工再次与服务对象澄清服务关系，鼓励并强化服务对象自觉应用链接起来的正式与非正式资源为自己服务，并对服务对象的支持与共同行动表示感谢。至此，社工与服务对象正式结束专业关系。关系结束后，社工通过微信、电话等形式，对服务对象进行跟踪回访，了解服务对象的最新状况，以及对驻点扶贫的社工机构的态度。

四、结论与讨论

农村贫困妇女赋权是一个具有时代紧迫性的课题，社会工作参与农村扶贫，能够更好地关注贫困群众的感受、问题与需求。深圳社工驻点参与凤山扶贫工作，能够较好地嵌入当地原有的社会服务系统，依托专业的理论与方法，为贫困家庭陪读妇女提供有效的赋权服务，推动农村精准扶贫的发展。

（一）结论

1. 增强“个人责任”及女性意识的觉醒

社会工作嵌入培训课堂，为服务对象提供扶志教育与女性意识培训，让服务对象深入了解国家扶贫政策及农村扶贫趋势，明白应该抓住政策性发展契机，明确减贫或脱贫的“个人责任”，在陪读的过程中也积极参与就业，创造经济收入。通过培训，服务对象女性意识觉醒，认识到传统家庭分工的不平等，也意识到自己在陪读过程中的价值，并学会通过表达自己的感受，获得家庭成员的理解，转化这种不平等的角色分工。

2. 连接政社资源建立新的公平就业系统

政府及企业资源的链接，促进贫困家庭陪读妇女建立新的公平就业系统，掌握有效的沟通技巧，实现就业赋权，不仅服务对象从新的就业系统中获得就业岗位，积极表现也得到企业管理者的认可，其他贫困群众包括服务对象的亲人也通过平台实现了就业转移，促进个人和家庭的获得感和幸福感。

3. 增强贫困家庭陪读妇女社会支持网络

在社工的引导下，从农村迁移到县城租房陪读的贫困家庭“陪读妈妈”意识到社会支持网络的重要性，能了解基本的正式社会网络资源的服务内容，并明确各资源所在的位置或场所，了解正式资源的相关流程。服务对象也意识到非正式资源对农村家庭的作用，保持与非正式资源的良好互动，建立互帮互助的关系并尝试通过自己的行动获得正式资源的帮扶。

4. 促进贫困家庭陪读妇女家庭内外人际关系

家庭内部主要是缓和了相对紧张的家庭关系，增强家庭成员之间的互动及有效沟通。社工注重提升服务对象习得沟通的技巧，并增加了与家庭其他成员的沟通与互动。家庭子女的教育问题也转化为家庭互动的焦点，共同对子女的家庭教育负责。家庭外部主要是巩固并适当发展服务对象的社交关系，适应新的生活环境。

5. 缓解心理压力及营造较好的社会环境

社工通过提供直接的心理辅导，引导服务对象排解心理积淀的各种压力，抒发不良情绪，心理层面的问题得以疏导。实践中通过教授服务对象简单的心理减压方法，在她们面临多重困境时，能够自我减压。此外，通过积极联合媒体、志愿者等社会力量，引导正向的社会舆论，为服务对象营造良好的社会环境。

（二）讨论

贫困家庭陪读妇女赋权涉及多维度的赋权内容，从贫困家庭妇女的人生历程看，陪读是一个特殊的历史时期。在这一特殊时期内，贫困家庭陪读妇女面临多重的问题困扰。本文中，基于贫困家庭陪读妇女最急切的就业问题，以及思想意识、社会支持网络、人际关系、心理疏导和社会倡导等需求，构建“以就业赋权为内核，以意识提升、社会支持网络、人际关系、心理疏导和社会倡导为外核”的赋权框架，为贫困家庭陪读妇女赋权。该赋权框架较好地回应服务对象多维度的需求。但实务的关键在于就业这一内核，对于贫困家庭陪读妇女而言，就业仍是精准扶贫的“牛鼻子”。而成功帮助贫困家庭陪读妇女实现就业转移，离不开外核的有效服务，两者密不可分，构成富有人文情怀的赋权框架，帮助服务对象更有自信地反贫，而这也是社工扶贫可有效弥补传统扶贫方式的亮点。

最后，陪读妇女从城市务工岗位返乡陪读，仍然要面临相似岗位、薪资水平存在较大差距导致临时就业等问题，因此，做到从“促进就业”到“稳定就业”是一个质的升级过程，需要社会工作者深入实践，并在行动中加以研究，丰富社会工作参与农村就业扶贫的本土化理论。

参考文献

1. 专著

［1］Barbra Teater 著．社会工作理论与方法［M］．余潇，刘艳霞，黄玺，吴腾译．上海：华东理工大学出版社，2013：65.

［2］风笑天．社会研究方法［M］．北京：高等教育出版社，2006：215.

［3］许莉娅，童敏．个案工作［M］．北京：高等教育出版社，2013：256-279.

［4］阮永凯，李真真．陪读妈妈［M］．北京：中国文联出版社，2005.

［5］Simon. B. L. The empowerment tradition in American social work：A history［M］. New York：Columbia University Press，1994.

2. 学位论文

［1］常雅婷．社会工作介入陪读家庭亲子关系冲突的个案研究［D］．内蒙古师范大学，2017：30.

［2］高涛．通过妇女赋权带动村民参与推动村庄治理的研究［D］．天津师范大学，2016：51-53.

［3］刘建．“异地陪读”现象的研究［D］．江西师范大学，2010：17-21.

［4］苗涛．农村隔代家长的陪读困境及小组工作的介入［D］．山东大学，2016：21-37.

［5］乌日汗．个案工作介入蒙古族进城陪读家庭的隔代教育问题研究［D］．内蒙古师范大学，2017：18-35.

3. 期刊文献

［1］Brahic，Bénédicte ；Jacobs，Susie. Empowering Women：A Labor Rights－Based Approach：Case Studies from East African Horticultural Farms［J］. Journal of Agricultural and Environmental Ethics，2013（3）：601-619.

［2］Duflo，Esther. Women Empowerment and Economic Development［J］. Journal of Economic Literature，2012（4）：1051-1079.

［3］冯小．陪读：农村年轻女性进城与闲暇生活的隐性表达——基于晋西北小寨乡“进城陪读”现象的分析［J］．中国青年研究，2017（12）：60-66.

［4］高万红．增能视角下的流动人口社会工作实践探索——以昆明 Y 社区流动人口社区综合服务实践为例［J］．华东理工大学学报（社会科学版），2011，26（01）：30-36.

［5］翰墨林．美国“华人谷”陪读母亲：把孤独留给自己［J］．东西南北，2017（17）：32-35.

［6］胡琦．关于女性赋权研究的文献综述［J］．牡丹江大学学报，2015，24（11）：33-35+48.

［7］何影，田毅鹏．农村陪读迁移群体城市适应与市民化取向分析——基于东北地区 H 县陪读家长的考察［J］．上海大学学报（社会科学版），2018，35（06）：23-34.

［8］贺寨平．国外社会支持网研究综述［J］．国外社会科学，2001（01）：76-82.

［9］Jaka Hilda；Shava Elvin. Resilient rural women’s livelihoods for poverty alleviation and economic empowerment in semi－arid regions of Zimbabwe［J］. Jamba（Potchefstroom，South Africa），2018（01）：524.

［10］Luis San Vicente Portes；Vidya Atal；Miriam Juárez Torres. From households to national statistics：Macroeconomic effects of Women’s empowerment［J］. Economic Modelling，2019.

［11］ Muhammad Abrar-ul-haq；Mohd Razani Mohd Jali；Gazi Md Nural Islam. Empowering rural women in Pakistan：empirical evidence from Southern Punjab ［J］. Quality & Quantity，2017（4）：1777-1787.

［12］ 牛栏芳，李松柏．农村中学生家长陪读影响因素研究［J］. 长春工程学院学报（社会科学版），2016，17（01）：56-60.

［13］ 庞晓鹏，龙文进，董晓媛，曾俊霞．农村小学生家长租房陪读与家庭经济条件——学校布局调整后农村小学教育不公平的新特征［J］. 中国农村观察，2017（01）：97-112+143.

［14］ 琴心．在新加坡陪读的日子［J］. 伴侣，2014（03）：26-28.

［15］ 沈燕清．近看新加坡陪读妈妈群体［J］. 2004（04）：13-17.

［16］ 沈燕清．新加坡中国大陆新移民现状浅析［J］. 世界民族，2007（04）：44-51.

［17］ Stephanie Spaid Miedema；Regine Haardrfer；Amy Webb Girard；Kathryn M. Yount. Women's empowerment in East Africa：Development of a cross-country comparable measure ［J］. World Development，2018，Vol. 110.

［18］ Vilma Seeberg；Shujuan Luo. Migrating to the City in North West China：Young Rural Women's Empowerment ［J］. Journal of Human Development and Capabilities Journal of Human Development and Capabilities. 2018（3）：289-307.

［19］ 王思斌．中国社会工作的嵌入性发展［J］. 社会科学战线，2011（02）：206-222.

［20］ 王永洁．劳动力市场性别差异与女性赋权——基于2016年中国城市劳动力调查数据的分析［J］. 人口与经济，2019（01）：95-109.

［21］ 赵雷雷．中小学生陪读母亲的需求与社会工作回应［J］. 甘肃教育，2019（03）：27.

资产建设视角下的代际贫困传递干预：陕西“儿童发展账户”的试点案例

邓　锁

（北京大学社会学系）

一、引言

贫困是影响儿童发展的主要风险因素，贫困儿童面临着生存和发展的脆弱性。在我国城乡人口流动与家庭变迁背景下，儿童困境的表现形式也日益多样化，以多维度儿童贫困测量方法所得出的儿童贫困的发生率往往显著高于一般贫困率。儿童贫困具有特殊性，儿童的生存发展受到家庭经济处境及其应对策略的影响，如当家庭处于资产剥夺状态时，常常会被迫减少对于孩子的支出，增加儿童在其他维度上的贫困风险[1]。已有研究也指出，童年期和成年期的脆弱性相互连接，人生早期阶段的贫困可能带来生命历程发展的累积劣势效应，进而使得整个家庭跌入“贫困陷阱”，长远地影响与制约着减贫目标的实现[2]。因此，聚焦于儿童的减贫措施除了解决贫困家庭及儿童现时的“收入-消费”需求，还应当致力于消除儿童发展的脆弱性与风险，建立阻断代际贫困传递的有效机制。

儿童减贫是我国脱贫攻坚战的重要目标。“五个一批”中的“发展教育脱贫一批”即强调通过提升教育质量以及减免家庭教育支出，弥合城乡、区域和群体之间的教育差距，进而消除贫困代际传递。与此同时，脱贫攻坚行动也与儿童福利制度的发展相结合，强调拓展儿童福利覆盖范畴、提高儿童保障水平及加强基层儿童福利服务体系建设，贫困儿童及家庭从中广泛受益。然而，贫困对于儿童发展的影响常常是多维度的，代际贫困传递是一个复杂的家庭与社会影响机制，既包括家庭内的代际关系影响，也包括外部政策机制可能带来的补充或替代作用。聚焦儿童的反贫困政策由此需要具有未来取向，这意味着不仅仅关注当下的儿童贫困处境，更应该从生命历程的发展视角强调对于贫困风险的预防和应对，尤其关注儿童、家庭与社会环境等的交互影响机制，实施积极的社会干预。

资产建设是社会工作介入反贫困的一个代表性理论视角，对于代际贫困传递的干预实践有积极启示。资产建设理论强调社会政策与社会服务应致力于贫困对象的资产积累与长期社会发展，而非仅着眼于当下的收入维持与消费，体现了发展性的、具有未来取向的社会政策与社会工作理念。已有相关研究指出，资产拥有和资产积累行为不仅保障经济的安全和稳定，也会带来积极的社会、经济或心理效应；人们的社会福祉不仅反映在收入或消费的维持或增加，也体现在能否通过资产积累而实现更为可持续的社会发展[3-4]。儿童是资产建设所关注的核心，面向早期人生阶段的资产建设干预致力于阻断贫困代际传递，促进生命历程的长期社会发展。资产为本的儿童福利政策与服务干预如儿童发展账户、金融能力教育、社区资产建设等更具体地实践了这种以社会发展、社会投资为取向的反贫困社会政策含义。

基于当前脱贫攻坚背景下儿童发展的脆弱性现况，并借鉴资产建设的理论视角，我们从 2017 年开始在陕西省白水县尝试开展了整合“儿童发展账户”的试点干预，希望通过资产建设与社会工作服务的结合，回应当前农村贫困家庭儿童发展的困境及代际贫困传递问题。本案例介绍“儿童发展账户”项目干预的特点及其初步成效，并进一步讨论对相关儿童减贫政策及社会工作参与脱贫攻坚的启示。

二、问题背景和需求评估

陕西省白水县是北京大学社会工作教育参与脱贫攻坚的对口基地，社会工作专业师生先后多次赴白水县进行调研并与当地政府、社会组织等合作，广泛参与白水县农村社区发展、残疾人、儿童及其家庭等相关的扶贫工作中。白水县总面积986.6平方千米，耕地面积72万亩，辖7镇1办，全县总人口30万，其中残疾人2.23万，占7.93%。白水县是果业种植大县，但也是国家级贫困县，2016年的数据显示仍有13000户近4万人生活在贫困线以下。白水县外出打工的青壮年劳动力比较多，留守和困境儿童问题比较突出。

在参与脱贫攻坚的前期2014年，我们通过问卷和深度访谈等方法开展了较大规模的儿童及家庭调研，其中问卷调查抽取了3个乡镇的6所小学和初中，共获得儿童和家长问卷各477份。2014年之后也陆续进行过多次面向贫困儿童和家庭的焦点小组和个案访谈。前期调研发现，白水县留守和困境儿童数量较多，儿童教育发展面临着较大困境，家庭资产贫困及金融能力缺乏成为影响"脆弱儿童"发展的主要因素。

首先，贫困家庭的资产拥有不足，资产贫困进而限制了家庭对于儿童教育和未来发展的投资。资产贫困与收入贫困相对，是指家庭资产积累用于满足家庭成员的发展而非仅仅是现时消费需要上的匮乏[5]。资产贫困状况的评估有助于避免贫困家庭常见的收入波动偏差，更加真实和结构性地反映贫困的实际状态。一般来说，反映资产贫困的指标包括了储蓄、房产以及负债等，但对于农村家庭的资产贫困测量往往比较困难，常常也纳入土地、生产性工具、家畜以及耐用消费品等指标。在对白水县的贫困家庭调研中，我们通过问卷及访谈详细了解了包括贫困户以及贫困边缘户在内的家庭资产拥有状况。调研结果发现，许多贫困户家庭的资产贫困状况比收入贫困更加严重，这包括储蓄和经营性资产的缺乏、金融知识和能力不足、无法获得生产贷款机会等，多数贫困家庭存在负债的情况[6]。资产贫困使得家庭在子女教育和未来发展的投入上有较大困难，尽管义务教育阶段有一定的生活费减免或补贴，但孩子进入初中高中之后的教育相关支出，如课外补习、生活费用等仍然构成较大的经济压力，家庭经济处境也往往带来家长、儿童对于未来教育期望和发展的消极认知。

另一方面，我们的调研分析也发现，既有的社会救助政策存在对贫困儿童发展的瞄准性不足的问题。从2010年开始，我国儿童福利政策的覆盖范畴逐渐扩大，孤儿、事实无人抚养儿童以及重度残疾儿童等逐渐被纳入救助保障体系中，如白水县民政部门根据陕西省人民政府办公厅《关于加强孤儿保障工作的实施意见》以及残疾人生活补贴等的相关办法，为孤儿等困境儿童每月发放800元的生活费，为18岁以下残疾儿童（残疾等级1和2级）每月发放津贴80~100元；义务教育阶段的“两免一补”等政策也在一定程度上缓解了部分家庭的经济负担。但总的来说，当前的儿童现金救助覆盖面仍然比较有限，贫困边缘家庭的儿童无法获得救助。单一的现金补贴救助方式也存在瞄准性不足的弊端，以家庭为单位的转移支付并未能充分考虑到家庭内部分配问题，家庭可支配收入的增加不一定转化为充分的儿童教育、医疗以及发展机会的实质促进。儿童救助相关政策还需要考察各类补贴项目能否使儿童从中持续受益，尤其是能否促进儿童在教育、健康以及职业等未来长期发展目标的实现。

此外，贫困家庭儿童也往往更容易出现较高的厌学与辍学问题，而当前的学校教育常常无法有针对性地回应到儿童的自我认知以及学习动力等问题。儿童的厌学及辍学一方面与父母外出打工导致的陪伴缺失有关。在隔代抚养家庭，外出打工的父母将儿童抚育的职责交给祖父母，且常常认为将孩子交给学校，好好读书就没有问题，与孩子之间缺乏稳定而有效的亲子沟通。另一方面，儿童厌学或辍学也在一定程度上反映了家庭教育和学校教育割裂所造成的影响。我国从2001年开始实施农村基础教育布局调整政策之后，大量的村小撤并或只留下部分低年级教学点，乡镇中心完小和初中普遍实行集中住宿，孩子每周或更长时间才会回家一次，这导致许多留守儿童的家庭教育处于缺位状态，家庭教育与正式的学校教育之间缺乏有效的联结整合。

最后，儿童在成长和发展中的困境进一步限制了家庭摆脱贫困的能力和机会，一些家庭可能由于子女的教育、照顾等负担而返贫，这对于地方脱贫攻坚效果的持续性带来很大挑战。白水县残疾人家庭在当地贫困户中的比例较高，有未成年子女的残疾家庭往往面临着很大的儿童抚育、生活照料以及社会排斥等方面的压力。贫困家庭可能由于疲于应对生计与生活压力，陷入行为经济学家所指出的“注意力陷阱”，缺乏专注于对孩子长远发展的期待和投入[7]。然而，既有的脱贫支持政策并未充分考虑到家庭所面临的这种困境。近年来随着精准扶贫工作的推进，扶贫措施越来越趋向多元化，但总的来说，现有的扶贫干预还主要局限在经济扶持和生活保障，面向贫困儿童及家庭的相关社会服务供给不足；且福利服务项目分散在不同的政策框架和部门中，缺乏以家庭为中心的资源整合以及脱贫可持续性的考虑，这些都在一定程度上阻碍了对贫困儿童及家庭的扶贫效果。

近年来，白水县民政部门、社会组织等日益重视对留守儿童的关爱服务。如2017年，当地民政局启动“寸草春晖·白水县2017关爱留守儿童”系列活动，以全县5个乡镇片区的中心学校为依托，在校留守儿童与各镇（办）建立“一对一”帮扶机制，积极开展留守儿童寄宿制学校建设和关爱工作。但是在实际调研中我们也发现，面向留守及贫困儿童的关爱保护服务还停留在表面，较多局限于慈善捐赠类活动，缺乏比较细致深入的服务介入。地方政府也希望能够进一步推进面向留守及困境儿童的专业服务，更好地回应贫困儿童及其家庭的需求。

三、理论基础

从20世纪末期开始，资产建设的理念在反贫困与社会政策领域日益得到关注，资产为本的社会政策被视为应对全球化经济社会发展和挑战的新范式。资产是一种稳定的资源及其相关能力聚合，个体和家庭的资产积累会带来积极的社会福利效应，尤其从人生早期阶段所获得资产发展机会及能力，能够促进实现长远可持续的减贫目标。在这一意义上，资产建设应用于减贫实践的重点并非主要回应短期的贫困后果，而更加强调生命历程发展中如何更好地预防和应对贫困风险。

资产建设在实践中体现于不同的干预层次与干预方式，比如个体、家庭、社区以及社会政策工具等。此外，不同研究者对于资产概念的界定也有一定区别，比如社区层面的资产建设/发展倾向于宽泛的界定取向，包括了人力资本、社会资本、文化资本等的丰富内涵[8]。而在金融化的社会变迁背景下，资产为本的社会政策干预更强调金融/财务资产对于减贫发展的重要意义，相关的政策工具如个人发展账户、儿童发展账户、社区储蓄等都将金融资产储备作为实现其他维度社会发展目标的重要手段，对反贫困社会政策与金融社会工作的发展带来深远影响。尤其儿童发展账户作为一项积极的儿童反贫困政策措施，近年来在美国、韩国、以色列、新加坡以及中国香港等不同国家和地区得到实践[9]。儿童发展账户通过给每一个儿童设立较长期的资产账户来促进其能力建设及未来发展目标的实现，具有持续性、制度性和发展性的政策特点，对于贫困代际传递的干预具有积极启示。

然而，在中国反贫困背景下的资产建设实践还必须考虑中国社会转型、制度及文化情境等的特殊性，推动本土化的实务模式发展。中国传统家本位的伦理文化是资产建设研究及实践需要考量的重要维度，家庭具有同居共财的文化特征，尽管经历了现代社会剧烈变迁的冲击，但个体生命历程仍然在很大程度依附于家庭的整体发展，家庭资产在一定程度上也是实现家庭利益最大化、代际延续的重要基础[10]。从资产建设的视角介入脱贫发展，需要纳入对家庭内的代际伦理和家庭整体的考察。儿童抚育是家庭的重要伦理责任，资产积累与亲职关系常常发挥着对于儿童发展的交互性影响效应。已有的研究显示，一方面，资产累积能够激励父母向子女未来发展的方面储蓄与投资，提升亲子沟通与互动；另一方面，良好的亲职行为也能够放大资产积累的福利效应，促进儿童教育与社会情感能力的发展[11-12]。这些理论和经验研究发现对于我们开展面向贫困儿童的社会工作介入有很好的启发意义，聚焦儿童的资产建设政策或服务需要更多关注家庭代际互动的维度，而整合的“儿童发展账户”项目则可以通过干预设计实现两者的较好融合。

四、服务干预计划

基于前期需求评估中对贫困家庭儿童状况的了解，从 2017 年 3 月开始，我们与陕西省白水县 Z 机构合作开展了“儿童发展账户”的项目干预。我们借鉴了已有不同国家和地区开展儿童发展账户的经验，但在项目设计中进行了适应本土情境的调整。Z 机构在服务对象的选择上采用自主报名和考察筛选相结合的方式，重点面向低收入贫困家庭，同时尊重儿童以及家庭的自主参与决定权。Z 机构首先联合地方民政、残联等部门，面向当地农村的贫困儿童家庭进行了项目内容宣传，在自主报名基础上共筛选出 10 组家庭，2019 年 3 月又增加了另外 10 组家庭。Z 机构遵循知情同意的伦理原则，与儿童及其监护人签订了服务协议，并向儿童及监护人详细解释了儿童发展账户的项目内容，以及服务对象的权利义务。

在第一期项目干预中，10 组参与项目的家庭中儿童年龄介于 13~15 岁，参与家庭的平均年收入为 7500 元，其中有 2 户为精准扶贫户，2 户为低保户，6 户为低保边缘户。对项目参与儿童以及家庭的需求评估显示，家长和儿童的金融能力普遍缺乏，这包括家庭缺乏获得金融教育和基本金融服务的机会、家庭对于生产生活等相关金融知识和技能的掌握不足，如对于贷款风险、网络支付安全以及理财等的认识偏差；儿童普遍对储蓄、金融资产、银行理财等知识缺乏获得渠道。此外，家长与子女普遍缺乏良好的互动和沟通。由于许多儿童的家长一年中有较多时间外出打工，日常学习和生活由祖父母照顾，父母对子女成长、学习以及心理等状况的了解十分有限，许多孩子和父母之间无法形成定期良好的沟通关系。如我们在对 10 组家庭的调查中发现，父母的教育期望和孩子的教育期望之间存在较大的距离，父母虽然对孩子的发展有很高的期待，但是孩子自身对自我未来的发展缺乏信心，父母较难参与孩子的情感、行为以及学习经历中，这使得父母的教育期望无法较好地传递给孩子，进而提升儿童的自我发展认知。

针对孩子以及家庭所面临的这种困境，具体的项目干预计划包括两部分，一是为每个参与项目的孩子设立“儿童发展账户”；二是开展面向儿童及家长的金融理财与社会服务。Z 机构首先协助每个家庭在本地金融机构（一般为农业银行或者农村信用合作社）开设由孩子本人持有的“金融账户”，用以增进家庭朝向子女教育及其他发展目标的资产积累。Z 机构要求项目参加者在账户中每月储蓄 50~100 元，并按照 1：1 的比例进行匹配存储。也即，参与项目的儿童（或其家长）在账户中存款 50~100 元，机构将会在同一账户中匹配相同数额的存款。项目干预在制度设计上也对于服务对象的账户资金支取进行了一定限定，目的是更好地激励服务对象“发展性储蓄”的理念和行为。账户内资金在参加项目开始一年内不能支取，一年之后可以通过机构社会工作者申请支取，但资金只能用于孩子的教育相关的费用支出，如学杂费用、课后辅导、学习资料购买等。

此外，项目干预的参与者（包括儿童及其监护人）还需要定期参加社会服务类的课程或活动。服务课程规定每个月至少要达到 2 个学时、一年至少达到 48 个学时，内容涵盖金融教育、人际与亲子沟通、个人发展规划以及公益服务等方面。课程活动规定为每月一次，家长每年须最少参加两次。在具体的服务开展中，机构为每个参与的孩子建立家庭个案管理档案，定期跟进参与儿童以及家长的情况。Z 机构坚持以家庭为中心的服务取向，尽管“儿童发展账户”是以儿童作为持有人的金融账户，但项目要求家长对孩子未来的教育发展进行储蓄，同时要求家长参与项目的相关服务活动，实际上也是面向整个家庭的服务介入。

五、服务干预过程及成效评估

项目干预之前研究者对服务对象进行了以深度访谈为主的基线调查，在项目进行过程中则通过访谈和参与式观察等方法详细了解机构负责人、工作人员、儿童及家长等的认知与感受，同时也通过查阅机构相关的服务记录、统计数据、过程报告等了解项目的进展状况。研究者作为参与评估方持续跟进项目设计以及实施过程，参与式评估方法区别于传统的评估研究，要求研究者与被评估对象建立平等的伙伴关系，允许项目不同相关方包括服务对象等都有机会持续参与对项目实施状况以及效果的理解、诠释和评价，进而有助于项目的推进。

（一）资产积累的制度机会与未来取向

“儿童发展账户”的设立为贫困儿童和家庭提供了一个资产积累的制度机会，在储蓄以及理财的知识习得过程中，儿童和家长能够获得金融能力的提升，促进了家庭的经济赋能。项目干预中，储蓄并非作为一般意义上的应对不可预测经济困境的手段，而更多的是一种积极的、朝向子女教育发展目标的资产积累，儿童和家长在账户中进行储蓄的同时，也参加个人及家庭发展规划、理财知识等的课程，使得储蓄更好地与个体以及家庭的发展目标连接起来，逐渐培养“发展性储蓄”的认知和行为。

根据项目干预的计划，Z 组织为每个儿童建立一个金融账户，同时依托于金融账户面向儿童及其家长开展理财知识和技能的培训。在参与项目之前，所有的儿童并没有自己独立的银行账户，多数家庭有存钱的习惯，但存钱的主要动机是应对家庭成员未来可能出现的大的生活开支或风险，比如生病、人情往来或者孩子将来的教育。家庭的这种储蓄动机仍然是一种收入-消费取向，量入而出，研究者也将这种习惯称为“预防性的储蓄”，它体现了社会保障制度还不健全的情况下农村的生存安全理性[13]。预防性储蓄尽管能够在一定程度上抵御未知的家庭风险，但它并非是一种朝向未来家庭更好发展的积极资产积累，也可能限制了家庭对于儿童未来发展的积极投入。

在项目执行的过程中发现，相关理财知识的掌握有助于培养儿童积极的金钱观念，培养良好的储蓄习惯；家长则通过项目参与更多地了解储蓄对于子女发展的意义，也在理财知识的习得中了解到生计发展如贷款可能面临的风险。开设账户以及参与金融教育课程是项目重要的干预内容，机构通过不同的活动形式帮助参与儿童和家长了解项目的意义，同时督促家长为孩子的未来发展进行储蓄。机构的社会工作者通过定期的课程以及家访等详细了解每一个儿童与家长在金融储蓄过程中所面临的困难。伴随项目的进展，参与家庭的自主储蓄目标以及额度也逐渐增加，这也反映了参与者对于项目有了更大的信任度。项目启动最初的半年，多数家庭选择每月储蓄 50 元，但项目执行半年之后除了一个家庭外，其他所有参与家庭都选择了 100 元的月度储蓄目标，加上机构的匹配存款，大多数儿童发展账户在一年半结束之后可以积累到 1800 元的资金。

许多参与项目的儿童第一次获得对于金融资产积累的认知及相关能力。如项目参与儿童小东的母亲表示，参加项目之前，小东对于理财等知识没有机会了解，从给孩子建立账户之后，孩子对于银行以及储蓄的概念有了比较切实的认识，他能够自己拿着卡去存自己的压岁钱，也在一点一滴的积累中学会了珍惜。她也提到，孩子明白这个账户的储蓄是为了将来自己上大学或其他的职业发展目标所使用。通过参与金融教育以及个人发展规划等服务课程，小东对自己、家长对孩子的发展目标有了一个相对长远的认识。小东的母亲觉得这会帮助孩子思考日常消费和个人未来目标之间的联系，他会考虑日常消费中什么需要什么不需要，花钱也会比较谨慎。由于现在存的钱一年之后才能动用，他就没有想法说现在把钱取出来，这也培养了孩子长期储蓄的一个习惯。

对于参与儿童及其家庭来说，儿童发展账户不仅仅作为一种金融资产的积累工具，而更多地体现在通过账户促进实现参与者其他的长期发展目标。“儿童发展账户”以匹配储蓄和限制用途等方式，将资产积累与个体发展的目标规划联系起来，使得资产建设具有更加明确的方向，无论对于儿童还是家长来说都有助于形成未来发展的积极预期。“儿童发展账户”类似于帮助形成一个较为制度性的“认知-行为”转换机制，一方面为儿童和家长提供了制度性的资产积累机会；另一方面也使家庭培育了更加积极的未来取向。孩子的未来发展是许多贫困家庭的希望，也是家长脱贫发展的主要动力，“儿童发展账户”的设立以及朝向孩子发展的储蓄积累使得家庭的生计脱贫有了更加切实的努力目标。

（二）亲子互动

“儿童发展账户”对于儿童与家长之间的代际互动有正面的影响，项目要求家长和孩子每月进行储蓄、参加亲子沟通活动以及根据个人发展目标制订存取款计划，这在一定程度上增加了代际互动的机会以及对亲子关系的积极认知。

项目评估显示，尽管孩子和家长之间对于亲子沟通的方式及内容的看法存在差异，但都认为参与项目促使自己比以前更多地考虑到代际沟通的问题。如 13 岁的小辉生长在一个单亲家庭，两三岁的时候母亲就离开家，父亲平时也比较忙，一年中有很多时间在外地工作，跟孩子接触也比较少。小辉平常主要是由爷爷奶奶照顾，上学都是老人接送。小辉父亲在访谈中表示，自己对孩子的关注照顾比较少，孩子大了懂事以后也和自己有点疏远，心里不开心也不跟他说。参与“儿童发展账户”项目之后，小辉和父亲之间的沟通对话更多了，账户的设立成为他们之间的有效联系纽带，孩子有机会和父亲讨论存款的数额、讨论个人未来发展的计划以及账户所积累的储蓄将要实现孩子什么样的发展目标等。每个月定期为孩子的账户中储蓄更像是一种“仪式性”的行为，让父亲意识到自己对孩子的责任，也让孩子理解父亲对自己的关心。同时，小辉父亲在家的时候，也会主动带孩子一起参加亲子沟通类的课程。小辉父亲表示，在参加项目后，感觉孩子和自己更亲密了，更愿意和自己谈及以后的发展目标。

项目第一期参与者中有 4 个孩子是长期留守儿童，和小辉的情况类似，大部分时间由祖父母照顾。不过，由于项目要求父母参与定期储蓄行为中，需要与孩子一起订立储蓄目标与发展计划，这使得 4 个孩子的父母或监护人有更多的机会了解、关注孩子的想法。许多参加项目的儿童在访谈中表示，项目能够让自己学到在学校学不到的东西，如理财和亲子沟通等，参加项目后感觉自己成长了，也更能够理解父母赚钱养家的不容易。由于项目规定账户中的资金在一年结束之后可以取出来用于教育发展目标，在一年期满之后，有 4 个家庭申请了支取账户资金，用于孩子参加暑期学习辅导和夏令营活动，账户资金的支出及使用规划则是通过项目参与家长、孩子以及工作人员的共同讨论与协商来决定。对于项目参与者的评估显示，“儿童发展账户”在一定程度上发挥着亲子沟通的中介作用，促进了更加积极的代际互动认知，也同时带动了孩子自身及家长对于孩子未来发展的更高期待。不过，尽管项目参与增加了亲子沟通的机会以及认知，但家长和孩子对沟通方式及内容仍然有不同理解。项目干预对于代际互动质量的影响，还需要有持续的评估。

（三）合作生产

“儿童发展账户”项目体现了一种以合作生产为特点的发展性社会服务模式，项目干预带动了儿童和家长的参与动力以及能力提升，通过多元福利主体之间的合作促进以服务使用者需求为中心的服务整合。一方面，项目运行激励儿童和家长积极地进行合作参与，如家长需要设立儿童持有的金融账户、在账户中进行储蓄以及根据儿童及家庭的发展规划制订存款和取款计划等。这一过程并非简单、被动性的现金转移支付，服务对象与机构在项目的规划、监督及评估过程中共同合作，项目的设计特征对于儿童及家庭的参与具有显著的影响。“儿童发展账户”是一个促进合作生产的制度性设置，它引导并激励着服务对象的认知、期待以及行为改变。在项目中，儿童与家庭需要根据项目的要求每个月进行定期的储蓄行为，参加课程培训以及对账户进行管理。与传统单向的社会服务传递形式不同，“儿童发展账户”体现了对服务使用者自身责任和能力的重视，将制度激励与个人的行动有机结合起来。“儿童发展账户”的项目干预也与社会工作专业对增权赋能、“案主自决”等价值观和伦理的强调具有一致性，社会工作机构及社会工作者是服务传递中合作生产的“促能者”。在这里，除了项目的制度性激励之外，社会工作者与儿童及家长之间建立积极的信任与协作关系也十分重要。

同时，“儿童发展账户”项目将现金转移支付与社会服务融合在一起，在实际的实施过程中需要不同的服务机构和部门包括社会组织、金融、民政、残联以及扶贫办等的相互配合。由于家长积极地参与服务过程，项目参与家庭之间也建立了社会支持网络，相互交流教育、就业以及康复等信息，提供情感及照顾的支持等。整合性的服务传递突破了传统的单一社会服务模式，强调发挥不同层面的资源与能力，要求包括服务对象在内的多元主体共同合作参与。

不过，项目实施过程中也面临一些挑战。在当前的体制及政策背景下，不同机构和部门之间在信息与资源整合上存在许多困难，如地方金融机构对于儿童作为持有人的账户开设有诸多的限制，其与民政、残联等相关部门之间的信息共享也存在障碍。此外，政府购买服务项目周期往往比较短，项目可用资金存在管理限制，也会在一定程度上影响到项目的持续性。最后，许多参与家庭对于资产收益、储蓄账户以及理财知识等有浓厚的兴趣，但社会工作者或者机构的项目人员对相关的知识有时并不充分掌握，课程培训也可能流于简单化。在互联网与移动支付时代，当前人们的经济活动、日常生活以及社会交往已经与金融有密不可分的关系，社会的金融化对于反贫困社会工作的干预提出了新的要求，社会工作者迫切需要拥有更多相关的知识储备与训练。总体而言，“儿童发展账户”的良好运行需要更加灵活的政策与专业环境支持。

六、总结与思考

“儿童发展账户”项目的实践探索对于当前农村扶贫攻坚中的社会工作参与，以及促进基层儿童福利服务体系发展完善有积极意义。许多已有的反贫困项目以成年人产业发展、就业培训或者生活补贴等为重点，并不能充分考虑到儿童的发展需要；而许多儿童救助或福利政策又往往只是面向儿童本身的福利需求，较少直接回应家长的亲职需要以及儿童所在家庭的贫困问题。近年来，面向儿童的反贫困政策干预日益获得重视，但较多的儿童项目如困境儿童津贴、义务教育阶段营养改善或早期发展干预等仍然是比较单一的社会保护项目，各类儿童救助项目还比较分散，各个政府部门的政策措施自成一体，未能形成跨部门系统整合的儿童服务体系。

整合性的“儿童发展账户”将资产积累与面向儿童及其家庭的社会服务相结合，对于儿童及其家庭反贫困来说是一个有益的尝试。本项目案例尽管是以儿童作为干预的起点，但通过儿童干预也直接或者间接地回应到家长以及整个家庭发展的需求。家庭在中国的社会制度及文化情境中居于基础性地位，家庭的生计发展嵌入在家庭成员尤其是代际伦理关系中。对于许多有子女的贫困家庭来说，家庭脱贫的重要动力来自子女的更好发展。在整合性的“儿童发展账户”项目中，家长对于儿童教育和发展的期望通过面向未来的资产积累得到体现。同时，家庭是否有能力回应到儿童的需要、是否有更好的亲职能力对于儿童摆脱其劣势地位，也十分关键。在这里，家庭是一个包含了儿童和家长良性互动的不可分割的整体。

“儿童发展账户”项目可以与相关扶贫政策及儿童福利服务体系整合，以更好地应对贫困代际传递的挑战。一方面，扶贫相关政策可以借鉴“儿童发展账户”项目类似的资产社会政策理念，除了为扶贫对象提供产业发展以及救助支持之外，还通过政策与服务干预激励贫困户为子女以及整个家庭的未来发展进行资产积累，增强贫困户以及贫困家庭儿童应对自身以及外部贫困风险的能力；另一方面，“儿童发展账户”项目还可以与当前各地民政部门所推动的困境儿童津贴制度相结合，使得儿童津贴能够对儿童以及家庭的发展起到更为积极的、持续的影响。与西方福利国家相比，我国当前的困境儿童津贴还比较单一，主要是一种收入支持型而非资产发展型的政策，未来的儿童津贴制度可以融合促进儿童发展的资产积累与跨代干预要素，使儿童的成长获得更好的家庭与社会保护支持。与此相关，“儿童发展账户”的实施还能够推动完善基层儿童福利服务体系，促进建立整合性的儿童社会服务网络。“儿童发展账户”项目可以带动多元福利主体参与的合作生产，其中家庭负有困境儿童保护和发展的首要责任，政府通过具有导向性的专项津贴政策引导家庭朝向儿童发展的未来投资，儿童福利工作者通过评估儿童和家庭的发展性需求、跨部门链接儿童所需要的服务资源，社会力量则对于政策及服务的传递发挥重要的补充作用，以多方力量协助困境儿童及其家庭的脱贫发展。

（本案例部分内容节选自：邓锁，资产建设与跨代干预：以“儿童发展账户”项目为例［J］. 社会建设，2018（6）：24-35.）

参考文献

［1］Barrientos A. Does Vulnerability Create Poverty Traps?［R］. CPRC Working Paper 76：Institute of Development Studies（IDS），2007.

［2］Harper C，Marcus R，Moore K. Enduring Poverty and the Conditions of Childhood：Life Course and Intergenerational Poverty Transmissions［J］. World Development，2003，31（3）：535-554.

［3］Sherraden M. Assets and the Poor：A New American Welfare Policy［M］. Armonk，New York：M. E. Sharpe，Inc，1991.

［4］Paxton W. The Asset-Effect：An Overview［J］. J Bynner，W. Paxton

（Ed.），The Asset-effect. London：Institute for Public Policy Research，2001：1-17.

［5］Haveman R，Wolff E. N. The Concept and Measurement of Asset Poverty：Levels，Trends and Composition for the U. S. 1983-2001［J］. Journal of Economic Inequality，2004，01. 2（2），145-169.

［6］邓锁. 贫困代际传递与儿童发展政策的干预可行性研究：基于陕西省白水县的实证调研［J］. 浙江工商大学学报，2016（2）：118-128.

［7］Mani A，Mullainathan S，Shafir E，Zhao J. Poverty Impedes Cognitive Function［J］. Science，2013（30）：976 - 980.

［8］Kretzmann J，Mcknight J. Building Communities from Inside Out：Path toward Finding and Mobilizing a Community's Assets［M］. Chicago：ACTA Publications，1993.

［9］Sherraden M，Clancy M，Clancy M，et al. Universal and Progressive Child Development Accounts：A Policy Innovation to Reduce Educational Disparity［J］. Urban Education，2018，53（6）：806-833.

［10］王天夫，王飞，唐有财等. 土地集体化与农村传统大家庭的结构转型［J］. 中国社会科学，2015（2）：41-60.

［11］Huang J，Sherraden M，Kim Y，Clancy M. Effects of Child Development Accounts on Early Social-Emotional Development：An Experimental Test［J］. JAMA Pediatrics，2014，168（3）：265-271.

［12］Kim Y，Sherraden M. Do Parental Assets Matter for Children's Educational Outcomes? Evidence from Mediation Tests［J］. Children and Youth Services Review，2011，33（6）：969 - 979.

［13］雷震，张安全. 预防性储蓄的重要性研究：基于中国的经验分析［J］. 世界经济，2013（6）：126-144.

社会工作介入东北贫困农村互助养老的行动研究

——以黑龙江省佳木斯市FN村为例

苏光　黄红　高珊

（苏光　黑龙江大学；黄红　黑龙江省社会科学院；

高珊　黑龙江省希望社会工作服务中心）

一、研究背景

习近平总书记在党的十九大报告中提出："积极应对人口老龄化，构建养老、孝老、敬老政策体系和社会环境。"东北地区人口老龄化严重、农村劳动力外流加剧、留守老人增多，农村养老问题已经成为各级政府部门积极关注的重要课题。相较于城市养老资源丰富、养老方式多样化、社会支持体系完善，中国农村养老在政策法规、经济形势、服务资源、养老机构等各个方面都存在着很大的不足，尤其是东北农村凋敝发展的现实更对养老问题提出了严峻的考验，空巢与留守老人占农村常住人口的比例连年攀升，解决好农村养老问题迫在眉睫。

（一）东北农村发展"凋敝"态势

1. 贫困农村"补贴"式发展、"负债"式运营，农民收入水平低

我国近年来在精准扶贫政策支持下，尤其是2020年脱贫攻坚收官战结束后，我国农村贫困人口越来越少，但相对贫困问题依然存在，很多贫困农村依然靠政府补贴维持发展，村委会连年"负债"运营。虽然有些农村发展了多种合作经济形式，但多数本地村民收入水平仍处在较低的水平。

这种凋敝发展态势对农村养老问题的解决无论是人力支持还是资金支持都是极其不利的。

2. 农村劳动力外流，留守空巢老人增多，“空心村”现象较严重

东北地区受地缘劣势、经济发展因素影响，尤其是现代农业生产机械化经营后，农村外出劳动力人口占比较高，剩余劳动力多数选择背井离乡外出打工，造成村内老人数量占比增高，留守空巢老人增多，“空心村”现象非常普遍，这些都对农村养老问题产生了巨大的影响，传统中国农村的家庭养老模式解体。

3. 农村老龄化尤其是“常住人口老龄化”问题严重

我国人口老龄化程度加剧，截至 2018 年底，中国 60 周岁及以上人口为 24949 万，占总人口的 17.9%，其中 16658 万人年龄超过 65 周岁，占总人口的 11.9%①。预计在 2033 年老年人口将翻番，达到 4 亿，平均每年增加 1000 万人，而最高年份将增加 1400 多万人。到 2050 年，老年人口将达到全国人口的三分之一②。在人口老龄化加剧的同时，农村常住人口老龄化现象十分普遍，村内 60 岁以下人口数量占比很低，个别人留在村内也是因为自身身体、照顾老人等原因，老年人家庭照护支持体系瓦解形势严峻。

（二）东北农村养老资源短缺

对农村养老问题我国从制度层面推行新型农村养老保险制度即“新农保”，这种保障制度的水平和层次难以满足老年人养老的多维需求，尤其是对比城市养老资源丰富、养老方式多样，农村养老在政策法规、福利机构、服务资源等方面都存在着很大不足，农村养老形势依然严峻。同时，由于东北地区地方财政收入水平总体较低，各级政府难以拿出更多的财政资金投入农村养老服务中，东北地方经济形势严重影响了农村养老资源方面的投入。

---

① 数据来源：国家统计局。

② 新华网．到 2050 年老年人将占我国总人口约三分之一，2018. 7. 20.

从老人自身来讲，农村老人长期以来受“养儿防老”的传统观念影响，把积蓄转移给子女以依靠子女供养，个人积蓄很少或基本没有，缺乏自我养老所需的基本经济储备。随着新型城镇化进程的加快，农村家庭的人数减少，家庭养老资源弱化，子女养老负担增长。目前农村土地收入不高的现状也使得土地的养老保障功能逐渐削弱。由于养老资金投入不足、社区基础设施不齐全以及缺乏相应的专业人员等原因使得社区养老并没有在农村欠发达地区全面建立起来，农村社区养老发展缓慢。

另外，由于中国现行的新农保制度旨在实现基本公共服务均等化和建立更加公平的国民养老保险制度，但是在该制度运行过程中却存在着农民参保积极性不高、统筹层次低等问题，使得该制度没有发挥其预期的效果。而福利性养老机构主要是满足农村五保供养对象等政策性照顾对象的养老需求，对其他农村老年人则实行有偿服务，对大多数的农村老人没有太大的现实意义。

（三）互助养老的现实性与紧迫性

由于我国计划生育政策的实施，家庭人口数量逐渐减少，家庭趋向小型化、核心化，加之农村土地经营动力不足，外出劳动力人口增多，这些使得家庭养老所需的人力资源不足，村内常住人口老龄化比例不断升高。同时农村公办养老机构数量较少，对服务对象的要求有明确的限制，难以满足老人的普遍性的养老需求。传统的家庭养老和机构养老不能适应当下形势，依托农村社区养老资源、引入外来志愿服务资源实现互助养老具有重要的现实意义。

1. 传统家庭养老功能弱化

由于传统农村家庭趋向小型化、核心化，劳动力流动和人口的迁移加强。目前，农村大量出现“空巢家庭”和“隔代家庭”，传统家庭养老的人力资源短缺使养老功能大大降低，老人不仅要照顾隔代子孙，自己生病后的就医和照顾也是养老面临的迫切问题。

2. 农村养老机构不足

农村公办养老机构和床位目前在满足“五保”等特殊人群上有明显的

资质要求，除了集中供养的人群之外，还有很多分散供养的老人，公办养老机构的发展现状难以满足大众化的养老服务需求。而私人养老院无论在数量、资质、服务能力上都与城市有着明显的差别，尤其是个体收费就会把很多有入住需要的老人排除在外。

3. 农民收入与机构养老、居家养老成本的非对等性

农村老人自养的前提条件是家庭经营的土地产出收入能够达到满足基本养老需要的水平。而从中国的现实情况看，由于农产品生产成本不断提高，农产品价格相对较低等方面的影响，增产不增收已是一个不争的事实，土地经营收益难以满足养老基本条件，尤其是相对机构养老和居家养老的成本，目前农村老人的收入难以支撑。由于子女外出打工，传统家庭“孝悌”文化的衰落，使家庭失去了文化依托，子女在心理上弱化了对老年人的经济支持信念，子女对父母养老的经济支持功能越来越弱。

因此，面对人口老龄化增速快、规模大、未富先老的挑战，应重点关注并解决农村的养老问题。特别是我国经济二元结构明显，农村不论是在经济条件还是医疗水平等方面都较城市存在很大的劣势，使得农村养老的风险性高，抗风险能力差。互助养老是我国现行家庭养老、居家养老、机构养老的重要补充，是一种非正式支持的社区养老方式。农村互助养老模式如何在政府养老资源投入不足、村落集体经济保障水平低、农民收入不高的前提下有效推行，切实解决东北“凋敝”农村的农民养老问题成为重要的研究课题。

二、文献综述

（一）国外研究与实践

德国的“多代居”模式主要是指非血缘关系的多代居如何成功聚集不同年龄且来自各个家庭的住户，满足其各自需求并鼓励住户的互动，从而达到帮助照顾老年人的目的，德国的“多代居”展示了一种新型的社会生活方式，它将依赖血缘关系的家庭型养老模式转变为非血缘关系的社会型互助养老模式，又不同于常规的社会化养老机构，形成一种新型的社会邻里关系。美国的村庄（Villages）模式是在美国波士顿社区形成的美国近年来主要的互助养老形式，该模式对于提高老人的生活质量，实现“在地养老”具有重要意义。村庄互助模式和自然形成的“退休社区”成为现在最主要的“在地养老”形式。日本的“介护”服务和“近邻型互助服务”组织完全是民间的、非官方的，近邻互助服务摆脱了以往垂直的阶层关系，凸显水平型互助组织的特征，强调了各不相同的群体组成的联合性网络组织，该模式在促进社区组织结构的优化方面发挥着日益重要的作用。“时间银行”是欧洲地区很多国家在互助养老推行中经常采用的养老服务机制，政府从立法上给予保障并规范其合理发展。一方面“时间银行”可以使志愿者有更好地实现人生价值的机会，实现助人；另一方面也是一种自助，不单纯依靠政府、社会和家庭，而是一种更为积极的社会养老服务模式。

从国外互助养老的经验来看，无论是德国的“多代居”、日本的社区邻里互助，还是美国的村庄模式，都有一个重要的前提就是制度保障缺位的情况下，经济的支撑，要么是政府财政支持、要么是社会资源支持或居民自我支持。但东北农村养老财政支持有限、养老社会资源不足、居民个体收入不高，必须探索东北地区在地化的互助养老模式。

（二）国内研究与实践

1. 互助养老的历史发展基础

唐代的“农社”是帮助年纪大的，尤其是没有子嗣的老人解决养老问题。宋代的“义庄”是在血缘和地缘的基础上，由宗族中有能力的仕宦、士绅、地主、商人等捐置房屋和田产，以达到使本宗族发扬光大之目的的一种封建宗族赈恤组织。蓝田四吕制定的《吕氏乡约》中体现了在村落发展过程中的乡村互助思想。清朝的太监庙和姑婆屋都是针对特殊人群设计的一种人群互助服务组织，以此解决养老问题。

2. 互助养老的现实典型经验

1989 年，安吉县就成立了第一家基层老年协会——山川乡高家堂村老年协会。1998年，上海市虹口区提篮桥街道成立晋阳居委会的“时间银行”。2007年，河北省肥乡县推行了“农村幸福院”。2019年开始，北京、天津、南京、广州、青岛等城市探索开展了“时间储蓄”“劳务储蓄”“银龄互助”“结对帮扶”等互助养老形式。2012年，上海推行市政府的实事工程之一的“老伙伴”计划。2016年，黑龙江呼玛县推行养老大院。2018年，黑龙江泰来县以专项资金推行“扶贫互助养老模式”。

3. 中央关于互助养老的相关政策

近年来，党中央、国务院出台了一系列关于互助养老的相关政策，《国务院办公厅关于印发社会养老服务体系建设（2011—2015年）的通知》，倡议农村地区以建制村和较大自然村为基点，依托村民自治和集体经济，积极探索农村互助养老新模式；《中央专项彩票公益金支持农村幸福院项目管理办法》，每个农村社区互助养老项目补助3万元，开展农村幸福院设施修缮和设备用品配备等工作；《民政事业发展第十三个五年规划》，建设农村互助养老服务设施，发挥村民自治组织作用，动员村民和社会力量参与运营服务，开展自助互助养老活动，统筹建设互助型养老服务；《国务院关于印发“十三五”国家老龄事业发展和养老体系建设规划的通知》，通过邻里互助、亲友相助、志愿服务等模式和举办农村幸福院、养老大院等方式，大力发展农村互助养老服务。

4. 社会工作介入互助养老服务实践

社会工作介入农村互助养老一方面可以提高老年人生活质量，满足老年人精神需求，另一方面可以整合当地养老资源，提升养老水平。陈静、江海霞（2013）以老年社会工作为切入视角，深度剖析互助养老模式，认为该模式是社会正式和非正式养老体系有机结合的重要模式。卢艳、张永理（2015）则从社会心理学的角度强调建立农村老年人的支持网络，通过发挥社会工作者资源链接，引入政府、社区、亲友邻里等社会网络，降低养老风险。李益倩（2016）从社会工作的视角出发，通过整合社区资源、培育互助小组、发展老年服务组织、发挥政府主导，提升互助养老模式的有效实施，并对互助养老实施中发现的问题进行总结，提出解决办法。沈朝霞（2017）从开展心理辅导的个案工作、培养老年人生活兴趣的小组活动以及开展大型的社区互助活动来提升老年人的互助能力，让其更好的互助和自助。

三、社会工作介入东北农村互助养老何以可能

（一）项目实施地的基础情况

佳木斯市桦川县FN村地处肥沃富饶的三江平原，全村共有耕地面积18429亩，是纯水稻种植的专业村。人均耕地面积4.5亩，共有103户承包全村的种植。户籍人口801户2054人，常住人口323户883人，50岁以上173户486人，其中包括50~60岁181人，60~70岁202人，70~80岁78人，80岁以上25人。村党支部、村委会成员7人。全村党员34名，村民代表35人。2014年，该村被确定为国家扶贫开发重点村，经过精准识别，现有建档立卡贫困户67户150人。近年来，FN村坚持把脱贫攻坚放在首位，精准推进全面实施，落实政策保障增收，经过几年的集中攻坚，2018年贫困村出列。

（二）东北农村互助养老作为补充养老形式得到政府的积极认同

黑龙江省希望社会工作服务中心连续两年扎根农村，以“2018年中央财政支持社会组织参与社会服务项目、脱贫攻坚农村困难家庭和‘三留守’人员社区关爱支持项目”“2019年农村社区治理和互助养老服务项目”为切入点，在哈尔滨市平房区高潮村探索农村老年人互助养老，充分发挥驻村社工的专业优势，在整合链接农村养老服务资源、挖掘农村社区能人骨干、营造农村互助文化、孵化培育农村养老社区社会组织、建立互助养老服务机制等方面走出了一条具有龙江农村在地化的互助养老新模式。这种模式已经得到黑龙江省民政厅和哈尔滨市民政局的积极认可，相关领导和负责人多次到项目点所在村屯进行考察调研，给予了很高的评价，希望这种模式能够在其他地区复制推广。

（三）社会工作在“智志双扶”方面的独特作用与脱贫攻坚战的契合

2015 年 11 月 29 日，《中共中央 国务院关于打赢脱贫攻坚战的决定》发布。全国各地各部门动员起来，积极参与这一重大行动，社会工作也以不同形式参与其中。2017 年 8 月，民政部、财政部、国务院扶贫办联合印发了《关于支持社会工作专业力量参与脱贫攻坚的指导意见》，在指导意见中对社会工作参与脱贫攻坚作出了更具体的安排，开拓了社会工作参与脱贫攻坚的服务领域，这对社会工作是新的发展机遇，也是新的考验。

脱贫攻坚是我国在实现小康社会进程中的一项伟大工程，是具有中国特色的时代行动，2020 年是我国脱贫攻坚战的决胜阶段，为了彻底解决农村的贫困问题，突出强调“智志双扶”的持续作用，保持脱贫攻坚战的胜利成果，专业社会工作参与脱贫攻坚和反贫困也是这一领域的创新。社会工作不仅是在具体扶贫工作中关注被帮助人群的思想转变，更加关注赋权增能，针对不同扶贫对象采用不同的工作方法，更加关注在扶贫过程中那些依赖政府资源，已经养成“等、靠、要”群体的自我发展与自我改变，由外在资源输入转变为自我主动发展，破解脱贫攻坚阶段的突出难题。

（四）社会工作在互助养老实践中具有专业优势

社会工作者作为专业服务的提供者，可以在社区居家养老和互助养老中作为活动的设计者和执行者，为老人提供居家文体活动、社区康娱活动，丰富老年人养老生活，密切村民之间的关系，加强村民互助关系培养，增加村民关系的黏合度。同时充分发挥其在互助养老文化社区营造、社区能人挖掘、农村社区社会组织培育、互助机制设计与运行中的专业优势。

四、社会工作介入东北农村互助养老如何可能

（一）框架设计

依托社会工作的专业优势，以文化人类学为切入视角，重拾“传统农

村邻里乡情”，形成东北地区互助养老文化。驻村社工以优势视角开展农村社区动员和社区营造，坚持党建引领，链接整合地区养老资源，挖掘乡村社区能人和骨干，孵化培育农村社区社会组织，建立农村养老互助关爱点，推行养老服务“时间银行”（互助养老积分制度），发挥村民互助养老积极性，激发村委会和村民内生动力，从邻里守护与探望基础服务到日常生活照护服务，慢慢延伸到院落卫生、协助代办、农村特色、精神慰藉、文体娱乐、医疗保健等养老深层服务内容，实现农村互助养老新局面，形成具有地方特色的渐进式互助养老服务“1+4”（党建引领，专业社工+养老互助协会+邻里关爱互助点+志愿服务）模式。

（二）理论依据

1. 以文化人类学作为研究视角，坚持社会工作在社区动员和乡村互助文化营造中的独特作用，重拾乡村互助邻里乡情，培养村民互助养老文化，形成农村互助养老模式的内生动力。自古以来我国民间就有互助共济的传统，用互助方式来实现社会保障的功能绝非新鲜事物。孟子曾提出“出入相友，守望相助，疾病相扶持，则百姓亲睦”，强调社会成员的互助。农村社会是熟人社会，乡亲邻里彼此很熟悉，日常生活有很大交集，费孝通（2010）在《乡土中国》中说：在传统结构中，每一家以自己的地位作中心，周围划出一个圈子，这个圈子是“街坊”。营造互助养老氛围、打造乡村养老文化是社会工作介入农村养老互助工作的核心，是能够使互助养老工作长期运行的核心。

2. 依托优势视角理论和增能理论，发挥社会工作者在农村社区能人和社会组织培育中的作用，建设农村互助养老的组织载体。从互助养老服务模式构建的实践来看，互助文化的培育是该模式的核心和灵魂，培育农村社会组织是实现养老互助的关键载体，是实现互助服务常规化、有序化、规制化的关键，因此通过社区能人、社会组织的孵化培育，才能实现这一目标。在这个过程中根据优势视角理论和增能理论，不断强化社区领袖和社区组织的服务观念，提升服务能力，扩大服务内容，才能使社区自组织走向正轨。

3. 坚持“社区照顾”的理论，整合链接社区养老资源，通过互助养老“时间银行”机制设计与运行（互助养老服务积分制），培育互助养老模式的服务主体。“社区照顾”理论主张依托社区现有资源，整合和链接其他社会资源，通过设计一套可行的运行机制来实现良性的服务循环。

（三）实务开展

1. 坚持党建引领，筑牢互助养老根基

不断增强基层党组织的创造力、凝聚力和战斗力，充分发挥基层党员先锋模范作用，为农村老年人互助养老模式的探索和实施提供了坚强保障。一是抓联结，城乡党建“促”起来。实施“城市社区与村屯牵手”，城乡社区党建互相联结，促进资源共享、优势互补、协调发展，城乡社区党建的组织优势、人才优势和资源优势转化为助推农村互助养老的强劲动力。二是抓基础，工作落实“带”起来。党建工作以美化环境、增进邻里关系这些基础性工作为抓手，花心思思考、下功夫推动，带动各项工作的开展，如组织村民设计门牌、街牌，极大地带动起村民关心家乡建设的热情，街牌投票时村委会差点被挤破门槛儿。三是抓骨干，先锋员作用“显”起来。积极发动党员骨干，成立党员志愿服务队，以实际行动向村民展示共产党员的风采。老党员王叔率先接受了互助养老志愿服务“时间银行”派出的第一单志愿服务任务，顶着炎炎烈日帮助村民种地，党建引领建立志愿服务队，筑牢农村互助养老根基。

2. 引入专业力量，形成互助养老“社工方案”

社会工作作为一种专业力量，在互助养老文化社区营造、社区能人挖掘、农村社区社会组织培育、互助机制设计与运行中具有特殊的专业优势；在后扶贫时期“智志双扶”中发挥独特作用。引入专业社会工作服务机构是FN村互助养老模式形成的关键力量，更是这一模式能够推动并可持续进行的重要力量。黑龙江省希望社会工作服务中心，共同策划、实施党建引领的农村互助式养老创新模式，借力专业力量和智库力量，回应农村养老难题的挑战。

驻村社工通过开展社区服务活动的方式与村民建立专业关系，发现需求，修正服务方向和内容，和村民建立良好的专业关系，得到了村民的积极认可和大力支持。驻村社工以传统文化为依托，结合大型节假日等，通过丰富有趣、接地气、村民喜闻乐见的活动形式及内容，提升村民的参与意识和对村庄的归属感、幸福感，同时在活动中积极挖掘社区能人和骨干，为村内自组织培育培养人才。驻村社工以农村“邻里乡情”为主题，围绕该村“忠孝文化”开展忠孝文化节，组织开展特殊人群轮值探望服务活动，营造邻里互助的社区氛围，适应村民“不离乡土、不离乡邻、不离乡音、不离乡情”的养老诉求。

3. 重点打造“邻里关爱互助点”，建设互助养老服务空间

“邻里关爱互助点”是根据农村传统生活习惯和现实情况建立的新型村落养老公共空间，是农村实现互助养老的重要组织形式。驻村社工与村委会、村民共同商讨在村内建立“邻里关爱互助点”，“邻里关爱互助点”综合考虑村里老年人需求、服务资源、经济状况、文化特色等要素，因地制宜，遵循就近、主动、安全、舒心原则，根据不同村屯实际情况设置，选择村民闲暇时的聚集地，可以是医务点、小卖店或者村民家，“邻里关爱互助点”变成了连接村民情感、互助养老的场所，也自然成了基层党建的重要阵地。“邻里关爱互助点”，解决农村社区服务设施短缺、缺乏公共空间的问题。这个家门口养老的服务场所接地气、受欢迎，改变村东村西互不走动的现状，满足农村老年人日常交往、生活照料、参与社区公共事务及精神文化活动等需求。

4. 孵化培育村民互助养老组织，发挥互助养老协会的服务功能

驻村社工以农村社会组织建设为抓手，激发村民参与互助养老的内生动力，挖掘和培养村民骨干，建立了村民互助养老协会。极力搭建交流平台，注重骨干的挖掘和培育，积极寻找有意愿或有能力的村民。社工充分运用优势视角理论和赋权理论，对骨干提供个性化支持，从个人能力提升、相关职权意识、问题处理能力和方法等多方面提供专业化支持，每月召开社区社会组织例会，通过参与式培训进行培育，引导能人和骨干围绕农村老年人日常交往、生活照料、参与社区公共事务、精神文化活动等方面开展服务。在驻村社工的推动和培育下，以屯为单位，成立老年人互助养老协会。老年人互助养老协会由村民自愿加入，负责人都是由村民举手选出来的。当选后的会长与社工、协会的成员一起规划着协会的未来发展，根据村民的服务优势成立不同的服务队，目前已经成立包括探望、文娱、理发、出行等内容的 5 支服务队。天冷了，忙着去看望行动不便的老人；下雪了，第一时间给上了年纪的老人家清雪；快过年了，不停歇地给独居的老人拆洗被褥。村民们参与社会组织、为乡邻服务的热情高涨，社区优势资源得到挖掘，社区内生动力得以激活。在此过程中，老年人的文化娱乐需求、精神慰藉需求得到满足。

5. 建立互助服务“时间银行”，健全互助养老志愿服务机制

以“互助养老、邻里守望、人人为我、我为人人”为宗旨，弘扬敬老、爱老、助老的传统美德，推行互助养老志愿服务“时间银行”。互助养老志愿服务“时间银行”服务菜单共计八大类 50 项服务，根据村民养老服务的需求征集而来，包括日常生活照料服务、农村特色服务、医疗保健服务、精神慰藉服务、代办服务、文化娱乐服务。“时间银行”采取积分制，积分的累计、兑换，都由互助养老协会民主选举的工作组来完成，并随时公示，积分可以兑换物资、互助养老优先服务，还作为表彰的重要依据。“时间银行”不仅让互助养老志愿服务双向流通起来，也有助于形成互助养老长效机制。新型冠状病毒肺炎疫情发生后，黑龙江省希望社会工作服务中心和互助养老志愿服务“时间银行”工作小组成员通过电话、短信方式，反复讨论，召开线上会议，修改完善了互助养老志愿服务“时间银行”积分内容，加入助力疫情防控内容，对加入“时间银行”村民的正能量行为奖励相应积分。特别是这次疫情以来，发现我们一直的服务和坚守是非常有价值的，不仅可以有效回应防疫抗疫背景下社区的多元需求，推动社区恢复，更着力提升社区集体行动能力，为社区更有力应对风险作出了更底层、更长远的设计。互助养老服务 50 项内容并不是全部推行，是要根据服务主体、服务资源和服务需求的对接在不断完善的过程中逐渐展开的，避免了因为服务内容过多带给村民压力而影响服务的持续性问题。

五、工作成效

“互助式养老服务”从邻里守护与探望等基础服务到日常生活照护服务，延伸到院落卫生、协助代办、农村特色、精神慰藉、文体娱乐、医疗保健等养老深层服务内容，形成了具有地方特色的渐进式互助养老发展模式。互助的力量、温馨的环境、祥和的生活，让村内的老人老有所养、老有所乐。经过在黑龙江省内2个主要项目点近3年的实践，已经走出了一条符合省情、切合民意的农村社区居家养老服务发展新路子，得到了省民政厅、市民政局、区民政局等行业主管部门的高度认可，相关媒体也进行了详细的报道，同时村委会和村民也给予了充分肯定。

（一）初步破解农村老人养老难题

“邻里关爱互助点”为老年人互助养老协会搭建了参与平台，老年人互助养老协会+邻里关爱互助点成为养老服务的新补充、新载体，成为农村社区社会组织参与农村社区自治的新平台，建立了村民委员会、社会工作者、社会组织等多方联动机制，组织开展邻里互助、志愿服务，满足农村老人情感交流、文化娱乐、健康促进、精神慰藉、社会参与等需求，解决村内老人日常探望、生活照护、健康维护、协助代办等养老现实问题，实现农村互助养老新局面。

（二）社区内生动力得以激活，为乡村振兴凝聚人气

村民成为农村社区治理主体，村民的归属感增强，激发乡村振兴内生动力。如今的年轻人爱回家了，而且关心村里的发展，外出打工的游子放心了，老人有人关心有人爱。乡村的感情浓厚了，好日子节节高。社会组织、社工等新名词在乡镇、村党支部和村民中慢慢被熟知，“农村互助养老”也逐渐被村民熟悉、了解、认可，每个人都希望在互助的生活中发挥自己的作用。农村互助养老改善了村中老人的文化生活，村中老人交际圈得到拓展，邻里关系更加和睦，增强了村内留守老人的幸福感和满足感，

独居、空巢、高龄老人的关爱服务得到加强。

（三）“互助式养老服务”示范带动作用

充分发挥社会工作专业优势，走出一条基层党建引领，村委会+专业社工+社会组织联动的农村社区治理的新路子；探索了党建引领，专业社工+养老互助协会+邻里关爱互助点+志愿服务的农村互助养老新模式。黑龙江省民政厅、哈尔滨市民政局等单位领导多次到项目点考察调研，《中国社会报》《中国社会工作》《黑龙江日报》《新晚报》的记者到村里采访，互助养老服务经验多次被主流媒体报道。《新晚报》对互助养老的报道网络点击率达到 10 万+。FN 村被省民政厅确立为全省培育农村社区社会组织观察点，王家屯为全省农村互助养老推广示范点。黑龙江省希望社会工作服务中心“社会工作在农村社区治理创新中的介入方法和成效——以哈尔滨 G 村长者服务为例”荣获“2018 年全国百优社会工作专业服务案例（项目）”。

六、总结与反思

（一）“1+4”〔党建引领，社工（专业力量）+养老互助协会（互助养老服务自组织）+邻里关爱互助点（互助养老公共空间）+志愿服务〕互助养老模式并不能替代原有的家庭养老、机构养老和社区养老，是根据落后地区养老服务资源短缺，根据村民养老需求设计实施的，这是对原有的养老模式的重要补充。但农村互助养老服务模式需要重点关注和解决两个关键问题，一个是互助养老的资金支持问题；一个是内生服务资源不足问题。

（二）发挥社会工作的专业优势是东北农村互助养老实现的关键，尤其在互助养老文化培育、社区能人挖掘与培养、养老互助服务组织孵化培育、志愿服务机制设计与实施、养老服务资源链接等方面具有非常重要的作用。农村互助养老服务是村民通过“时间银行”参与，服务内容需要从基础服务向深度服务渐进式有效推进。

（三）政府应以专门的岗位购买方式结合当前社工站建设来实现农村互助养老工作的推行。从实践经验来看，驻村社工在建立专业关系、服务需求对接、互助组织培育等方面具有不可替代的作用，如果想要维持这种服务成效，需要政府相关部门设计具体的岗位，这种岗位需要购买专业社工机构的服务，一来可以保证服务的专业成效；二来可以对驻村的社工形成长久的支持，否则很难保证持续推行。

（四）坚持社会工作服务的专业性不仅是专业立命根本，也是提供服务、取得成效的核心要素。这种专业性不在于社工会做个案、开小组、搞社区活动，而在于社工能够快速建立专业关系、科学评估需求，并根据发现的问题和目标根据在地化的实际情况科学设计服务方案，并能链接多方资源保证服务活动的开展，从而实现解决问题的有效性。

（本文是黑龙江省社科研究规划项目“社会治理创新背景下我省社区社会组织培育机制研究”（项目编号：17SHE348）的阶段性成果。）

文化保育与活化传承：易地扶贫搬迁社区的社会工作介入

黄　锐　魏玺昊

（华东理工大学社会工作系）

一、问题的提出

易地扶贫搬迁是我国精准扶贫“五个一批”的战略之一，是将生活在缺乏生存条件地区的贫困人口搬迁安置到其他地区，并通过改善安置区的生产生活条件、调整经济结构和拓展增收渠道，帮助搬迁人口逐步脱贫致富。“十三五”时期，易地扶贫搬迁对象主要是居住在深山、荒漠化、地方病多发等生存环境差、不具备基本发展条件，以及生态环境脆弱、限制或禁止开发地区的农村建档立卡贫困人口，优先安排位于地震活跃带及受泥石流、滑坡等地质灾害威胁的建档立卡贫困人口。历史上，出于逃避战乱或是逃避中央王权统治的考虑，部分少数民族久居深山。新中国成立以来，他们的生产生活水平虽有提高，但不显著。而今按照政策要求，他们多数成为易地扶贫搬迁对象。随着居住空间的改变，他们的生计结构、社会交往、文化传播等也进入了一个复杂而激烈的社会过程。从不少地方的实践来看，利用少数民族文化资源摆脱贫困局面已经成为人们的共识，但所谓的“文化扶贫”在一定程度上陷入僵局①。在此意义上，易地扶贫搬迁过程中少数民族地区的文化保育与活化传承成为一个特别值得重视的研究议题。

---

① 王建民：《扶贫开发与少数民族文化——以少数民族主体性讨论为核心》，载《民族研究》2012年第3期，第46页。

虽然文化保育偏重保护、涵育，而活化传承更多的涉及文化的激活与传递，但两者在根本上都聚焦的是一个社会如何以某种方式将社会成员共有的价值观、知识体系、谋生技能和生活方式坚持下去，尤其是要一代代地传递下去，它是文化或文明积累的基本方式，也是一个民族或社会能够不断前行的基本条件①。从既有经验来看，儿童是文化保育与活化传承的首选对象。《中共中央 国务院关于打赢脱贫攻坚战的决定》要求实施社会工作专业人才服务贫困地区计划，民政部、财政部、国务院扶贫办联合印发的《关于支持社会工作专业力量参与脱贫攻坚的指导意见》也对社会工作参与脱贫攻坚提出更为具体的安排。如果说产业、技术的转移和创新旨在推动少数民族贫困地区的经济发展，那么行进在脱贫攻坚路上的社会工作力量特别强调的是以专业服务致力于实践型精准扶贫，进而促进当地的社会建设和文化发展。因此，社会工作有责任与易地扶贫搬迁中的儿童、老年人共同开展社区文化保育和活化传承，推动当地文化的适应性发展。

二、文献回顾

（一）作为社会文化转型的易地扶贫搬迁

在中央政府的推动下，精准扶贫以科层制和项目制为基础，上下联动帮助贫困地区和贫困人口，离开“落后”“传统”社会，迈入“进步”“现代”社会。就少数民族地区易地扶贫搬迁而言，这意味着易地扶贫搬迁对象需要摆脱包括居住格局、社会关系甚至语言在内的传统文化符号及其孕育的生计发展方式。但这一逻辑却遭到了一系列的挑战，由此吸引了众多学者的关注。

有学者将其定义为一场文化遭遇②。易地扶贫搬迁涉及物理空间的改

① 周晓虹：《文化反哺：变迁社会中的亲子传承》，载《社会学研究》2000 年第 2 期，第 51 页。

② 方静文：《时空穿行——易地扶贫搬迁中的文化适应》，载《贵州民族研究》2019 年第 10 期，第 52 页。

变，同时发生的还有不同文化的碰撞，导致少数民族地区居民产生了文化适应的问题。个中原因在于，原有时空情境规训而来的技艺与生活规则，并没有在新的文化体系中找到对应的位置，再加上易地扶贫搬迁的瞬时性，碰撞之下，容易产生问题。也有学者认为，这是一个社会文化转型过程①。少数民族地区居民所依存的传统生计方式、社会认知及文化观念在易地扶贫搬迁中需要同时面对离土和离乡的挑战。从“离土”的角度看，他们要与传统生计方式割裂，新的工作大多是不稳定的、低薪的，且原有的生活方式也被打破，生活成本大幅度增加，比如衣、食、住、行以及水电的消费等。从“离乡”的角度看，少数民族地区居民在长期的族群互动中形成了动态且平衡的族群边界以及稳定的区域共同体，搬迁以后族群边界被打破，族群关系面临重组，曾经为其提供支持的村落共同体也发生离散。还有学者特别提到易地扶贫搬迁中的宗教信仰转型和身份转型②。在深山之中，存在着以自然崇拜为主的原始宗教，凡遇天灾、生病，每个家庭都会以牲畜供奉土主或山神，有些还会请巫师施法驱鬼和祈求神灵保佑。搬迁后，巫师减少，无处供奉土主或山神，圈养的牲畜数量也远不及以前，宗教活动受限制，鬼神祭祀逐渐减少，宗教观念逐渐淡化。与此同时，少数民族地区居民的身份也处于不断流变之中。搬迁之前，他们的身份相对固定；搬迁之后，不仅自身面临一个自我身份的认同问题，还将涉及迁入地的“本地人”的认可。

无论是文化遭遇还是社会文化转型，强调的都是伴随着现代文化和传统文化的碰撞、迁入地文化和原居地文化的碰撞，尤其是易地扶贫搬迁居民在经济和社会文化等方面面临不适。一方面，他们需要积极回应社会现实的变动，与现实情况进行有效互动；另一方面，必须坚持易地扶贫搬迁居民的主体性视角，以其价值观念、知识体系、谋生技能和生活方式为核心。上述两点分析也体现出少数民族地区居民的文化保育与活化传承的应

① 周恩宇、卯丹：《易地扶贫搬迁的实践及其后果——一项社会文化转型视角的分析》，载《中国农业大学学报》（社会科学版）2017 年第 2 期，第 69 页。

② 杨甫旺：《易地扶贫搬迁与文化适应——以云南省永仁县易地扶贫搬迁移民为例》，载《贵州民族研究》2008 年第 6 期，第 127 页。

有之义，既要保护、涵育，又要激活、传递。

（二）优势视角：社区文化保育与活化传承的理论支撑

文化保育与活化传承和社会工作是密切相关的，两者都涉及如何看待地方文化、社区文化的问题，尤其是其中传统文化的部分。站在优势视角的立场上，社会工作者应当把社区文化视为一种资源、优势和资产。优势视角坚信个人、团体、家庭和社区都有特定的优势（财富、能力、资源、智慧、知识等）。无论这些优势是否被发现，或被发掘和利用，社会工作者要做的是立足于探索及利用服务对象的优势和资源，推动其能力建设，达到自助改变的目的。一般而言，优势视角的基本信念包括：赋权、成员资格、抗逆力、对话与合作[①]。

从我国的社会工作实践来看，优势视角主要应用于贫困人口、残障人士、老人、妇女等困难人群的服务中。古学斌等人在平寨的实践表明，借助贫困人口的传统技能，通过手工艺品制作和公平贸易的途径，可以达到自助脱贫增收的效果[②]。闫红红、张和清所在的团队通过挖掘社区女性跳舞的潜能，开展公共活动，提升公共意识，培养女性在社区公共事务中的能力、自信心和话语权，改变妇女社区“边缘人”的角色与位置[③]。从以上两个案例，我们可以看到，优势视角下的社会工作者承认服务对象的能动性、参与的责任以及尊严，使服务对象清晰地认识到自身的优势和资源。其中，社会工作者更多扮演的是服务对象的同行者、合作伙伴的角色。

必须指出的是，将社区文化视作社区优势的考察应关联到人。不管是作为主观存在的精神文化，还是作为客观存在的物质文化，它们都是实践的产物，凝结了人的能力、资源、智慧和知识。在此意义上，文化保育与

---

① Saleebey D. “The strengths perspective in social work practice: Extensions and cautions,” Social work, (May 1996), pp. 297-298.

② 古学斌：《行动研究与社会工作的介入》，载《中国社会工作研究》2013 年第 00 期，第 14 页。

③ 闫红红、张和清：《优势视角下农村妇女组织与社区参与的实践探索——以广东省 M 村妇女社会工作项目为例》，载《妇女研究论丛》2019 年第 2 期，第 44 页。

活化传承是以人的主体性为中心的。这意味着我们对易地扶贫搬迁过程中的文化保育与活化传承的分析，要聚焦少数民族地区的社会文化主体性①。

三、案例背景

（一）H 村简介

2012 年 11 月底，国务院扶贫办等八部委确定华东理工大学与云南省 X 县结成定点帮扶关系，拉开了华东理工大学支持 X 县精准脱贫与社会建设的序幕。根据民政部、财政部和中央扶贫办的相关文件以及中国社会工作教育协会推动的“社会工作教育对口扶贫计划”的要求，华东理工大学社会工作专业自 2017 年起参与 X 县精准脱贫与社会建设工作，先后多次组织专业力量前往 X 县开展调研和帮扶工作。2018 年 7 月 21 日，社会与公共管理学院与 X 县委县政府正式签订专业社会工作参与 X 县社会建设与乡村振兴合作框架协议。此后，服务小组正式入驻 X 县 S 村并开展了为期半年的专业社会工作服务。服务聚焦儿童、妇女、老人等群体，通过多样的小组和社区主题活动，推动村落公共文化建设，取得了较为显著的成效。2019 年，学院与 X 县委县政府商定，将社会建设与乡村振兴合作从 S 村扩展到 T 街道的 H 村。

H 村是 Y 村通过易地扶贫搬迁项目而新建的纯苗族村。Y 村所在地是地质灾害隐患点。为了改善该村的发展环境，T 街道规划并通过了易地扶贫搬迁“三年行动计划”。2016 年 3 月，T 街道启动了 Y 村易地扶贫搬迁，于 2017 年 10 月 10 日举行新居落成入住仪式。新建的 H 村新建安居房 33 套，每套住房面积 105 平方米；先后完成进村道路、村内道路和庭院场地的硬化，安装太阳能路灯，实施村内亮化工程；统一建盖了集中养殖区域，村内垃圾房、公厕、健身器材、村级活动室等配套设施齐全。

① 王春光：《中国社会发展中的社会文化主体性——以 40 年农村发展和减贫为例》，载《中国社会科学》2019 年第 11 期，第 86 页。

虽然苗族在X县所占比例不高，但一直以来是不容忽视的群体。一年一度的花山节是X县苗家人最为盛大的节日，在节日期间县内各类苗族分支纷纷参加，X县各级领导也会出席。搬入H村后，苗家人不仅发生了地理位置的迁移和改变，也不断加入频繁的民族交往和民族对话中。尤其是作为易地扶贫搬迁示范村、少数民族示范村，H村每个月都会接待来自各省市、不同级别单位的参访团。作为传统的文化符号，苗族歌舞、芦笙、苗绣、苗族故事承载着苗家人的自豪和荣光。

（二）H村苗族文化现况与儿童需求

社会建设与乡村振兴小组进入H村伊始正值暑假，走访后发现，当地许多家长因忙于农活或因文化程度有限等，无法对儿童进行学习辅导。社会建设与乡村振兴小组决定成立小海学堂，在H村开展儿童暑期课业辅导。在辅导之余，社会建设与乡村振兴小组还和儿童一起做手工、画画、游戏。一次偶然的机会，振兴小组成员在小海学堂遇到了前来H村交流的参访团，并与他们一同观看了苗族歌舞、苗绣以及芦笙。临近结束时，有位老人提到“节目中少了苗族故事”。

当社会建设与乡村振兴小组和当地儿童带着这一疑问询问X县苗族非物质文化遗产传承人陶老师时，他讲道：“苗族故事多为民间传说，有些故事很是经典，在大花苗、小花苗、水苗等不同的苗族分支中广为流传，真真正正展现我们苗家人的生活习俗和精神品质，很值得讲给他们听。但是现在苗语不作为主流语言存在，只有我们苗族听得懂。另一方面，苗语与汉语并不能对应起来，也就是说苗语表达的意思并不能通过汉语翻译后进行准确描述，这就使得苗族故事一旦经过汉语传播，可能就偏离了原貌。”从陶老师的分析可以看出，目前苗族故事的交流和展示存在两方面的困境。首先，苗族故事传播途径稀缺，只能通过语言在苗族群体内代代相传；其次，苗族故事经过汉语传播可能导致故事失真。结合以上分析，入住H村的社会建设与乡村振兴小组计划围绕苗族故事的文化保育与活化传承开展社会工作服务。

在结束小海学堂的常规辅导后，社会建设与乡村振兴小组尝试询问他们对于苗族故事的想法（现场是通过通俗易懂的语言进行传达），现场的气氛十分热烈。当地儿童谈到，虽然对苗族文化了解较少、能力有限，但是很想参与其中，为苗族文化的传承贡献自己的力量。

四、服务设计与介入过程

（一）需求调查与服务设计

社会建设与乡村振兴小组计划一边开展需求调查，一边以海报张贴、走访入户等形式面向当地儿童招募组员。H 村共有 18 名 6~12 岁的儿童，其中 6 岁儿童有 5 名，所占比例最高。他们处于幼儿园与小学的过渡阶段，虽然相比其他年龄段的儿童在能力上有所欠缺，但基本可以满足大部分的小组活动要求，是一股值得培养的新生力量。最终，项目组招募到 10 名 6~11岁的儿童，2 名为 6 岁儿童，并和所有招募的组员的父母一一确认是否同意参与。通过对儿童及其家长的访谈，需求调查结果如下：第一，组员希望通过彼此的配合，思考出苗族故事保育的方法，并可以具体践行；第二，组员希望在完成故事保育项目的同时，学习到苗族的文化知识，真正成为苗族文化的传承者，但尽量不要干扰到学业任务和家务活动；第三，组员希望培养并锻炼合作、思考、手工操作等能力。

项目团队基于优势视角，进一步分析了以组员为中心开展保育、传承苗族故事服务的可能性。第一，组员对苗族文化具有一定的认知基础和实际操作能力，积极性较高，且认为开展苗族故事的文化保育与活化传承对于苗家人具有重要的价值；第二，具有较为稳定、有效的支持体系。H 村不少老人熟知不同类型的苗族故事，部分故事以苗文记载下来，且少数老人可以流畅地阅读这些苗族文字。社会建设与乡村振兴小组可以提供一定的资金、督导，他们还掌握了一定的现代传播媒介知识和技术。社会建设与乡村振兴小组与组员以及当地村民互为邻里，建立了熟悉、信任的关系。同时，绝大多数村民也已知晓社会建设与乡村振兴小组的来意，相信通过合作、互动可以取得令人满意的结果。结合组员的需求及当地的优势，项目团队以苗族故事的文化保育与活化传承为总目标，坚持尊重多样性、维护公平正义等价值观开展小组服务。

（二）服务过程

第一次小组活动是学习苗族基础文化知识。项目团队考虑到小组成员对苗族故事中诸如苗绣、苗银、苗族歌舞等的基本文化知识的掌握并不牢固，不利于他们理解苗族故事，也不利于他们运用发散思维创新苗族故事传播的途径，计划通过本节活动帮助 H 村儿童从整体上了解苗族文化的脉络，为接下来苗族故事的理解打好基础。作为整个活动的开场阶段，由于组员之间相互认识，社会建设与乡村振兴小组直接跳过自我介绍环节。暖场阶段，社会建设与乡村振兴小组组员带领大家尝试了以朗读苗族故事代替传统播放歌曲的“击鼓传花”游戏，现场的氛围逐渐热闹起来。开场阶段结束后，社会建设与乡村振兴小组播放了下载的《苗族记忆》基本文化知识纪录片，分别为：勇敢者的生存和发展，牛崇拜文化，指尖上的无字史书，每一件银饰都是一个故事，东方艺术之花。为了确保小组成员可以理解并且认真观看纪录片，社会建设与乡村振兴小组采取个人竞赛，在每集纪录片结束时设置一些小问题，哪位小朋友可以答对问题，便可以获得一枚红星和集体的鼓励。集体鼓励以鼓掌和夸赞的形式呈现，具体为：边鼓掌，边说“给你拍拍手，给你吃苹果，给你放烟火”。在看完每集纪录片并回答完问题后，H 村两位老人 Z 和 W 分别进行总结，帮助组员进行知识巩固；同时，向组员讲述 H 村苗族不同于其他地方苗族的一些特征。“勇敢者的生存和发展”涉及苗族的祖先、苗族迁徙的历史以及苗族的传统聚居区；“牛崇拜文化”解读的是苗家人为什么喜欢牛，牛代表着苗家人的哪种精神文化品质；“指尖上的无字史书”通过借代的方式赞扬了苗绣的神奇和象征意义，它最初是苗家人对于地形和山川河流的记录；“每一件银饰都是一个故事”讲述了苗银对于苗家人，特别是苗家女孩的意义；“东方艺术之花”代表了蜡染的至高成就，这一苗家人的传统技艺走出国门获得了世界的认可。借助这些视频，振兴小组引出“苗族故事保育与传承”的主题，并简单向大家介绍了服务目标和具体思路。此后，振兴小组成员将小组团队命名为苗族故事保育与传承小组，并带领大家一起讨论了小组契约，明确了振兴小组成员和活动小组成员各自的角色，以及工作期间的注意事项和需要遵守的纪律。在第一节小组活动结束后，社会建设与乡村振兴小组选取了几个问题进行随机抽查，或是单独提问，或是集体发问。出乎意料的是，所有组员无一例外可以对答如流。此外，他们还表示，“知道了过去好多不知道的东西”，“不仅知道了一些常识性的东西，还知道了我们苗族精神方面的品质”。“知道这些，我更像一个苗族人啦。”考虑到前后两节活动之间的间隔时间为一周，而学校学习可能会影响到组员对苗族知识的良好掌握，社会建设与乡村振兴小组“布置了作业”——儿童在校期间相互提问。

第二次小组活动是讨论苗族故事保育传承的方向。在这一节活动中，社会建设与乡村振兴小组希望能够进一步加深组员对于苗族故事保育传承的意识，引导并动员他们自行讨论、制订方案。社会建设与乡村振兴小组将所有问题放在电视屏幕上，除了极少数的几个问题外，其他问题全部组员可以流畅回答。社会建设与乡村振兴小组先前了解到Y姐是H村苗族舞蹈队的队长，特别邀请她和组员分享“如何当上队长”的故事。原来Y姐之所以可以成为队长，是因为自己编的舞蹈获得了县舞蹈比赛二等奖，此后只要有人到H村参访，文化站站长都会联系她，让她组织姐妹们一起进行表演。而她之所以要自编舞蹈，是因为传统舞蹈节奏太慢，大家觉得并不好看。改编之后还是以传统的苗族舞姿和步伐为基础，并加入了苗绣制作的元素。由此，社会建设与乡村振兴小组引导组员展开讨论，比如“苗族有哪些文化”“为什么每次向别人展示时，有苗族舞蹈却没有苗族故事呢”。组员一开始你一言我一语，后来不少组员提及“苗族故事没有和舞蹈一样进行改编”。接下来，围绕如何改编、如何展示等问题共同讨论。在“没有多少人可以听得懂苗语怎么办”的问题上，组员陷入了沉默。一分钟过后，社会建设与乡村振兴小组问道：“除了苗语，是不是还有其他的传播和交流方式呢？”组员J害羞地说道：“把苗族故事表演出来。”现场所有人变得“不安”，这是惊叹于组员J的好主意。社会建设与乡村振兴小组因势利导，启发组员思考苗族故事的传播方式。分组讨论的结果是，传播方式可以有捏橡皮泥、画画、表演、演唱、舞蹈等。组员又共同讨论了每一种方式的优缺点。因为表演涉及汉语对苗语的翻译，可能会失去故事本来的面貌，对于此，现场意见不一。社会建设与乡村振兴小组第一时间连线陶老师，他提到“汉语传播失真”只是对于装饰道具而言，这两种结合可以较好地呈现苗族故事。最后，社会建设与乡村振兴小组和组员共同确立了橡皮泥场景捏造和故事表演两种形式。本节小组活动结束后，社会建设与乡村振兴小组和组员一起总结活动内容，分享活动的感想。部分组员提到，通过小组讨论，他们更加明确了今后的方向，而且小组名字的确定，让他们有了集体的感觉。还有组员发现，每个同伴都很厉害，很有想法，以前只是在一起玩，并没有像这样在一起做一件很有意义的事情。社会建设与乡村振兴小组鼓励大家：“现在我们的活动有了更加明确的思路，这是共同思考的成果，每个人都为我们小组贡献了自己的智慧，大家要相信自己的能力，一定可以把想法变成现实。”

第三节小组活动是苗族故事的呈现。社会建设与乡村振兴小组和组员共同了解了一个苗族故事，包括整体情节和具体细节。首先邀请Z和W两位老人讲述寻甸苗族干部陆兴凤用苗文记载的《昭傍俭和高帕施》这一苗族故事的经典节选片段。为了确保故事的完整性和保真性，Z作为主讲人，用苗语进行讲述；W作为翻译者和补充者，同时防止故事讲述出现偏差。在讲述故事之前，社会建设与乡村振兴小组和组员共同确立了几个问题：如果故事中出现了具体人物，要记清楚有几个人物、这个人物穿戴及外貌有什么特征，故事讲述了哪几个场景、每个场景的情节如何。在讲述完故事后，社会建设与乡村振兴小组就故事情节“是否可以通过橡皮泥及表演进行呈现”这一问题询问组员，包括Z和W两位老人在内一致认为橡皮泥场景捏造和故事表演具备可行性。接下来，社会建设与乡村振兴小组与Z和W两位老人一起与组员商量苗族故事呈现的流程。第一步，在Z和W的带领下，组员自主共同确认故事分为几个场景，每个场景出现哪些人物和事物，呈现怎样的情节。现场确认哪些苗文的讲述是无法通过汉语呈现的。有组员建议，故事中人物的头饰、战斗场景中的武器以及龙的形象无法准确表达，但可以使用橡皮泥和布料作为补充。第二步，任务分工。10

名组员分为四组，每组负责一个场景的捏造，因为橡皮泥捏造出的场景是静态的，所以除了一些无法用汉语传递的信息，其他部分需要配上相应的文字。四个场景出现了恶霸、恶龙、昭傍俭、高帕施、四位父母、诸多乡亲等角色。为了确保每位组员都能够承担相应的任务，也为了使情节在呈现给观众时可以做到完整和流畅，组员自行商定让 F 作为旁白，Q 扮演乡亲，其余人分属不同的角色。第三步，台词设计。因为《昭傍俭和高帕施》最初作为叙事长诗而存在，缺少一定量的台词，Z 和 W 两位老人指导组员进行台词设计，最终整理出最贴合故事情节的台词。为了保证表演可以顺利进行，社会建设与乡村振兴小组与组员商定在一周之内熟记台词。两位老人主动提出，他们可以利用家中的布料、染料资源，制作表演需要的苗族特色头饰、服装以及简单的武器等道具，这为表演锦上添花。商讨完以上细节后，社会建设与乡村振兴小组发现组员已经面露疲惫之色，一方面因为这节小组活动的内容较多，另一方面每个组员都承担一定的任务，可能会感到压力。他们提到“我们学了好多呀”“我得好好回忆一下”“好累”。面对这种情况，社会建设与乡村振兴小组使用了一些正向的激励性话语：“大家可能感到我们接触的东西越来越深入了，这恰恰说明我们离最后的成功不远啦，大家不用感到有压力，只要做好自己负责的那一部分，我们整体的效果肯定就是好的。不用着急，慢慢来，我们还有一周的时间去消化、吸收这一节小组活动的内容。大家加油啊！”不少组员重新振奋起精神，点头示意。为了缓解压力，社会建设与乡村振兴小组与组员一起观看《哆啦 A 梦》的动画片，并再次叮嘱大家认真准备，为了最后的“胜利”继续坚持。

第四节小组活动是橡皮泥场景的捏造和表演排练。首先，通过回顾之前的四个情节，加深组员对于情节的把握，然后按照之前的分组开始场景捏造。对于橡皮泥捏造来说，每个小组负责一个场景，一个小组之内又有不同的分工，保证成员对于活动的参与以及他们自身能力、智慧的贡献。对于一些比较难捏造的细节，小组之间相互配合，共同完成。Z 和 W 两位老人全程对橡皮泥的造型进行指导，并随时提点之所以选此造型的意义。在橡皮泥捏造完成后，组员将每个场景放在一个有底无盖的纸板盒内，按照场景发生的先后顺序放在每次代表团一定会参观的H村文化展览室中，并共同制作了提示标牌以及情节简介。对于表演排练来说，组员们十分喜欢这一过程，全程讨论如何调整各自的表演，并且相互指出不足和需要改进的地方。在个别组员遇到瓶颈，无法继续进行排练时，小组中年龄较大的组员主动上前安慰，提供情感支持，并带领大家一起调整状态。小组领导L的出现，是本次小组活动的意外之喜。她对于节奏的把控、情绪的观察以及对于组员的关怀，在提升小组的凝聚力的同时也提高了工作效率。在场景排练过程中，Z和W两位老人全程对组员进行指导。经过多次排练，他们可以脱稿并传神和投入地完成故事的展现。在本节小组活动快结束时，社会建设与乡村振兴小组组织了分享。组员们谈到最多的是“成就感”。他们表示没想到自己可以制作出这么精致的作品，也没想到自己可以真正为苗族文化作出贡献。对于两个“没想到”，社会建设与乡村振兴小组认为这是他们起初的不自信和对自身的“轻视”，问道：“一开始没想到，为什么最后都实现了呢?”Q说：“是你们（老人和社会建设与乡村振兴小组）教得好。”瞬间，总结的氛围活跃起来，社会建设与乡村振兴小组继续追问：“真的吗?”L答道：“是你们的鼓励给了我们信心和勇气，然后我们小组之间相互配合，最终完成了‘不可能’完成的任务。”社会建设与乡村振兴小组肯定了L的想法，并讲道：“其实有了Z和W两位老人，你们每个人都有能力去完成这一件事，所以不要低估自己，要认识到自己的优势，挖掘自己的潜能。同时，也像L刚才提到的，要相互配合一起克服困难。”组员们纷纷点头。

（三）服务评估

从整个小组过程来看，组员自己确定苗族故事保育与传承的方向以及具体细节的把握，而社会建设与乡村振兴小组主要扮演的是资源连接者、引导者和同行者等角色。小组的沟通是顺畅且和谐的；小组领导既照顾到不同组员的个人情感，又起到号召和引领作用；每个组员认真扮演自己的角色，充分发挥个人的能动性。当社会建设与乡村振兴小组就活动过程、活动形式、彼此角色以及成果等方面询问组员的满意度情况时，他们表示各种安排符合他们的天性和兴趣，很乐意参与其中；他们对于取得的成果表达出兴奋之情，认为这是“远远超过预期的”。同时，组员的能力得到展现和提升，他们对于问题的解决也逐渐具备了创新意识和勇气。就像Q说的那样：“以后有什么事，可以和小伙伴一起解决了，我们被大人认可了，以后遇到其他事情我们也可以想出解决办法。”值得说明的是，虽然组员以大人的认可作为标准，但其实这也意味着他们对自己成果和解决问题能力的一种承认，而这一切源于他们自身的努力和潜力的发挥。不过，由于小组的部分活动存在内容多、任务繁重的问题，这对于H村的儿童来说可能会形成一定的压力。为此，笔者建议，为了保证前后活动之间的衔接，以及任务量的适中性，以儿童为服务对象的小组社会工作，可以采取“多节次、少任务、短间隔”的策略。

社会建设与乡村振兴小组并没有专门进行效果评估，而是借助参访团前来参观的机会进行展示。得知2020年1月的一个周六西藏代表团来H村参观学习的消息后，社会建设与乡村振兴小组与H村村主任协商，希望在节目单中加入苗族故事，村主任在观看了苗族故事保育与传承小组组员制作的橡皮泥场景后欣然同意。同时，紧急通知组员积极做好准备，抓紧时间排练。在文化展览室，代表团特别留意到了橡皮泥捏造的苗族故事场景。或许被这“格格不入”的小玩意吸引，所有代表团成员都聚集到场景面前，有人询问：“我们可以把橡皮泥拿起来看一下吗？”社会建设与乡村振兴小组见状，请L为西藏代表团成员介绍，他们一致表示，“这是文化保护和创新很接地气的一种方式。这就像博物馆里的模型一样，参观完就可以知道苗族的一些故事，对于他们藏族文化的传播和发展也具有很大的借鉴意义。”在接下来的演出中，除了中间部分偶尔出现停顿和台词遗忘外，整个故事得到圆满的呈现。从代表团的表情可以看出，他们都是饶有兴致的。一位代表团的成员说：“民族文化的剧本化呈现还是比较少的，这个还是很有创新意义的。刚才看的橡皮泥场景好像一下子全部动了起来，对于我们了解苗族文化很有帮助，真是不虚此行啊。”苗族故事保育与传承小组组员听到后，相互拍手表达自己兴奋的心情。通过西藏代表团的反馈，社会建设与乡村振兴小组认为，苗族故事保育与传承工作取得了良好的成效，它不仅拓展了H村苗族故事传播的途径和方式，而且也有助于其文化的整体性、适应性发展。更为欣喜的是，“橡皮泥情景捏造”和“苗族故事表演”具有可持续性和推广性，只要资源和参与人员的能力允许就可以反复进行。抛开苗族故事本身来看，“橡皮泥情景捏造”和“故事表演”对于其他文化的保育、传承也具备一定的借鉴意义。

五、总结与讨论

易地扶贫搬迁的全新时空情境使得苗族传统文化在短期内面临沉寂甚至衰落，但当地的苗族同胞也同时产生了文化发展和文化创新的需求。苗族故事和苗族歌舞、芦笙、苗绣一样，是民族精神、民族风俗的重要载体。苗族故事保育与传承小组的实践让苗族同胞特别是苗族儿童、老人展现苗族的历史荣光与精神风貌。这为少数民族地区传统文化的适应性发展以及建构当地社会文化主体性提供了一个新的思路。

易地扶贫搬迁的社会工作介入目前还处于探索阶段，其有效性也有待时间来检验。并且，关于易地扶贫搬迁的社会工作介入还有以下两点值得关注：第一，符号载体作为文化保育与传承的工具。在易地扶贫搬迁背景下，少数民族经历了时空的改变。曾经的封闭空间对应的是一种农业传统。搬迁之后，他们逐渐进入一种半工业化的环境之中，那些无法与机械化或者工业化对接的既有传统面临着沉寂的风险。而这也正是苗族故事所面对的。橡皮泥捏造以及表演的创意来自H村儿童的丰富想象，或许他们并不清楚个中的复杂逻辑，但这并不阻碍他们对苗族故事的文化保育与活化传承的贡献。橡皮泥捏造和故事表演作为苗族故事的符号载体，具有深刻的文化意义和民族占有性[①]。橡皮泥捏造和故事表演成为H村苗族传统文化符号和现代化之间的一个沟通桥梁，其优越性在于，既可以将传统民族符号展现在大众面前，又不会破坏民族深层的文化意义，这是尊重民族

① 杰弗里·亚历山大等：《社会表演理论：在仪式和策略之间建立文化语用学模型（上）》，载《社会》2015年第3期，第2页。

文化的特色和少数民族移民的主体性的体现①。第二，避免“文化识盲”。古学斌等基于平寨的社会工作实践指出，服务瓶颈的背后不一定是资源和服务对象自身的能力问题，而很有可能隐藏着文化的屏障。就苗族故事保育与传承来看，整个服务流程并没有遇到难以继续进行的困境。这源于：首先，小组工作方法与儿童爱玩的天性极为契合，它摆脱了单纯的说教式传输，可以让他们充分发挥自己的个性，但也通过社会工作者的引导而聚焦服务目标，且成果可以得到即时的反馈；其次，两位苗族老人 Z 和 W 也是小组活动顺利进行的关键。在整个过程中，两位老人不断用苗语和组员进行沟通交流，这有助于摆脱汉语和普通话所营造的潜在等级地位和不平等的关系，为小组活动提供了轻松愉快的氛围。在此意义上，我们期待更多更丰富的实践尝试，及其与理论的对话，进而探索出更具中国社会文化主体性的社会工作。

① 王思斌：《民族社会工作：发展与文化的视角》，载《民族研究》2012 年第 4 期，第 5 页。

教育扶贫：安徽省Y县F村留守儿童社会工作服务实录[①]

孙天骄　赵怀娟

（孙天骄　淮南师范学院法学院；

赵怀娟　安徽师范大学法学院）

一、服务背景

（一）服务实施地简介

安徽省Y县是国家级贫困县，位于大别山集中连片特困区。F村位于Y县西南边陲，距县城约44千米，离乡政府所在地约11千米。F村具有典型的山区特色，山高岭大、道路崎岖，人居分散。全村辖28个村民组、532户，总人口1774人。国土面积14.3平方千米，其中，耕地面积1226.95亩、山场面积13420亩。2016年，村集体经济收入8.9496万元，其中，光伏电站发电收入0.9496万元、入股专业合作社分红8万元。2017年，村集体经济收入约10万元。据统计，F村居民收入来源主要包括：外出务工、种茶养蚕、种田种菜、加工竹扫把、副业养殖等。

F村是Y县重点贫困村，2014年有建档在册贫困户225户、627人，贫困发生率高达35.3%，贫困人口多、贫困面广、贫困程度深。近几年，F村在各级政府、企业组织和社会力量的帮扶下，加快产业结构调整，使经济发展更多惠及全村人口。2014年，该村脱贫42户139人，2015年脱

① 本文为安徽省社会工作实务教学团队建设项目（2020JXTD096）的成果。

贫55户206人，2016年脱贫109户254人，2017年脱贫9户18人。据统计，2017年该村人均可支配收入达到9660元。是年底，该村尚有10户、10人未摆脱绝对贫困。

为了改善生计，F村数百名青壮年劳力常年在外务工。留守儿童、留守妇女和留守老人是村落常住人口。根据摸排统计，全村17周岁及以下人口有275人；18~64周岁人口1313人，其中已婚女性有409人；65周岁及以上老人186人。全村留守儿童分布在15个组26个家庭中，有36人，占全村儿童人口13.1%；留守妇女分布在17个组38个家庭中，有38人，占全村已婚女性的9.3%；留守老人分布在23个组38个家庭中，有49人，占全村老年人口26.3%。

“三留守”群体的生存和发展是F村面临的较为突出的治理问题。在“三留守”群体中，留守儿童是F村最为关注的群体，因为儿童是一个家庭的希望。只有儿童获得了良好的照顾，享有平等的教育机会，拥有向上流动的通道，才有可能从根本上摆脱一个贫困家庭的发展困境。为此，F村希望通过社会工作的介入，消除留守儿童身上存在的显性和隐性的问题，为学校、社区的儿童工作者提供新的教育理念和工作思路。

（二）服务依托平台

为落实党的十九大精神，进一步贯彻民政部、财政部、国务院扶贫办《关于支持社会工作专业力量参与脱贫攻坚的指导意见》中提出的“实施社会工作教育对口扶贫计划”的要求，全国社会工作专业学位研究生教育指导委员会、中国社会工作教育协会于2017年12月联合启动“中国社会工作教育百校对口扶贫计划”，倡导高校社会工作专业师生深入贫困地区，利用专业知识服务于贫困人口。通过成都会议和桂林会议的发动，到2018年4月中旬，主动请缨参与精准扶贫的高校达到202所[1]。在中国社会工作教育协会的呼吁下，2018年中央财政购买社会服务向精准扶贫领域有所倾斜。

“中央财政安徽省社会工作教育对口扶贫服务示范项目”由中央财政提供支持，安徽省社会工作协会承接，安徽大学、安徽师范大学、安徽农业大学5所在皖高校参与执行。这一项目契合了三部门的文件要求，也有利于发挥高校在教育领域的扶贫优势。在实践中，5所高校都关注到贫困地区的留守儿童群体，设计了丰富多样的服务项目，努力回应该群体在学业发展、家庭教育、人际关系等方面的需求。Y县F村是“中央财政安徽省社会工作教育对口扶贫服务示范项目”的一个服务点，由安徽师范大学负责设计和执行服务项目[2]。将项目落地在F村，一方面是因为该村是典型的贫困村，且处于深度贫困地区；另一方面也是基于已有的合作基础。在该项目实施前，安徽师范大学历史与社会学院已连续9年到F村希望小学开展大学生暑期社会实践活动，且多次邀请该小学的领导、老师和学生代表到芜湖市参访交流。

（三）服务团队

Y县F村留守儿童社会工作专业服务团队包含了安徽师范大学社会工作专业教师、研究生、本科生，共计20人。

二、服务实施

（一）需求评估

2018年5月，服务团队赴F村，对该村留守儿童群体开展了一次服务前的需求调研。调查目的是进一步核实F村留守儿童群体的现状，对团队前期的预设和准备工作进行核对，找到实务工作的突破口和重点介入方向。此次需求评估的评估对象为F村留守儿童及其家庭。评估流程为：第一步，由F村村委会提供本村留守儿童信息，调查员与其监护人取得联系，说明调查目的，请其配合。在征得监护人的同意后，双方约定访谈的时间与地点。第二步，组织针对留守儿童的访谈（20位），要求访谈不少于30分钟。除了获取基本信息之外，调查员要最大限度地鼓励留守儿童表达自己的感受，表述自己的需求。第三步，召开村干部、扶贫专干、F村希望小学校领导座谈会，了解F村留守儿童的整体情况、家庭情况、扶贫情况，分析该群体存在的主要问题。第四步，召开留守儿童监护人座谈会，了解留守儿童家庭教育状况及服务需求。下表从需求、能力、资源三个方面和个人、家庭、社会三个维度，呈现了调查结果。

	需求评估	能力评估	资源评估
个人层面	·个人发展需要更多教育资源 ·个人自信心需提升 ·理想实现的现实支撑力度需要增强	·部分留守儿童有自己的兴趣爱好 ·相比于城市儿童，有一定的生活经验 ·部分留守儿童的学习能力很强	·对待生活积极乐观 ·对未来有一定的规划 ·内在有一定的抗逆力 ·有改变的意愿
家庭层面	·监护人的家庭教育意识需要被唤醒 ·隔代教育能力需要提升	·部分监护人有一定的学习能力 ·监护人有正常的沟通能力 ·留守儿童父母有一定的教育子女的意识，可以做到定期与孩子沟通 ·基本的教育成本可以满足	·和睦的家庭关系是留守儿童的重要资源 ·学校是留守儿童家庭的重要教育资源 ·网络可以为留守儿童家庭提供大量的教育资源 ·教育辅导机构可以为留守儿童家庭教育提供必要的补充
社会层面	·留守儿童的安全需要社会层面的关注 ·留守儿童社会层面的去标签化 ·教育资源需要向贫困、偏远地区倾斜	·社会组织（尤其是社会工作机构）的发展，使得留守儿童的服务更加专业化、人性化和持续化 ·项目制的留守儿童服务使得服务的效能更强	·“三留守”人员写进党的十九大报告，预示着政府对于“三留守”人员的重视 ·与父母重聚时的经历也是重要的成长资源 ·扶贫攻坚，贫困村会吸引一些教育资源的注入 ·媒体网络 ·爱心人士的关注与资助

（二）介入策略

对于一个贫困家庭而言，儿童的良好发展就是家庭的希望之源，是实现终极脱贫目标的有效路径。如果儿童可以通过正常的渠道改变自己的命运，那么随之扭转的也是一个家庭的命运。根据需求评估结论，服务团队反复讨论，计划从以下几个方面进行介入。

在个体层面，服务应注重满足留守儿童个人发展的需要。社会工作者要链接教育扶贫资源，为留守儿童的个人发展提供更多的可能性；要充分满足留守儿童精神层面的需求，开展小组、社区活动，帮助留守儿童开阔视野；指导留守儿童使用资源，教会留守儿童通过多种途径获取知识；开展理想教育，增强留守儿童的自信心与学习动力。

在家庭层面，可将服务重点放在隔代教育主体监护能力的提升上。在无法改变父母外出务工的大前提下，尽可能地提升留守儿童爷爷奶奶的家庭教育能力。

在社会层面，要消除社会对留守儿童的不良标签，营造有利于留守儿童成长的环境氛围。增加保护留守儿童的公共设施和宣传标语，力争在监护人照顾力度不够的情况下使其拥有一个相对安全的大环境。同时，培训当地民政干部和志愿者，促使其关注留守儿童群体，掌握科学有效的工作方法。

经过讨论，团队决定将针对留守儿童的社会工作服务聚焦于：提升自我效能感、提升安全意识、提升隔代教育能力，同时，团队决定在进入F村以后，根据实际情况，选择典型个案，开展个案介入服务（见下图）。

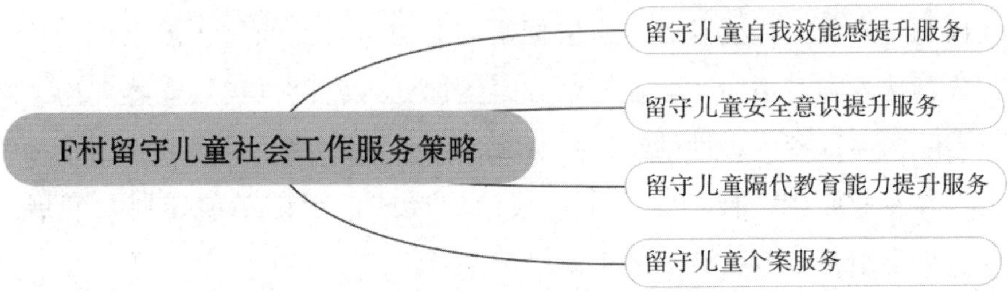

（三）服务简介

1. “天生我材必有用”：留守儿童自我效能感提升小组

（一）小组基本信息

1. 小组名称：天生我材必有用

2. 服务对象：9 名农村留守儿童（9~12 岁）

3. 服务时间：2018 年 7 月 28 日—8 月 12 日，隔日下午开展一次活动，时长 60 分钟

4. 小组性质：成长性、互助性小组

5. 小组目标及目的

（1）小组目标：以小组工作员带领、组员互助的方式，逐步达成人际、情绪、学习三个具体操作化方面指标的正向改变

（2）小组目的：通过人际、情绪、学习三个过程目标的达成，以助人自助引导组员形成正确认知并自觉举一反三，形成积极的自我信念，从而构建、提升小组成员自我效能感

6. 服务地点：F 村希望小学

7. 小组节数：8 节

（二）小组实施方案

1. 小组安排

在测量自我效能感基础上，依据研究对象呈现的问题、需求等实际情况，分别从人际、情绪、学业三个方面指标介入，以自我效能感理论、萨提亚人际沟通理论、理性情绪治疗 ABC 理论、归因理论为指导，结合相关社会工作专业原则、技巧，运用小组治疗模式，制订干预计划并开展实施。整个小组共 8 节，分为三个阶段：

（1）小组初期阶段。第 1 节，目的在于介绍小组、相互认识、明确小组目的、共同参与制订小组契约、前测；第 2、3 节，聚焦于人际沟通维度，以雕塑、讲解萨提亚人际沟通四种应对姿态为主，帮助组员达成一致性回应，克服人际困境，建构人际关系及支持网络。

（2）中期转折阶段。第 4、5 节，着重干预情绪管理维度，立足于理

性情绪治疗（ABC）理论，对组员过去的“问题”进行剖析，理解 A（事件）、B（信念）、C（情绪及行为结果）三者之间的联系，明确非理性信念的危害，并通过萨提亚冥想疏导情绪、自我调节，引导组员学习情绪管理。

（3）小组后期阶段。第 6、7 节，旨在介入组员学习维度，根据韦纳归因理论，将个体对于行为成败原因归纳为能力、努力、运气、身心状况、任务难度、外界环境，并结合稳定性、内外在性、可控性三个维度，帮助组员将学习上的问题解构、合理归因，从而增强学习兴趣和信心；第 8 节，回顾小组历程、分享感受、巩固经验，后测，总结并处理组员离别情绪。在整个小组活动过程中，穿插系列特色社工游戏。一方面，通过游戏的形式可以帮助组员更好地理解相关知识；另一方面，有助于调动组员参与意愿、活跃小组氛围，动、静结合。

2. 小组纲要

小组阶段	节数	小组主题	小组内容
初期阶段	1	相识 组建小组	①介绍小组、说明小组目的和期望；②相互认识、破冰；③共同制订小组契约（规范）；④前测，了解组员目前自我效能感状况；⑤总结、布置作业
	2	人际沟通	①组员签字小组契约；②回顾上节内容、问题；③讲解人际沟通五种应对姿态；④小游戏“雕塑”，情境体验，分享感受；⑤总结、布置作业
	3		①回顾上节内容；②通往“一致型”；③秒杀社交能力技巧；④趣味人际演练；⑤前期回顾、总结
中期转折阶段	4	情绪管理	①“田”字游戏；②ABC 理论解构“问题”；③组员分享；④“非理性信念”辩论技巧；⑤总结
	5		①回顾上节内容；②萨提亚冥想；③情景模拟；④两则小故事；⑤回顾总结
后期阶段	6	学习归因	①引起动机；②“学习攻略大检阅”；③“学习攻略全接触”；④归纳总结
	7		①回顾上节内容；②“扭曲怪兽逐个捉”；③小游戏“‘3’字禁”；④引导归因；⑤归纳总结
	8	分享巩固	①回顾小组历程、分享感受、巩固经验；②后测；③总结并处理组员离别情绪；④小视频《没有伞的孩子要努力奔跑》

2. 安全意识提升服务——留守儿童安全教育小组

（一）小组基本信息

1. 小组名称：留守儿童安全教育小组

2. 服务对象：F村20名留守儿童（9~12岁）

3. 服务时间：2018年7月28日—8月12日，隔日下午开展一次小组活动，每节时长60分钟

4. 小组性质：预防性、成长性小组

5. 小组目标及目的

（1）小组目标：为了更好地提高留守儿童安全意识和自我保护能力

（2）小组目的：使留守儿童在参与活动的过程中，树立安全意识，掌握安全知识，提高自我保护能力

6. 服务地点：F村希望小学

7. 小组节数：7节

（二）小组活动的意义

改革开放以来，我国的社会流动逐渐加快。农村人口进入城市务工已经成为经济发展的常态。受经济条件、居住状况、流入地管理制度的影响，很多儿童只能留守家乡，与爷爷奶奶共同生活。F村的留守儿童也多是父母双方均外出务工，由祖父母提供监护。祖父母监护往往只是照顾留守儿童的基本生活，在社会交往、安全保障、学业辅导等方面常常力不从心。近些年，媒体多次报道留守儿童发生溺水事故、被侵害案件等，提示政府、社会和家庭应当重视对留守儿童的人身和权益保护。如果这一群体的安全问题无法保障，那么受教育则无从谈起。因此，让他们远离危险，应该是全社会的责任，也是我们需要关注的问题。基于上述考虑，服务团队决定设计安全教育小组活动，对留守儿童家庭安全教育方面的缺失做一个及时的补充，避免孩子在儿童时期由于缺少安全意识而造成人身伤害。

（三）小组内容安排

节数	小组主题	小组内容
1	聪明娃不上当	①介绍小组、说明小组目的和期望；②相互认识、破冰；③共同制订小组契约（规范）；④前测，了解组员目前安全意识现状；⑤了解防诈骗相关知识
2	家电安全小卫士	①抢花游戏（电流感知）；②认知安全标识；③头脑风暴“家用电器中的安全隐患”；④听社工姐姐讲故事（讲述家电伤人案例，让孩子们引以为戒）；⑤家电小卫士宣誓仪式
3	马路杀手要小心	①热身游戏：单手单脚；②视频分享：《马路上的危险》；③律动：交通标志舞跳起来；④游戏：卡纸警报
4	结伴游泳很危险	①热身游戏：岸上最安全；②视频分享：《如果是我怎么办》；③一起制作防溺水警示牌；④学习歌曲《防溺水》；⑤总结
5	宝贵的身体（防止儿童性侵）	①热身游戏：硬币在谁的手里？②视频故事：《该保守的秘密》；③互动游戏：身体的隐私部位；④自己的天使：让孩子们在卡纸上写下爱护自己的方法；⑤总结
6	网络需谨慎	①热身游戏：你画我猜；②“红牌”与“绿牌”：分辨网络的利弊；③学会选择：与孩子们分享面对网络问题时如何正确判断；④归纳总结
7	回顾总结	回顾6节活动内容，大家一起分享自己的收获与成长

3. 留守儿童隔代教育能力提升服务——爷爷奶奶大讲堂

（一）小组基本情况

1. 小组名称：“爷爷奶奶大讲堂”：留守儿童隔辈抚养人教育小组

2. 服务对象：F村留守儿童隔辈抚养人

3. 活动时间及节数：2018年8月，共6节活动，每节60分钟

4. 小组性质：教育性、支持性小组

5. 活动地点：F村希望小学

（二）小组目标

1. 总目标：让隔代抚养人了解并学习正确、科学、有效的教养方式，能更好地与孙辈沟通与相处，营造温暖和谐的家庭环境，提升监护能力。

2. 具体目标：

（1）让组员了解隔代教养方式不当造成的危害/后果；

（2）意识到正确隔代教养的重要性及必要性；

（3）让组员认识自己的闪光点和优势，增强学习新知识、解决问题的信心；

（4）让组员学会隔代教育方法；

（5）构建隔代教养人互助网络，让他们在小组活动后也能互相帮助。

（三）活动内容安排

节数	小组主题	活动目标	小组内容
1	你说，我听	让小组成员初步了解小组社会工作服务；介绍本次“爷爷奶奶大讲堂”的活动内容、目的和意义；让组员在活动中说出自己的想法、教养的困难以及分享好的教养经验；鼓励组员学习科学的教养知识，帮助他们学会释放压力	①介绍本次活动的内容、目的和意义；②热身游戏：“123”木头人，输的留守儿童介绍自己的隔代抚养人。游戏过程中问孩子们：“爷爷奶奶要不要学习呢？他们要学什么？为什么要学习？”；③请每个儿童写下隔代抚养人的优点与缺点，在小朋友介绍完以后，也适时地与其祖辈抚养人互动，请祖辈说出孙辈的优点与需要改进的地方，引导爷爷奶奶分享自己在照顾孩子方面遇到的问题、烦恼等；④针对大家分享的内容进行讨论。由社工总结哪些是需要共同关注和值得反思的，最后引出隔代教育的必要性与重要性，并分发肥皂、蚊香等小礼物
2	我们能教好孩子	让爷爷奶奶通过回忆年轻时候的激情岁月和英勇事件，找回生活的色彩，了解到自己的优势和对孙辈的爱，以增强自己能够教好孙辈、科学隔代教育的能力和信心	①社工引导组员们回忆上次活动的主题与内容，分享上次活动结束后的感受，以及简单介绍本次活动的主要环节和内容；②社工带头，分享小时候与外公的故事及外公生活条件的艰难，引起组员们的共鸣；③请组员自愿讲述年轻时候的“英勇”事件和生活艰难；通过对年轻时代的回忆，找到生活的激情与对自己能力的肯定，引导组员发现自己在照顾孙辈中存在的优势，肯定组员们的不容易与付出；④播放隔代教育的视频；⑤社工总结视频中播放的隔代教育主要问题，引起大家的重视，并在下次活动中讲述具体的应对策略

续表

节数	小组主题	活动目标	小组内容
3	隔代抚养之儿童人身安全问题	让隔代抚养人能更加重视留守儿童人身安全的重要性，使他们关注到平日里很难发现的留守儿童的安全隐患	①回顾上节主要内容，说明此次活动会围绕留守儿童的安全问题进行讲解；②播放有关儿童人身安全的视频，并对视频内容进行适当的解释；③社工分享自己平时会注意的安全问题，请组员分享在日常生活中会注意的儿童安全防范措施；④请每个组员抽取写有不同安全问题的纸条，然后随机请别的组员回答；别的组员回答不上来的，社工及时予以解答；⑤肯定组员们对于儿童安全的重视程度，总结归纳掌握留守儿童人身安全知识的重要性，介绍下次活动主题，请大家提前做好准备
4	隔代抚养之健康生活习惯	向隔代监护人传授儿童养成良好卫生习惯的重要性和必要性	①回顾上节活动内容；②角色扮演：生活习惯问题小剧场，社工扮演孙辈，演绎日常生活中的小故事（A计划：邀请自愿参加的组员来扮演社工的隔代抚养人；B计划：如果A计划没人参与，就由辅助工作人员搭档）；③表演结束，请组员进行评价，说出哪些习惯是他们认为不对的；④赞美与肯定组员的积极参与和倾情配合，讲述儿童一些生活习惯问题带来的严重后果，总结归纳儿童生活习惯的注意事项，并介绍下次活动主题
5	隔代抚养之鼓励孩子人际交往	向隔代抚养人传播人际交往对于孩子的重要性，鼓励隔代抚养人在日常生活中积极促成孩子的人际交往的经历	①回顾上节活动内容，介绍本次活动安排；②播放有关儿童人际交往问题的视频，并对视频内容进行适当的解释；③请组员分享：在日常生活中，当孙辈与别人发生冲突时，自己怎么做？④请组员抽取写有不同留守儿童同伴交往问题的纸条，然后随机请别的组员回答；⑤总结归纳在面对留守儿童人际交往问题时要采取正确科学的应对方式

续表

节数	小组主题	活动目标	小组内容
6	你的笑容就是我的快乐	祖辈与孙辈共同参与，通过一些环节了解5次活动以后祖辈与孙辈的改变，通过共同游戏加深祖辈与孙辈的感情	①回顾前5次活动内容，感谢组员对活动的支持与配合；②新的发现：拿出第1次活动中留守儿童写下的认为其祖辈的优点和需要改进的缺点，询问他们现在有没有发生改变，如果有改变，是哪些改变，也再次请祖辈说出其孙辈的优点和认为的缺点；③游戏：请让我来帮助你——由孙辈给祖辈穿衣服，祖辈坐着或者站着给予配合，自己不能用手帮，全程由孙辈独立完成，穿得时间最短，穿得最好的有礼物；④爱的抱抱：请每个留守儿童现场说出想对隔代抚养人说的话，抱一抱、亲一亲自己的爷爷奶奶；⑤爱的承诺书：请祖辈抚养人签订承诺书，承诺在活动结束以后继续学习和关注隔代教育，努力为留守儿童提供更好的生活与学习环境

4. 留守儿童个案服务（选取一例）

与学习“握手言和”

——社工介入贫困留守儿童学业能力提升案例

（一）贫困留守儿童小林的苦恼

小林是个9岁的男孩，开朗活泼，不怕生人。2年前，小林跟随父母一起去了湖州，并在那里读了2年小学。前不久，小林回到了F村继续学业。人虽然回到了F村，但是对湖州生活的怀念却成了小林心里的一个结。因为在湖州小林结交了一些很好的朋友，他们常常在一起玩耍。现在小林回到F村，远离了以前的好朋友，与同村的同学还没有建立起良好的关系。他喜欢玩乐高积木，但爷爷奶奶没有钱买。这些细碎的小事，让小林很烦恼，他的成绩没有在湖州时好，尤其是数学，下降得很明显。小林想改变这种生活和学习状态，但不知道该怎么做。

（二）个案预评估及初步计划

小林是个健谈的孩子，与社工的第一次会面，就谈了50多分钟。经过第一次会谈，社工判断小林的学习成绩下降与环境变化导致的不适应有关。周围人际关系的改变，生活环境的改变，老师教学方式的改变，加之，贫困家庭无法满足小林的一些兴趣爱好，导致小林对学习的兴趣下降了。

第一次会谈后，社工制订了个案工作计划：第一步，与小林建立良好的专业关系，让社工真正成为小林的朋友；第二步，利用完成暑假作业这件事，敦促小林养成良好的学习习惯，挖掘其学习兴趣；第三步，让小林改变其对数学老师的不良印象；第四步，做好小林爸爸妈妈、爷爷奶奶的工作，在家庭教育上形成合力；第五步，巩固小林的进步。总体目标就是帮助小林尽快适应转学后的学习环境，协助他找到合适的学习方法。在第一次会谈结束的时候，社工与小林约定第二次见面从探讨暑假作业开始。

（三）信任关系的建立——乒乓球事件

小林是个贪玩的孩子，第二次会谈，他并没有按照约定把暑假作业带来，而是在操场上玩乒乓球。看到社工到来，他面露一丝尴尬。社工并没有直接问作业问题，而是和他一起打乒乓球。在打乒乓球的过程中，小林不小心把乒乓球踩扁了。他打算扔掉乒乓球，社工提醒他，踩扁的乒乓球可以复原，小林表示不相信。于是，社工在盆子里放了开水，然后把球放进去，不一会儿，球就复原了。小林很好奇，社工解释了乒乓球复原的原理，小林听后，开始崇拜起社工哥哥来。

游戏过后，社工和他在操场边的石凳上坐了下来，聊起了在湖州学习的事情，并逐渐过渡到现在的学习状况。小林说现在的数学老师太严格了，而且对他不好，总是凶他。经过几次成绩不理想的数学测验后，他开始害怕数学，觉得自己学不好。再加上爷爷奶奶无法辅导学业，父母又鞭长莫及，小林便失去了对数学的学习兴趣。同时，数学成绩下降也影响了小林对其他学科的学习热情。这次会谈，小林非常真诚地诉说了自己的苦恼，社工予以同理回应，因此取得了较好效果。专业关系不仅得到了实质性的发展，而且小林还承诺：下一次，一定会把暑假作业带来，决不食言。

（四）第三次会谈：没有责备，只有并肩作战

第三次会谈，小林把暑假作业带来了。社工看到，放暑假快一个月了，他的暑假作业才完成了10页（一共62页）。社工没有责备小林，而是与他一起翻开暑假作业，尝试着做了几页。后来，社工与小林一起讨论了各科作业的完成计划，并共同商定了奖惩措施。会谈结束时，小林表示，他一定会按照计划完成每天的学习任务。

（五）家访：社工口中只有肯定和赞扬

第四次会谈，社工来到了小林的家里，询问过去一段时间的学习计划执行情况，并检查了小林的暑假作业。对于小林能够遵守约定、按时执行学习计划，社工予以了热情的表扬，并特别向小林的爷爷奶奶做了反馈，爷爷奶奶高兴得合不拢嘴。然后，社工通过微信视频联系了小林的父亲，对小林定时完成作业进行了表扬，小林的父亲也很高兴。社工还与小林的父亲探讨了小林目前在环境适应上遇到的问题，提醒父母多联系、多关心孩子。看得出来，小林的父亲文化程度虽不高，但对孩子的教育问题却很重视。只是他苦于无法陪在孩子身边，也不知怎么教育孩子，因此平常打电话只是反复叮嘱其好好学习、不要惹是生非。父亲表示自己对于孩子的情感需求、人际交往等关注较少。社工介绍了一些教育方法，建议父亲多肯定、多鼓励孩子，帮助孩子适应新的学习环境，促其养成好习惯。

（六）坚持和鼓励：协助小林改变学习态度

坚持完成学习计划，得到社工的表扬，似乎成了小林近期最开心的事。在会面中，社工不断给予鼓励与正强化，让小林渐渐改变了对学习的畏难心态，逐渐找回了当初在湖州学习的感觉。会谈中，社工通过分享一些有趣的科学知识，让小林感觉到学习并不是一件无聊的事，尤其是数学，更是充满了有意思的问题。社工表示，自己相信小林具备较好的学习能力，只要态度端正、方法得当，学习成绩一定会不断提高。社工注意到，在前两次会谈中，小林谈到数学老师时会面露愁容，认为数学老师对自己有偏见。在后面的会谈中，社工会有意识地引导小林回溯与数学老师的互动场景，并对之重新解读，以淡化小林的对立情绪。最终，小林表示，要用实际行动向数学老师证明，自己是可以学好数学的。

（七）结案：小林与学习“握手言和”

经过多次个别辅导，社工看到小林有了明显进步，既认真对待暑假作业，也重拾了对学习的信心。同时，小林的家庭环境也有所改变，长辈对其给予了更多的关爱和支持。于是，社工决定依计划结案。最后一次会谈，社工与小林回顾了服务过程，充分肯定了小林的进步，鼓励其继续优化学习习惯，保持学习劲头。社工向小林提供了联系方式，表示结案后会继续关注小林，并期许其健康快乐地成人成才。

三、F 村留守儿童社会服务经验与反思

（一）F 村留守儿童社会工作服务经验总结

第一，在多元主体参与精准扶贫的大背景下，社会工作服务应该找准定位。贫困地区有大量困难群体，他们急需通过区域开发、产业发展、社会救助等摆脱贫困，而这些是政府、企业和驻村扶贫工作组的工作重点。相较于上述扶贫主体，社会工作更擅长偏于“文化”“软件”“人员”与“长远”的服务，如心理疏导、社会融入、团体互助、能力建设等。因此，社会工作在参与精准扶贫时要考量自身的优势与不足，做到扬长避短、避实就虚。[3]团队在 F 村的实践也秉持了量力而行、帮忙不添乱的原则，把对留守儿童的服务聚焦于心理与社会功能建设上，取得了较好的效果。

第二，社会工作服务要立足项目地的实际情况。社会工作者在深入贫困地区开展专业服务时，一定要融入本地的生活与思维习惯，以本地的实际需求为本，设计服务内容。在开展实务工作时，不能生搬硬套书本上的模式和技巧，要将服务对象置身于所处环境，理解其所思所想所为。服务中，社会工作者要坚持非批判、平等、服务对象自决等价值准则，协调好人与环境的关系。

第三，社会工作要驻地服务，且有一定的持续性，才能真正解决实际问题。社会工作者在开展贫困地区的专业服务时，要有一定的时间保证。因为短期服务没办法精准地找出问题的核心，且短时间的服务，也不足以

获得服务对象的信任感。这样会导致所获取的信息表面化，所开展的服务形式化。

第四，团队成员要多样化，以应对实务中出现的各种问题。社会工作服务团队的编排应以专业社工为主，同时可吸收其他专业背景的人员参与其中。这是项目开展的需要，因为项目实施会涉及宣传、财务、采购等工作，团队成员的多专业背景有助于提高工作效率。F村服务团队中有一名本科专业为财务管理的研究生，他在项目中就发挥了自己的优势，减轻了项目管理压力。还有一位研究生在本科阶段所学专业为摄影，她承担了照片拍摄和视频录制工作，其制作的电子相册《云端的爱》成为非常重要的服务资料。此外，社工的不同专业背景也利于社工跳出固有视角去审视自己的服务，从而更好地改进服务供给与服务管理工作。

（二）对F村留守儿童社会服务的反思

第一，社会工作服务的评估制度束缚服务的开展。当前政府购买社会工作服务项目都具有明确的时间限定性，大多数的项目执行时间是半年到一年，能连续开展几年的项目很少。在项目周期内，服务团队要完成需求评估、方案设计、计划执行等诸多工作，可谓时间紧、任务重、要求高，因而追求效率就成为项目管理的重要工作。项目验收往往是听取汇报、查看资料，强调用数据佐证，而“做人的工作”具有特殊性，在“通过评估”的紧箍下，服务对象的有些需求或问题会被搁置，因为其解决难度大、所需时间长。另外，如果无后续支持，首期项目打下的基础也难以巩固，进而影响服务对象的改变效果。

第二，项目地对社会工作参与脱贫攻坚反应不积极。这种现象不难理解，主要有两个原因。其一，对于基层管理人员而言，社会力量到贫困地区开展精准扶贫往往是带资金、带技术、带设备而去，这些扶贫举措具有立竿见影的效果，能够减轻基层的脱贫压力。而社会工作在经济支持、产业脱贫、设施建设等方面不具有优势，带去的是看不见、摸不着的服务和关切，其脱贫成效也难以量化和评估。其二，社会工作的社会知晓度仍不高，贫困地区的干部和群众对于社会工作的了解更少。因此，对于社会工作的参与，农村基层管理人员往往抱着观望态度，所提供的支持也相对有限。

第三，针对留守儿童的教育扶贫服务亟待深入。扶贫，也要扶智与扶志，面向未成年人开展的社会工作服务，更要做到智志双扶。虽然高等院校在教育扶贫中具有人力资源优势，但受到管理体制的制约，大学生们只能利用寒暑假开展义务支教和社会服务活动，而这一时期通常又是留守儿童进城与父母团聚的时间。这在一定程度上会影响服务的开展及其成效。理论上说，将专业社会工作者引入贫困地区，驻地开展留守儿童服务，效果会更好，但目前在实践层面还面临着政府、机构、学校支持不足的困境。另外，留守儿童也存在流动性问题，可能会不定期地在流动儿童和留守儿童两种身份中转换，所以贫困农村留守儿童社会工作服务应与城市流动儿童服务配合开展，教育扶贫的效果才会更好。

参考文献

[1] 搜狐新闻. 中国社会工作教育扶贫第二次动员大会暨教育扶贫研讨会在桂林召开，2018-4-17，http：//mt. sohu. com/20180417/n535086587. shtml.

[2] 岳西网. 安师大社会工作扶贫项目落户田头方边，2018-5-23，http：//ahyx. gov. cn/news/sz/sz/201805/362545. html.

[3] 肖富群. "避实就虚"：社会工作参与精准扶贫的着力点 [J]. 中国社会工作，2018 (15).

水富市长者照顾服务经验之反思

（施永青基金　朱艺、周丽娟整理成稿）

一、研究主旨与背景说明

随着社会经济的发展与演变，家庭结构、家庭的居住状况随之也发生巨大转变。中国农村社会在迈向老龄化的过程中，越来越多的独居老人或只与配偶居住比率逐年上升。长辈们随着年龄增长，身体、感官多少都会退化，生活上也有许多不便，需要他人的关怀或协助。在我国针对农村老龄人口调查中，高达53.6%的老人依靠子女养老，43.6%的老人自我养老，但是贫困地区老人得到的子女赡养水平较低。有的独居长者无法获得子女照顾或机构照顾，他们的生活所需如何获得满足，这已经成为对中国社会福利的一大挑战。

跟中国大部分的农村类似，昭通市水富市年轻劳动力多外出打工，留守老人居多，部分老人因失去独生子女，生活陷入困境。一些孤寡老人缺乏劳动力，无收入，无法定赡养人、抚养人，精神生活与物质生活保障令人堪忧。这部分老人居住分散、居住条件差、设施老旧，生活缺乏照料，社会参与低、人际关系淡漠，精神无所依托。留守、独居老人面临着越来越严峻的挑战——“我哪天死在家里可能都没人知道”。而如何回应本地老人的照顾服务，也是我们面临的重大挑战。

施永青基金长期的乡村实践工作，让我们越来越明显感受到村庄这种变化给留守在村的人带来的不安。为应对独居长者的照顾问题，经过社工服务机构人员的努力，现已开发出一套“农村长者照顾”服务模式，包括：（1）电话问安及紧急救助；（2）提供长者家访关怀、生产帮扶服务；

（3）增加独居长者自我照顾能力训练；（4）拓宽长者活动场所、人际交往面，加强社会参与。从社工人员能力提升来说，我们亦开展了社工人员的能力提升活动，包括：（1）提升社工服务价值；（2）提升长者知识培训；（3）增加服务志愿者服务技能训练；（4）加强服务人员总结归纳能力。

二、理论基础

社区充权论述了在不同领域的讨论中有着不同意涵。政治学理论强调政府自上而下赋予人民权责。而将充权作为核心理念之一的社会工作，着重“人”为主体而强化受助者的自主意念。在专业教育与实践中，以案主为中心及同盟行事的理念，从专业早期发展至今，有其历久弥新的特质。

19世纪，社会工作发轫，就有在受助者的个人、人际、政治层面充权的理念（Simon，1994）。社区充权理论架设，是认为服务对象权力受到剥夺。在19世纪末的美国，社会重新平衡弱势人群的自主生活权益。充权理论各流派亦有不同说法，包括平权主义、马克思主义与新左派、激进社会工作、无政府主义、女性主义，以及（非白）种族人权倡议（Simon，1994）。致力于缩小贫富差距、为弱者争取基本权益、组织化促进社区平权、促进性别平等等。这些论述是要不断回应专业实践，促进社会弱势人群个人权益的保障及发展。

充权是什么？与之紧密相关的是：民主、参与，重视个人权益的保障。在我国老人福利权益保障建立不久的情况下，许多农村老年人年轻时在农村务农为主，社会保障不足的情况下，几乎没有什么资产积累。目前，我国的社会保障体系处于较低水平，农村老人的生活权益是我们重点关注的，我国的社区充权在前期更加偏重的是个人基本物质的保障，发放津贴，关注基本生活保障；近年来，社区充权也更加重视个人对环境控制的能力，以及个人获取资源、资讯、取得个人服务、组织和社区资源的能力，有自决权力，减低负面标签的无力感。人们能够意识到与他们困境相关的社会和政治层面的原因，并能够发声，从而发展出运用权力的技巧，个别地或组织化地改变生活处境，将矛盾的焦点从个人身上转到环境为核心（Hasenfeld，1992；207 引用 solomon）。

充权是协助弱势人群排除障碍，感受自己的环境、处境、个人的能力，通过不断的正面经验，建立自信与能力，通过集体参与来获得更大的改变，重新掌握自己生活的能力（余汉仪，1998）。Shera & Page（1995）引述 Zimmerman & Rappaport 对充权的界定，将个人优势、能力以及积极行动，串联到社会政策和社会变迁上，在个人（心理行为）、组织（资源动员和参与机会）和社区（社会经济结构和社会变迁）三个层面建构充权的过程。

水富市长者照顾服务模式，则是经过了这一历程，包括意识唤醒、知识增进和采取行动，让老人从附属到自主的过程。在实践过程中，实务工作者们协同伙伴共同发展、意识唤醒，采取行动、投入行动和反思。整个过程注重服务对象、服务者的批判性思考，主张自我表述，并通过行动去改变个人和他人。

三、农村老人生活现状分析

以下是施永青基金在云南省昭通市水富市的调研发现。

1. 农村地区经济发展水平总体较低，老年人收入结构单一，低收入是老人面临的重大问题。农村老人基本都在务农，靠卖农副产品换取日常生活用品，或者靠子女偶尔汇钱补贴家用，生病开销子女负责居多。少数特困、残疾老人政府给予生活补贴。

2. 老人大多难以承受日常生活开销，医疗食品开销高，加重老人负担。老人们的节约，表现在生病舍不得去医院看病，自己熬着或找一些土方自己治疗，只有实在拖不下去了才会去医院看病；吃饭也很简单，剩菜舍不得丢，甚至放久了的菜有了馊味还要勉强吃下去。

3. 许多独居老人生活单调，精神生活令人忧心，社交圈子窄。农闲时，性格开朗的老人会跟邻里相互走动。性格较为内向的老人，只局限于家里的一两人，看电视或者在家门口坐着发呆。另外，受传统思想影响，害怕出现风言风语，两个独居的男女老人，即便是邻居，他们相互也不会有任何的交流。长期独居的老人，缺乏与人沟通交流的机会，没有人听他们诉说心里话、讲过去的故事，也没有人帮他洗碗刷筷，挂在堂屋中央的泛黄的全家福、猫狗的嬉戏打闹、猪鸡鸭的饥饿叫唤就是他们生活的精神寄托。

4. 大量农村留守老人、独居老人、残疾老人，安全防护与自我保护脆弱，生活面临诸多隐患。部分老人因失去独生子女，自身又缺乏劳动力，无收入，无法定赡养人、抚养人，生活困顿，表现在居住条件差、设施老旧、生活缺乏照料、精神无所依托。识别能力和自我防范意识差的老人，容易相信谣言和陌生人的欺骗行为，被陌生人欺骗、家中被偷盗的事情时有发生。老人记忆力下降、听力视力差、行动不便等都有可能造成安全隐患。

5. 与子女多为电话联系，少数老人与子女失去联系。根据我们了解，有超过50%的外出务工子女会打电话联系家里的老人，少数务工人员只在过节或者有事的时候才打电话联系家里老人和孩子，有的甚至几年不联系家里的老人。

6. 面对隔代教育，老人显得力不从心，自我成就感、价值感低。子女外出务工后，孙辈大多是留在家给老人照顾。现在的学校教育方法与多年前有极大的不同，老人照看孩子力不从心。一是文化程度低，没办法跟得上现代教育，无法辅导孙辈学习；二是体力跟不上，接送孩子，日常照顾孩子，都需要花费大量的心力和体力；三是处于长期缺失父母亲情的孩子较早出现青春期的叛逆，容易受一些社会不良习性影响，老人无力应对。

以上种种，都给老人带来比较重的心理负担，担心自己成为子女的负担的同时，也担心教育不好孙辈对不起子女，影响老年人的晚年幸福感。

四、项目的意义及目标

（一）项目意义

1. 为农村留守老人提供就近便捷的服务，解决留守老人养老问题，促进老人身心健康，提升老人平等获得幸福晚年生活的机会。倡导和弘扬敬老爱老助老的传统美德，提升子女赡养老人、孝敬父母的责任意识，推动社会各界关注农村养老，促进农村老人有尊严、平等地度过晚年，老有所依。

2. 收集和反映不同类型老年人的诉求，为他们寻求社会政策支持和提供有针对性的帮助。

3. 提升农村助老服务人员（以留守妇女为主）的潜在能力，鼓励农村妇女在家就近就业，扶持其与其他村民建立村庄自组织，为村庄公共服务出力，促进村民互帮互助，改善及活化村庄关系。

4. 整合农村社会资源和社会力量，调动村民参与社区活动、社区教育和社区照顾，丰富村民精神文化生活。

5. 调动服务对象（老人）的潜能，让服务对象参与表达愿望、活动设计，推动服务人员和健康老人主动为其他老人提供帮助和服务，达到老有所为。

（二）项目目标

1. 改善农村留守老人的生活照料状况，提高他们生活质量和晚年幸福感，探索可推广、可持续发展的农村居家养老服务方式。

2. 在农村打造一支稳定的志愿者队伍，扶持建立村庄在地组织，培养志愿者的团队精神、志愿精神、参与精神和服务意识，推动农村志愿服务的发展。

3. 扩大社会对农村留守老人的关注度，引导更多的社会关注与回应。

4. 加强政策宣传力度，以留守老人为切入点，服务更多的老年人和留守儿童。

5. 推动村民自助互助，开展丰富的社区活动、社区教育和社区宣传，充实农村村民精神生活，营造互助关爱的社会氛围，活化村庄关系。

五、行动策略

施永青基金从2008年开始在昭通市开展项目，前期主要是关注改善农村的基础设施建设，促进农民增收。脱贫攻坚以来，村民的生活得到根本性的改善，扶贫增收已经不再是当下农村最迫切的需求。我们发现，农村硬件条件好了，但村庄的生机并无法依靠农村基础条件的改善而得到恢复。村里人少了，人与人之间的关系变得淡薄，来往走动少了，传承了几千年的传统乡缘关系正在迅速消解。除了村干部，少有人关心村里的公共事务，少有人关心一同生活在村里的其他人。

居家养老项目是施永青基金在农村发展领域业务转型的第一个尝试。居家养老项目看重村民自我意识的觉醒，村庄内生力的生长，期待最终能够形成社区自助；更看重整个村庄关系的重建，恢复村庄的活力。

综观整个发展脉络，我们主要从老有所依、老有所乐来改善老人的心理孤单和行为矫正。后期关注点放在社区层面，推动组织化建设，推动老有所为。

（一）针对个人服务层面的关注

通过对农村空巢独居老人生活现状分析，老人个人心理或行为都显得孤单，不善交际，自我否定与抑郁程度深，所以项目前期针对老人个人心理和行为照顾而设计：

1. 推动“老有所依”（2015年7月—2016年8月）

1）明确服务对象

农村养老存在巨大的需求空间，居家养老项目没办法一一回应所有农村老人的各项需求。因此，参照国内对老年人的定义及农村老人的整体，最终将服务目标确定为60岁及以上的空巢留守、独居老人。

2）谁去服务

经过与政府部门的协商，在本村招募人员，就近服务其住所周边的老人是最为合适的策略方法。一是老人获得及时的照顾服务；二是一定程度解决了留守妇女的就业问题；三是让在地的服务志愿者能够实现自我价值，拥有乡村归属感；四是让老人和青壮年们的关系更为密切，从而推动整个乡村的关系活化。

3）招募方式

以公开招募的方式组建以留守妇女为主的服务志愿者队伍，也有少量中年和青年男性。在服务人员队伍组建过程中，村委会发挥着非常重要的作用，村委会的参与直接使项目在村庄的合法化得到认可。

4）选择标准是：

对象：女性 35~55 周岁，男性 45~55 周岁。

要求：有一定文化程度最好，遵纪守法、品行端正、作风正派，无违法违纪记录；具有良好的职业道德，稳重踏实，能吃苦耐劳、乐于奉献，组织观念强、热爱养老服务工作，自愿从事农村居家养老服务工作；有一定的组织协调能力，能够服从安排。

2. 居家养老服务框架

整合资源，共同助力。在执行过程中，由政府引导，社工机构协同发力，村民作为执行主体积极参与，共同推进农村居家养老服务体系的构建。水富市民政局和施永青基金给予资金与增能等支持。通过多方参与，把农村的养老工作带回到村庄，以村庄为基础，以家庭为单位开展居家养老服务，使农村能更清楚地看到养老问题一定是村庄自己的事情，关系到村庄的每一个人，需要每一位的付出才能解决农村养老这个社会问题。

2015 年 6 月，在没有任何可参考经验的条件下，关注一个庞大的群体，开展从未做过的内容，怎么做，走向哪里，都是不清晰的，如何回应老人心理和行为的照顾需求，面临的挑战也是巨大的。但胜在我们深入了解农村，并有当地政府为项目保驾护航，虽然有很多不清楚，但结合调研中了解到的老人的实际需求，我们基本确定了服务内容和服务方式，如下图所示。

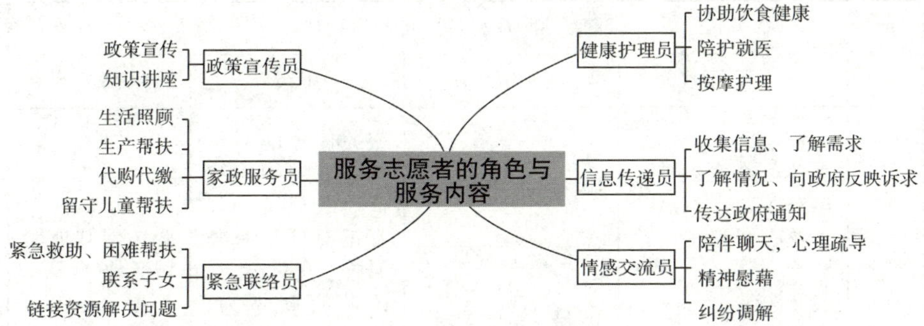

采用就近服务原则，1 个志愿者服务 10 位老人，每次服务不低于 1 小时；每月看望不低于 2 次，特困残的不低于 4 次。动员健康的老人参与小组节庆活动。

3. 明确评估考核要素

填写入户服务登记表。每个服务人员填写表格，项目相关部门、村委和社工下乡入户抽查回访，召开月结会、季度座谈会收集归纳总结经验。年底根据大家的服务登记表以及参会情况给予考核，不合格的予以劝退。

（二）组织资源管理层面的关注

1. 从“老有所依”到“老有所乐”的迭代中增能（2016—2018 年）

这个阶段的主要目标是实现“老有所乐”。从长者个人心理和行为上给予支持，推动服务志愿者能力的提升和队伍的不断强化，推动组织化运作与管理体系，最终实现项目的迭代升级。

1）能力建设定级

策略是以培训为主，后续跟进，在实践中学习的一套体系。能力定级，配套相应的培训，我们对服务志愿者做以下初步定级与分类。

理念：我为人人，人人为我！				
	入门	初级	中级	高级
标准	女性≤50岁，男性≤55岁 公益心（善良、孝顺） 遵守法律 家人支持 服务时长≤2个月 会填表 理解与认可所做工作 识字100字	服务时长≤6个月 熟悉、了解服务对象 正确填写表格（服务登记表、活动记录表） 识字300~500字 写字≤300字（实用的字）	服务时长1~3年 自主开展中小型活动 真正对项目有归属感、真付出 团队有凝聚力、组织力 初步整合资源的能力 融入、助力村两委工作 会写活动方案、总结	会拓展其他领域活动 自主、专业运营项目 模式推广 培育新人 有使命感

2）增能

根据以上定级标准，不同等级给予相应的指导培训，建立学习小组。

服务志愿者到协作者的转变；服务志愿者指导老人开展活动，协助社工开展个案和小组工作。

3）充分的赋权

小组活动充分赋权给服务人员自主操作，小项目的运作极大地激发了富有农村色彩的奇思妙想。依据农村的条件，创造性作出多种有趣设计。例如将小组活动与农活结合——摘花椒比赛，帮助高龄老人和半失能、独居老人抢收庄稼、掰玉米、剥花生等活动，实现了趣味性与实用性结合的文娱活动的开展，带动了老人们积极参与的主动性，更是唤起了他们年轻时候的才艺细胞，挖掘出一个又一个被埋没的农村文艺人才，真正实现了“老有所乐”。

4）在地内生力组织的培育

通过前期增能培训，督导服务志愿者成立村级公益协会。2017年，项目培育了第一个农村在地自组织——水富市太平镇盐井村为老服务协会。从无到有经历了两年的时间，服务志愿者们以更快的速度成长起来，学会资源整合，动员村民或企业捐款捐物支持项目活动的开展，也请政府部门给予支持，开展的社会福利工作为村委减轻很多工作量；服务人员督导老人互助养老，团结起来，缴纳会费，这部分资金在与老人协商后，用于看望本村病重老人的临终关怀。他们开始在村庄里面活跃起来，关注更多的人和事，比如妇女、儿童、村容村貌等。

2. 组织化的升级，启动“老有所为”（2019—2020 年）

依托前几年的基础，我们坚信，每个人的出生与存在都带着天然的善的本质。老年人在享受服务的同时，也会有服务他人的意愿。事实也如此，让老人们去协助村里的年轻人做更多的公共服务。经过一年的实践，尤其是在 2020 年新冠肺炎疫情暴发后，老年人自觉自发地承担起村庄的安全防护宣传、值班检测体温等，他们的获得感和价值得到充分体现。我们相信，在重建社区关系过程中，“老有所为”这一目标也将会水到渠成。

六、项目成效：项目前后对比

（一）留守老人的变化

内容	项目实施前	项目实施后
心理状态	夫妻相伴的老人还稍微好些，独居的老人基本上是没人可以陪他/她说话谈心，显得孤僻、孤独	服务人员看望老人家 4 次/月，双方建立了信任关系，老人有了聊天的伴。同时，小组活动的开展、老人骨干的培养，更加让老人的价值得到充分体现
生活状态	农村留守老人长期独自在家，缺乏激发和培养兴趣的机会，居住比较分散。理顺家务和农活后，就坐着发呆或者打盹，大多数老人不爱做家务，生活显得了无生趣	除了干农活和家务，老人开始有了期待，期盼着志愿者能再次来看望自己，甚至有了仪式感，开始主动收拾屋子，搞好家庭卫生；会想着志愿者来了之后要聊什么，做什么，从而生活多了一些盼头。活动让他们有机会去培养自己的兴趣，也让一些老人拾起了年轻时候的才艺，生活更加丰富多彩

续表

内容	项目实施前	项目实施后
亲子关系	项目点是比较偏远的农村，村民不习惯公开表达感情，所以老人通常不会主动打电话给子女诉说思念之情，子女也很少把想念挂在嘴边。老人生病了也不会告诉外出务工的子女，子女也没法真正了解到自己父母在家的情况	服务志愿者会经常和老人的子女沟通老人的状况，协调家庭矛盾，久而久之，子女与老人的联系多了，会主动关心老人了，关系更为融洽，老人也因此更为开心，幸福指数增长明显

（二）服务人员的变化

	项目实施前	项目实施后
服务志愿者生活状态	各忙各的家事，不会主动关心他人； 生活无聊，参加项目也不了解干什么，怕老人不理解、不接受、不支持自己的服务和用意，对项目比较迷茫、排斥； 对自己没有信心，不知道该怎么去做、如何与老人说话交流，怀疑老人能否接受自己的服务，等等	总结出自己的一套服务经验； 开始主动去关心老人和身边的人； 更加开朗和自信； 通过服务，找到了自己做事的价值和意义； 交际圈变大了，有了自己的团队，归属感更强
自我能力发展	很少有机会表达自己和提升自己，胆小话少不自信，不敢在人多的地方发言，不会主动去思考个人及村庄的发展	通过一次次的培训和活动的开展，有了很多表达的机会，现在已经能够勇敢地发言，展示自己的风采，表达自己的感受； 增加人际交流，促进相互团结； 经过培训看出，他们是从内心里想要自主发展，为村庄发展出力
服务感受	对村庄的其他老人和孩子不关注，他们之间没有更多的联系；也像其他子女一样，对自家老人关心不够	看望留守老人变成生活的一种习惯，给老人带来快乐、温暖，得到老人的认可、理解、欢迎和支持，对老人变得温和体贴； 带动家庭成员加入到服务中，用行动影响自己的子女和家属，言传身教，促进家庭和谐； 不断挖掘自身潜能，找到自己的优点，对生活也变得勇敢和自信； 反思自己的家庭，更加关心爱护身边的老人儿童，越来越有爱心和责任心

（三）老人子女和村庄的变化

项目实施前	项目实施后
村民之间比较冷漠，邻里关系一般甚至陌生； 村民们用怀疑的态度去议论、观望服务人员的服务，不知道项目的意义； 没有足够的文娱活动，闲暇时打麻将； 无人关心村庄公共环境； 无人关心留守老人、留守儿童等	村民之间互动多了起来，邻里关系得到极大改善； 帮助老人更好地照顾留守儿童，让外出务工人员更加安心； 通过调解老人与子女、邻居、村民的矛盾，促进矛盾双方沟通交流，缓解他们之间的矛盾，促进邻里关系更和谐
对留守父母的生活和心理关注十分欠缺	子女主动承担赡养老人的责任，对老人的关心和问候多了

七、项目经验总结

（一）社区动员

1. 项目业务培训会

项目之初，服务人员的动员工作主要由政府和村委会承担。大家虽然参加了，但是对所要做的事并不十分明确，所以统一认识，相互认识和了解项目，在目标、时间节点、工作内容方面与服务人员达成共识。

2. 招募吸收志愿者

在项目开展过程当中，部分村庄的人员流动也比较频繁，单纯依靠政府和村委会去招募服务志愿者并不现实。所以社工在下乡入户时，也会观察老人居住的周边有没有留守在家带孩子的妇女，向她们介绍项目，邀请她们一起参与。另外一种动员，就是靠服务人员带领宣传，由她们去挖掘更多的服务人员人选，并在出现人员流动时做好工作交接。

3. 利用本地资源

利用志愿者们的在地关系。社工进入村里开展工作，实质上所依赖的仍然是服务志愿者在地的关系，借助这种关系，使得社工能够顺利融入村庄的人际交往圈，接触老人，等等。

（二）挖掘培育骨干

识别骨干。村里的妇女和在家青壮年有着活跃的思维和开拓精神，只要愿意投身农村综合发展的公益事业中，乡村振兴便不再是愿景，而是这群人在党的领导下践行着新农村振兴之路。社会组织能够做的就是陪伴与增能，锻炼好大家的“肌肉”，使她们有能力和力量去实践更多的可能。

（三）建立信任关系、去项目化的照顾服务

居家养老项目并不仅仅包括村庄老人的照顾，它所涉及的人很多，甚至是整个村庄的转变。人员之间关系的重建是依靠项目去链接，那么相互的融入就很重要。服务志愿者需要融入老人的生活，并逐渐去项目化。项目最开始对他们只是一份工作，可一年以后，若无经济压力，坚持下来的理由就是他们与老人之间建立起来的感情。这样，服务不再是一个行为，而是一种习惯，是村庄友爱氛围的体现，人际关系得以重建，邻里互助变得可能，照顾老人变成了村里人自己的事。

（四）透彻理解服务角色

服务志愿者会认为社工就是专家，有问题找社工，什么都能帮助他解决，因而依赖思想重，缺乏思考。但是想要在地的服务志愿者能够成长，社工就必须激发他们的内生动力。参与式的方法是非常合适的，可引导他们自我解决问题，这样才有成长的空间。而社工，更多的则是陪伴者与同行者。

（五）参与式协同

参与式方法的运用，引导与思考。村民虽意识到了养老需求，但是如何去做，需要社工人员去引导。项目初期，社工人员跟随服务志愿者入户走访，交流沟通老人的反馈。服务志愿者们碰到的问题，在月结会中，采用参与式沟通的原则讨论，开会地点可以在服务人员家或者村委会，围坐

一圈，大家各自反馈遇到的问题，大白纸书写出来，其他成员分享自己的处理经验。社工若有解决方法，只能引导思考可行性，大家讨论达成共识。

陪伴。陪伴走访，共学、一起讨论。建立同理心，会拉近彼此的距离，也会更好地理解彼此，让志愿者们更有动力和团队归属感。

八、结论与建议

中国已经进入老龄化社会，这种老龄化带来的挑战，农村比城市更为严峻。

某种意义上说，居家养老项目不同于传统的社会服务和乡村发展项目，它的创新在于在脉脉温情中重建乡村关系，实现精神脱贫，并为经济脱贫提供更多的可能性。

第一，居家养老项目的开展，为改善广大农村留守老人的生活质量、充实精神生活，因地制宜地在农村地区以点带面、广泛覆盖，促进农村留守老人身心健康。

第二，居家养老项目通过调动社会力量、社会资源积极参与，为留守老人提供服务活动，有效缓解农村养老面临的问题。

第三，服务活动中，政府通过给服务志愿者们宣传讲解国家的相关政策，然后通过服务人员传达给老人，让行动不便的他们与时俱进跟上国家的发展步伐。上传下达的作用，很好地助力了政府的脱贫攻坚工作。

更为突出的意义在于，居家养老项目的实施，重建了乡土社区支持网络，使得乡村再次焕发生机。

参考文献

[1] 中国农村老龄贫困状况．乐施会，2014（1）．10：pp，6-9.

[2] 余汉仪（1998），社会研究的伦理，见严祥鸞（编）．危险与秘密——研究伦理．台北：三民书局．pp，7—29.

[3] Hasenfeld，Yeheskel（1992）．Power in Social Work Practice. In

Hasemfeld, Y (ed). Human services as Complex Organization, pp, 259-275.

[4] Shera, Wes, & Jaime Page (1995). Creating More Effective Human Service Organization Through Strategies of Empowerment, Administration in Social Work, 19 (4): 1-15.

[5] Simon, Barbara Levy (1994). The Empowerment Tradition in American Social Work: A History. New York: Columbia University.